O horizonte democrático

Universidade Estadual de Campinas

Reitor
Antonio José de Almeida Meirelles

Coordenadora Geral da Universidade
Maria Luiza Moretti

Conselho Editorial

Presidente
Edwiges Maria Morato

Alexandre da Silva Simões – Carlos Raul Etulain
Cicero Romão Resende de Araujo – Dirce Djanira Pacheco e Zan
Iara Beleli – Iara Lis Schiavinatto – Marco Aurélio Cremasco
Pedro Cunha de Holanda – Sávio Machado Cavalcante

Armênio Guedes (*In memoriam*)
Presidente de Honra: Luiz Werneck Vianna

Conselho Curador
Presidente: Luciano Santos Rezende
Vice-Presidente: Caetano Ernesto Pereira de Araújo
Secretário: Arlindo Fernandes de Oliveira

Diretoria Executiva
Diretor Geral: Marco Aurelio Marrafon
Diretor Financeiro: Raimundo Benoni Franco

Ana Stela Alves de Lima – Jane Monteiro Neves – Henrique Mendes Dau
Luiz Carlos Azedo – Maria Dulce Reis Galindo

Alessandro Ferrara

O HORIZONTE DEMOCRÁTICO
O hiperpluralismo
e a renovação do liberalismo político

Tradução
Marcelo Bamonte Seoane

FICHA CATALOGRÁFICA ELABORADA PELO
SISTEMA DE BIBLIOTECAS DA UNICAMP
DIVISÃO DE TRATAMENTO DA INFORMAÇÃO
Bibliotecária: Maria Lúcia Nery Dutra de Castro – CRB-8ª / 1724

F412h   Ferrara, Alessandro.
        O horizonte democrático : o hiperpluralismo e a renovação do liberalismo político / Alessandro Ferrara ; tradutor : Marcelo Bamonte Seoane. – Campinas, Editora da Unicamp ; Brasília, Fundação Astrojildo Pereira, 2022.

        Título original: *The democratic horizon*.

        1. Democracia. 2. Liberalismo. 3. Pluralismo. 4. Multiculturalismo. 5. Governança. I. Seoane, Marcelo Bamonte. II. Título.

CDD – 321.8
– 320.51
– 323.1
– 320.561
– 351

ISBN 978-85-268-1577-3 (Editora da Unicamp)
ISBN 978-65-87991-22-1 (Fundação Astrojildo Pereira)

Copyright © Alessandro Ferrara
Copyright © 2022 by Editora da Unicamp
by Fundação Astrojildo Pereira

Essa tradução de *The democratic horizon* é publicada
por acordo com a Cambridge University Press.

As opiniões, hipóteses, conclusões e recomendações expressas
neste livro são de responsabilidade do autor e não
necessariamente refletem a visão da Editora da Unicamp.

Direitos reservados e protegidos pela lei 9.610 de 19.2.1998.
É proibida a reprodução total ou parcial sem autorização,
por escrito, dos detentores dos direitos.

Foi feito o depósito legal.

Direitos reservados a

Editora da Unicamp
Rua Sérgio Buarque de Holanda, 421 – 3º andar
Campus Unicamp
CEP 13083-859 – Campinas – SP – Brasil
Tel.: (19) 3521-7718 / 7728
www.editoraunicamp.com.br
vendas@editora.unicamp.br

Fundação Astrojildo Pereira
Edifício OK - Office Tower - Asa Sul
SAUS Quadra 05, Bloco K, Lote 04, Térreo Sala nº 28
CEP 70070-937 - Brasília - DF - Brasil
Tel: (61) 3011-9300
www.fundacaoastrojildo.org.br

Sumário

Prefácio e agradecimentos 9

Introdução 15

1 Razões que movem a imaginação:
  política democrática no seu ponto mais alto 43
  1.1 - Definindo política 43
  1.2 - A autonomia da política no horizonte global 48
  1.3 - Os blocos de construção da política: discurso,
        julgamento, reconhecimento e o presente 52
  1.4 - Política (normal e no seu ponto mais alto), razões e
        imaginação 59

2 Democracia e abertura 69
  2.1 - *Éthos* da democracia 70
  2.2 - A paixão pela abertura 73
  2.3 - A genealogia da abertura 76
  2.4 - Abertura, ágape, hospitalidade e generosidade:
        vistas contemporâneas do *éthos* da democracia 80
  2.5 - A importância filosófica da relação da democracia com
        a abertura 90

3 Pluralismo reflexivo e a volta conjectural 97
  3.1 - Variedades do secularismo 97

3.2 - Variedades de pluralismo 101
3.3 - Cristianismo e pluralismo: Robert Bellah sobre sentir-se (não totalmente) em casa na igreja 107
3.4 - Duas tradições proféticas no judaísmo antigo 110
3.5 - Islã, liberalismo e pluralismo: uma abordagem conjectural 113

4 O hiperpluralismo e a polis democrática multivariada 123
   4.1 - O que é hiperpluralismo? 125
   4.2 - Interpretações agonísticas do hiperpluralismo e seus limites 128
   4.3 - Estratégias "*passe-partout* conjectural" e de "posição original" para abordar o hiperpluralismo 137
   4.4 - Uma suposição desnecessária, o ensino do direito dos povos e a polis democrática multivariada 143

5 *Cuius religio, eius res publica*. Sobre democracias múltiplas 149
   5.1 - Da "ascensão do racionalismo moderno" a "modernidades múltiplas" através da redescoberta da idade axial 150
   5.2 - A axialidade da idade axial e suas dificuldades: uma reformulação 154
   5.3 - Uma multiplicidade de culturas democráticas 164
   5.4 - Consonâncias na diversidade 167
   5.5 - Dissonâncias persistentes: o "*éthos* da democracia" no plural 172
   5.6 - Conclusão 177

6 Multiculturalismo: *Negação ou realização do liberalismo?* 187
   6.1 - O problema do multiculturalismo 189
   6.2 - Argumentos justificativos em favor do multiculturalismo 195
   6.3 - A continuidade do multiculturalismo e do liberalismo político 204

7 Além da nação: *Governança e democracia deliberativa* ... 215
   7.1 - A segunda transformação da democracia 216
   7.2 - O que é democracia deliberativa? 219
   7.3 - Governo e governança 222
   7.4 - Governança democrática: vantagens interpretativas da visão deliberativa 233

8 Verdade, justificação e liberalismo político 241
   8.1 - O mito da caverna de Rawls e Platão: uma nova versão. 243
   8.2 - Uma concepção "política" de verdade é possível? 247
   8.3 - Verdade e justificação pela perspectiva das concepções "abrangentes" de verdade 252
   8.4 - Uma "concepção política de verdade" integrada e dual... 258

Conclusão 271

Referências bibliográficas 285

Prefácio e agradecimentos

O horizonte democrático nasceu de uma preocupação com a democracia, a herança do "liberalismo político" e as fontes estéticas da normatividade. Em todo o mundo, a democracia enfrenta desafios sem precedentes, alguns dos quais ironicamente decorrentes de seu próprio sucesso em se estabelecer como horizonte, como a única forma de governo plenamente legítima. Neste livro, investigo a contribuição para a superação daqueles obstáculos que podem ser extraídos do arcabouço normativo desenvolvido por Rawls em *O liberalismo político*, uma vez que todo o seu potencial é liberado na tripla direção de repensar e pluralizar o *éthos* democrático, lidar com o hiperpluralismo que permeia nossos espaços políticos e encontrar os caminhos adequados, por meio de argumentos conjecturais, para que a justificação política alcance e inclua o parcialmente razoável. No curso da argumentação, as fontes estéticas de normatividade que constituíram o objeto de minha investigação no passado – a exemplaridade, o julgamento, a imaginação – muitas vezes serão resgatadas para complementar os recursos conceituais de um liberalismo político revisitado. Com efeito, por sua abertura ao fato do pluralismo, aos fardos do julgamento e às políticas decentes não liberais – e no momento ainda inexplorado de julgamento e exemplaridade inerente à razão pública e ao padrão constituído pelo "mais razoável para nós" –, o liberalismo político é, entre os alicerces filosóficos gerais disponíveis hoje, o mais capaz de abordar e explicar a complexa interação da democracia e do que chamo de normatividade da identidade.

Os capítulos deste livro têm como base materiais apresentados em conferências, workshops e seminários, mas revisados e ampliados com base no valioso *feedback* então recebido. A introdução, na qual consta uma avaliação das "condições inóspitas" para a democracia nas complexas sociedades atuais, surgiu da discussão que ocorreu em um *workshop* promovido pelo Centro Estudios Democraticos e pelo Istituto Italiano di Cultura, em Lisboa, em janeiro de 2012, e no curso de verão ASSET 2012 sobre representação política em uma sociedade plural organizada pela Fondazione Marcianum Venezia, em setembro de 2012. Em ambas as ocasiões, contei com o *feedback* de muitos colegas, entre os quais destaco Giuseppe Ballacci, Massimo Luciani, Mihaela Mihai, Serdar Tekin e Mathias Thaler.

O capítulo 1, "Razões que movem a imaginação: política democráticas no seu ponto mais alto", teve como origem um pequeno artigo apresentado na conferência "Che cos'è *la politica?* Paradigmi del pensiero politico contemporaneo a confronto", que aconteceu na Universidade de Veneza de 24 a 25 de março de 2007, e que mais tarde foi proferido como a palestra intitulada "Una reflexión sobre la politica" na Fundación Juan March, em Madri, em novembro de 2007, e em uma versão revisada na conferência "Filosofia e ciências sociais" em Praga, em 2008. Também foi discutido sob o título "La politica en su forma mejor: razones que mueven la imaginaciòn" na conferência "Crear cultura, imaxinar paìs", Consello de Cultura Gallega, Santiago de Compostela, em 2008, e como "Política e imaginação" na Universidade College London em janeiro de 2009. Pelas muitas sugestões recebidas em cada ocasião, gostaria de agradecer a Amy Allen, Richard Bellamy, Fina Birulés, Chiara Bottici, Marina Calloni, Dario Castiglione, Leonardo Ceppa, Maeve Cooke, Claudio Corradetti, Lucio Cortella, Paolo Costa, Mariano Croce, Manuel Cruz, Dimitri d'Andrea, Pieter Duvenage, Javier Gomá, María Pía Lara, Ramon Maiz, Virginio Marzocchi, Stefano Petrucciani, Walter Privitera, Elena Pulcini, Carlos Thiebaut e Fernando Vallespin. Uma versão desse capítulo foi publicada em *The Politics of Imagination*,[1] pelo que sou grato aos editores e à editora.

O capítulo 2, "Democracia e abertura", foi desenvolvido a partir de um artigo apresentado na conferência "Affect, Imagination and Democratic Values", na Universidade de Virginia, Charlottesville, de 2 a 3 de abril de 2010, e depois discutido no programa de doutorado em filosofia e ciências sociais da Universidade de Roma "Tor Vergata" na Fondazione Basso e no Istituto Sturzo em Roma, bem como no Centro Estudos Democráticos da Universidade de Coimbra, Portugal, em 2012. Agradeço a David Alvarez, William Connolly, Gianni Dessì, Bryan Garsten, Tonino Griffero, Giacomo Marramao, Massimo Rosati e Stephen K. White – e novamente a Giuseppe Ballacci, Mihaela Mihai, Serdar Tekin e Mathias Thaler – os comentários e o incentivo.

O capítulo 3, "Pluralismo reflexivo e a volta conjectural", surgiu de meu envolvimento com os seminários de Istambul organizados pela ResetDoc/Dialogues sobre civilizações; foi apresentado e debatido em Istambul, em 2008, e publicado pela primeira vez em *Philosophy and Social Criticism* [Filosofia e crítica social].[2] Pelos comentários, meus agradecimentos vão para Seyla Benhabib, Giancarlo Bosetti, Jean Cohen, Maeve Cooke, Drucilla Cornell, Abdou Filali-Ansary, Nina zu Fürstenberg, Nilufer Göle, Jürgen Habermas, Ramin Jahanbegloo e David Rasmussen.

O capítulo 4, "Hiperpluralismo e a *polis* democrática multivariada", inicialmente foi apresentado como breve intervenção em um debate na conferência "Rawls and Religion", organizada pela Universidade Luiss Guido Carli, em Roma, e depois desenvolvido como artigo apresentado nos seminários de Istambul de 2011 e discutido na conferência de Praga "Filosofia e ciências sociais", em 2012. Foi publicado pela primeira vez (sem as seções sobre interpretações agonísticas do hiperpluralismo e sobre estratégias alternativas para lidar com o hiperpluralismo) em *Filosofia e crítica social*.[3] Nessas ocasiões, recebi de Abdullahi An-Na'im, Tom Bailey, Dario Castiglione, Valentina Gentile, Sebastiano Maffettone, Andrew March e Mark Rosen importantes sugestões e críticas sobre as ideias apresentadas neste capítulo.

O capítulo 5, "*Cuius Religio, Eius Res Publica*: sobre democracias múltiplas", foi apresentado no *workshop* "Multiple Modernities and Global Postsecular Society", organizado pelo Center for Religions and Political Institutions in Post-Secular Society, em maio de 2011, em Roma; na 5ª Conferência Internacional da Teoria Crítica, organizada no John Felice Rome Center da Universidade de Loyola, em maio de 2012; e na mesa-redonda "Superar o pós-colonialismo: da disputa civilizacional à renovação do diálogo" dos seminários ResetDoc em Istambul, em 2012. Uma versão do capítulo foi publicada como "From Multiple Modernities to Multiple Democracies", em *Multiple Modernities and Postsecular Societies*.[4] Agradeço a Alexander Agadjanian, Giuliano Amato, Matteo Bortolini, Stefano Giacchetti, Enzo Pace, Massimo Rosati, Kristina Stoeckl, Roberto Toscano e Peter Wagner as muitas perguntas interessantes e desafiadoras.

O capítulo 6, "Multiculturalismo: negação ou realização do liberalismo?", foi discutido no curso de verão sobre direitos humanos, minorias e gestão da diversidade, organizado pela Academia Europeia, em Bozen, em julho de 2012, com ajuda de comentários e sugestões de Claudio Corradetti, Joseph Marko e outros.

O capítulo 7, "Além da nação: governança e democracia deliberativa", surgiu como documento para a conferência "Governare il lavoro e il Welfare attraverso la democrazia deliberative", Cnel, em Roma, em outubro de 2006, e foi revisado após discussões subsequentes, inclusive a que aconteceu na conferência "La liberal-democrazia tra globalizzazione e governance", na Universidade de Palermo, em 2007, e em um *workshop* sobre "Justiça e governança na comunidade internacional", no 24º Congresso Mundial IVR, em Pequim, 2009. Agradeço a Marzia Barbera, Luigi Ferrajoli, Nino Palumbo, Stefano Petrucciani, Jacob Dahl Rendtorff, Francesco Riccobono, Asger Sørensen e Salvo Vaccaro.

O capítulo 8, "Verdade, justificação e liberalismo político", foi apresentado na conferência "Filosofia e politica", na Università Statale de Milão, em 2009, e em uma mesa sobre "Verità e democrazia" organizada pela Biennale della Democrazia, em Turim, em 2009. Também foi discutido na conferência de Praga "Filosofia e ciências sociais", em maio de 2010, e na conferência "Verità in una società plurale" na Università Ca' Foscari, em Veneza, em setembro de 2011, e apresentado como palestra na Faculdade de Filosofia da Università Vita-Salute San Raffaele, em Milão, em 2011. O texto passou por várias revisões, feitas após sugestões de Ken Baynes, Antonella Besussi, Matteo Bianchin, Maeve Cooke, Lucio Cortella, Roberta de Monticelli, Nancy Fraser, Elisabetta Galeotti, Diego Marconi, Giacomo Marramao, Mario Ruggenini, Roberta Sala e Marco Santambrogio.

Muito outros colegas e amigos além dos aqui mencionados contribuíram para as ideias deste livro em conversas e trocas, formais e informais, ao vivo ou por *e-mail*. Registro minha gratidão a Bruce Ackerman, Seyla Benhabib, Michelangelo Bovero, Luigi Caranti, Furio Cerutti, Vittorio

Cotesta, Franco Crespi, Rainer Forst, Claudia Hassan, Charles Larmore, Massimo Pendenza, Hartmut Rosa, Ingrid Salvatore e William Scheuermann

Finalmente, dois revisores da Cambridge University Press levantaram importantes sugestões para o original submetido. Obrigado pelas alterações que melhoraram este livro. Obviamente, quaisquer falhas restantes são de minha responsabilidade.

Roma, abril de 2013.

NOTAS

1. Bottici & Challand (ed.), 2011, pp. 38-54.
2. *Philosophy and Social Criticism*, 2010, vol. 36, n. 3-4, pp. 353-364.
3. *Idem*, 2012, vol. 38, n. 4-5, pp. 435-444.
4. Rosati & Stoeckl (ed.), 2012, pp. 17-40.

Introdução

> A democracia é um modo *particular* de vida individual [...]. É a apropriação e o uso contínuo de certas atitudes, que formam o caráter pessoal e determinam o desejo e o propósito em todas as relações da vida. Em vez de pensar nossas disposições e nossos hábitos como acomodados a certas instituições, temos de aprender a pensá-los como expressões, projeções e extensões de atitudes pessoais habitualmente dominantes.
> **John Dewey**, "Democracia criativa – a tarefa diante de nós"

> O ideal democrático na política exige diretamente o governo dos governados. "Democracia" em nosso tempo significa algo além do domínio da maioria ou da massa em oposição aos poucos, aos melhores ou "ao único". Significa que a prática política de um país não é correta – não é como deveria ser – a menos que, em última análise, o povo do país esteja sob seu próprio domínio.
> **Frank Michelman**, "Como as pessoas podem fazer as leis?"

É inerente à democracia uma propensão à inovação, não à preservação da tradição, e nisso reside a afinidade do sistema democrático com a *abertura*. Escusado dizer que a democracia também tem uma tradição própria – um cânone, uma constelação de formas e rituais – e um *éthos* próprio. Sua especificidade, porém, é a capacidade de se transformar, de se abrir ao novo. Nascida em Atenas, onde algumas dezenas de milhares de cidadãos criariam as leis a que obedeceriam, tornou-se a forma de governo das sociedades modernizadas que contam com dezenas e centenas de milhões de cidadãos e transformou-se em democracia *representativa* para remediar a óbvia impossibilidade de convocar fisicamente os *demos* em uma única praça pública.

Há algumas décadas – praticamente desde ontem, dada sua história bimilenar –, a democracia tornou-se um regime sem antagonistas, um *horizonte* inquestionável partilhado por todas as sociedades avançadas do mundo ocidental.[1] Paradoxalmente, como veremos, essa transformação ocorre num momento em que as condições sociais, históricas e culturais sob as quais a política democrática há muito estabelecida está funcionando se veem cada vez mais "inóspitas" e num momento em que, para muitos povos ao redor do mundo, a democracia tornou-se uma aspiração irrenunciável. De fato, ela pode muito bem seguir a mesma trajetória do Estado-nação: nascida na Europa com a ascensão das monarquias absolutas a partir da fragmentação feudal do antigo Império Romano, exportada pelo colonialismo e sobreposta a variedades locais de associação política, depois de quatro séculos essa forma política tornou-se a pretensão de cada movimento de libertação anti ou pós-colonial de regimes autocráticos ou oligárquicos. O último desses Estados-nação, agora a caminho da vida política, é o Sudão do Sul. A democracia pode muito bem ser a próxima forma política a compartilhar esse destino. Se assim for, a democracia – ainda que reduzida à mínima ideia de que votar é melhor que atirar e de que votos são preferíveis a balas – certamente sofrerá transformações em outras linhas que não as que conhecemos.

O processo histórico que testemunhamos pode ser interpretado de várias maneiras. Alguns o equiparam com o "fim da história";[2] outros, com a democracia se transformando em "emblema" ou "significante vazio" e passando de símbolo de emancipação a um instrumento de poder.[3] Certamente, o momento em que a democracia se torna um "horizonte" marca também um período em que tendências neo-oligárquicas surgem em sociedades que já são democráticas e em que atitudes populistas antipolíticas ganham protagonismo.[4] No entanto, até que ponto faz sentido caracterizar o estado da democracia exclusivamente com base nesses desafios, isso ficará em aberto neste livro. A intenção aqui é, antes de tudo, analisar os recursos internos à disposição da democracia para resistir a essas pressões desiguais e oligárquicas e refletir sobre como, no futuro, esse regime será capaz permanecer fiel a seu princípio fundamental de autogoverno, ao mesmo tempo que afrouxa cada vez mais aquela ancoragem à nação que tanto contribuiu para seu sucesso na Idade Moderna e que enfrenta o desafio de fincar raízes em contextos culturais nos quais o valor da autonomia do indivíduo não é primordial. A democracia só tem chance de se tornar uma forma política verdadeiramente universal se a democratização não se mantiver para sempre sinônimo – como tem sido há muito tempo – de ocidentalização e se abrir de fato à diversidade, em vez de consistir na exportação de instituições ocidentais e formas tradicionais.

Desse diagnóstico geral – um pouco diferente da com frequência proclamada "crise da democracia" –, segue-se uma dupla tarefa. Por um lado, devem-se identificar os novos desafios com que democracias do século XXI serão confrontadas nos países onde nasceram e se desenvolveram mais precocemente e devem-se explorar as formas de enfrentar tais desafios. Por outro, é preciso compreender os rumos pelos quais a democracia pode se transformar permanecendo fiel a si mesma nas *novas* áreas de sua expansão.

A democracia é coeva com a conversa filosófica sobre política iniciada por Platão em *A República*. Sua trajetória é peculiar. Durante 24 anos e meio dos 25 séculos em que se desenvolveu – notavelmente até 1945 –, a democracia foi pouco mais que *um* entre vários tipos de governo legítimo: o governo de muitos, em oposição ao governo de poucos sobre muitos. Contudo, desde a Segunda Guerra Mundial – a última das grandes guerras em que as potências ocidentais lutaram entre si, precisamente numa divisão que demarcava democracia *versus* ditadura –, a forma democrática nunca mais foi posta em causa no Ocidente (com exceção do período do prolongamento dos regimes autoritários na Espanha e em Portugal até os anos 1970 e da junta militar na Grécia entre 1967 e 1974), na Índia e no Japão. A partir da década de 1990, então, três grandes ondas de democratização varreram áreas onde antes esse regime nunca teve uma base forte: Europa central e oriental, América Latina, Sudeste Asiático, África do Sul e, recentemente, num processo ainda em curso, o Norte da África e o Oriente Médio.[5] Agora também nessas partes do mundo a democracia deixou de ser mais *uma* para ser *a* forma quintessencialmente legítima de governo.

O fato de ela se tornar um "símbolo" – lamentado pelos teóricos de sua crise, sua transformação em insígnia usada pelos poderes para se autolegitimar – é, entre outras coisas, sintoma desse extraordinário sucesso histórico e do apelo intrínseco e quase irresistível da ideia de autogoverno – ideia capaz de mobilizar homens e mulheres em todas as latitudes, embora certamente esse apelo quase universal implique uma pluralidade de significados nem sempre consistentes a serem atribuídos ao distanciamento do significante vazio "democracia". Contestado não significa "vazio", mas, ao contrário, um excesso de significação a se resolver.

Para um filósofo político deste mundo global, com vantagens óbvias para qualquer governo que pareça um regime democrático – acesso mais fácil a crédito internacional, ficar fora das listas negativas compiladas por organizações não governamentais (ONGs) que lutam por direitos humanos, fluxos de turismo mais intensos, maior atratividade para investimento estrangeiro –, uma tarefa fundamental é definir o que significa, para um regime político, ser tido como uma verdadeira democracia.

Alguns optam por uma estratégia processual. Conscientes da plasticidade quase ilimitada dos quadros culturais ancorados nas grandes religiões do mundo e subjacentes ao processo político local, esses teóricos constantemente aperfeiçoam suas ferramentas conceituais – eles olham para critérios como pluralismo partidário, confidencialidade dos votos e equidade eleitoral, frequência regular de eleições, formação de maiorias e de coalizões e sua eficácia no terreno executivo.[6] Outros, entre os quais me coloco, consideram os critérios procedimentais sempre vulneráveis ao risco de uma "emulação banalizante" – nenhum parâmetro está imune a ser formalmente satisfeito, mas substantivamente desprovido de todo sentido.

Na verdade, até mesmo o vínculo crucial entre eleições e democracia passou por um escrutínio minucioso e crítico. Por um lado, a possibilidade de eleições sem democracia foi investigada na situação que levou à Primavera Árabe.[7] Por outro, está em curso há mais de uma década, nas "democracias prósperas e seguras", uma reflexão sobre a mudança de significado da representação eleitoral como momento decisivo da vida democrática, à luz da presença de oligarquias eletivas, da determinante questão do financiamento da campanha e o aval da mídia e do declínio da responsabilização dos representantes.[8] Em um viés positivo, uma exploração de formas de representação "não eleitorais" dirigiu nossa atenção para o potencial democrático de formas de "representação discursiva" e até mesmo de "representação informal", sendo esta última baseada em critérios, entre outros, de autenticidade ou "imaculação" dos representantes.[9] De maneira mais geral, a necessidade percebida de repensar completamente a representação vem da percepção de que no mundo global hoje faz cada vez menos sentido supor que a representação política só é real se for democrática, que só é democrática se for eleitoral e que só poderia ser eleitoral dentro do Estado-nação.[10]

Assim, neste livro seguimos uma estratégia alternativa: a saber, fazer a definição de democracia depender da ideia de um *éthos democrático* que subjaz e anima os aspectos processuais desse regime e que, ao mesmo tempo, sendo um produto histórico conectado com contingências, se mostre difícil de ser reproduzido à vontade e "trivialmente imitado".

A democracia é, então, um *éthos* sobre o qual certos procedimentos são adotados e seguidos, não somente o formato desses procedimentos. O fragmento de Dewey citado como epígrafe ao lado da caracterização da democracia feita por Frank Michelman expressa de forma concisa e contundente essa ideia. No cerne deste livro, entre outras coisas, está a tentativa de identificar os contornos desse *éthos* democrático e destacar um aspecto dele que até agora permaneceu fora dos holofotes: a relação intrínseca da democracia com a abertura como valor público. Mais sobre isso será discutido no capítulo 2; no entanto, antes de abordar as questões normativas suscitadas pelo repensar da democracia depois de ela se tornar um horizonte, precisamos observar algumas tendências muitas vezes sequestradas pela expressão "crise da democracia" e definir o contexto da renovação.

A democracia como regime político está inserida no contexto mais amplo da sociedade. Montesquieu entendeu bem esse ponto quando, em *Do espírito das leis*, sugeriu que a estabilidade da democracia – em seu recorte apenas uma das versões da "república" – está ligada à difusão do que ele chamou de *vertu* e que pode ser entendida como uma cultura de priorizar o bem comum sobre bens particulares. Na mesma linha, Maquiavel defendeu com convicção que nenhuma "república" pode florescer e se consolidar em um contexto em que os cidadãos não estão acostumados ao que ele chamou de "*vivere civile*". Essas reflexões apontam para a conotação enganosa veiculada pelo genitivo "da" na expressão "crise da democracia". Usando uma metáfora botânica, pode--se dizer que a democracia enquanto regime político é como uma planta que, mantendo sua herança genética, pode ser semeada e crescer em solo fértil e está condenada a murchar e desaparecer em solo árido. Nossa atenção precisa ser direcionada mais para as qualidades do solo que para uma fraqueza intrínseca à planta democrática.

Hoje temos razões para acreditar que o solo – o contexto social, histórico, cultural e econômico mais amplo em que as democracias do século XXI devem funcionar – encontra-se mais *inóspito*.

Não começamos do zero nessa análise. Existe uma literatura abundante, que não cabe ser examinada aqui, exceto para relembrar o relato mais conciso das condições contemporâneas inóspitas para a democracia, com referência ao último terço do século XX, oferecido por Frank Michelman.[11] Ele menciona:

a) A imensa extensão do eleitorado, atingindo dezenas e às vezes centenas de milhões de cidadãos, o que infunde ou potencializa uma percepção de irrelevância associada à participação em eleições – percepção dificilmente posta em causa pelos "laços eleitorais" que têm pontuado a primeira década do século (Bush *versus* Gore nos Estados Unidos, Berlusconi *versus* Prodi na Itália e Calderón *versus* Obrador no México) – e incentiva a "ignorância racional" do cidadão comum.[12]

b) A complexidade institucional das sociedades contemporâneas – onde as diversas camadas de representação, do local ao nacional, dificultam a compreensão da relação entre o voto e suas consequências políticas reais – e a complexidade técnica das questões políticas, que também desestimulam a participação ativa dos leigos e interferem na responsabilização dos eleitos.[13]

c) O crescente pluralismo cultural dos eleitorados, típico de sociedades em que os fluxos migratórios se combinam a uma cultura pública receptiva à abertura e ao valor da diversidade, o que torna o consenso sobre os valores políticos e os *fundamentos constitucionais* mais instável e difícil de alcançar em relação às sociedades que ou são mais impermeáveis à imigração, ou mais inclinadas a aceitar a hegemonia pública da cultura da maioria – a condição de *hiperpluralismo* com a qual uma versão renovada do liberalismo político terá de chegar a um acordo consta no capítulo 4.

d) A qualidade anônima dos processos de formação da vontade política, ou seja, o surgimento de uma orientação e uma opinião política cada vez menos a partir da interação direta entre os cidadãos reunidos em locais públicos e agora quase exclusivamente por meio da exposição simultânea, porém isolada, a uma variedade de produções midiáticas ou, na melhor das hipóteses, por meio da exposição a essas mensagens em pequenos grupos com ideias semelhantes.[14]

Algumas dessas condições geraram importantes respostas e contratendências, com destaque ao surgimento de uma "concepção dualista do constitucionalismo democrático". De acordo com esse modelo, formulado no volume *Foundations* [Bases] (1991) da obra *We the People*, de Bruce Ackerman, no contexto inóspito da sociedade atual, faz sentido aplicar o padrão clássico do "consentimento dos governados" a fim de avaliar a legitimidade de uma ordem política apenas no nível "superior" da lei e do quadro institucional – isto é, no nível que coincide com os *fundamentos constitucionais*. Em vez disso, a justificação política de todos os atos legislativos, administrativos e judiciais de nível "ordinário" ou "subconstitucional" é mais bem concebida como baseada simplesmente em sua consistência com a estrutura constitucional (desnecessário acrescentar, quando os mecanismos de *revisão judicial* estão em vigor).[15]

A essas quatro condições mencionadas por Michelman vale a pena acrescentar uma quinta, também contextualizada no último terço do século XX: os mesmos fluxos migratórios que acumularam o pluralismo societário contribuíram para tornar a cidadania menos inclusiva e mais seletiva. As democracias contemporâneas estão cada vez mais distantes da imagem canônica de uma comunidade política de livres e iguais, englobando todos os seres humanos que vivem no mesmo espaço político. Em vez disso, elas se assemelham cada vez mais às antigas democracias, habitadas por cidadãos que decidem o destino de habitantes de vários tipos e de escravos. Entre aqueles que vivem dentro das fronteiras de um Estado-nação democrático contemporâneo estão incluídos, agora, muitos não considerados cidadãos: estrangeiros residentes, imigrantes aguardando residência legal, estrangeiros sem permissão e que não têm chance de se tornar residentes, refugiados, pessoas escravizadas por redes de tráfico humano.

Isso é a história presente. Surgiram novas condições, talvez ainda mais inóspitas. A lista precisa de alguma atualização, e esse exercício nos ajuda a destacar o elemento de verdade na tese enganosa da "crise da democracia".

Entre as *novas* condições inóspitas, que favorecem a desdemocratização das sociedades democráticas, certamente podemos incluir o predomínio das finanças na economia capitalista (fator que aumenta ainda mais a dificuldade, por parte do governo, de dirigir o ciclo econômico), a aceleração generalizada do tempo social, a tendência induzida pela globalização para a integração supranacional, a transformação da esfera pública causada pelas dificuldades econômicas da mídia tradicional e o surgimento das novas mídias sociais, o uso generalizado de pesquisas de opinião e sua influência sobre a legitimidade percebida da ação executiva.

A democracia sempre teve uma relação ambivalente com a economia capitalista, mas é inegável que a democracia representativa moderna só pode se estabilizar e florescer em combinação com uma economia capitalista. Durante as últimas três décadas, no entanto, o capitalismo passou por uma transformação importante, que reviveu traços de brutalidade típicos dos estágios anteriores do capitalismo, no início da Revolução Industrial. O valor do trabalho tem diminuído constantemente no Ocidente nas últimas décadas, e esse processo, ligado tanto à racionalização técnica como à disponibilidade geopolítica de um mercado de trabalho global, exerce um impacto social que vai muito além das relações trabalhistas e até mesmo de toda a esfera econômica.[16] Provavelmente estamos presenciando o fim da mão de obra empregada enquanto geradora de riqueza e prestígio social também no setor terciário, entre os colarinhos brancos. Não é apenas que a grande indústria manufatureira declina – Detroit tem sido mais insidiosamente atacada por Wall Street que pela oposição sindical; de modo geral, a prevalência do capital financeiro na economia inclina a balança a favor do capital e do aluguel e reduz impiedosamente a renda, a riqueza relativa, o poder de compra da classe média empregada – e, como consequência, sua influência política. O trabalho assalariado torna-se flexível, precário, com pior remuneração, subcontratado e terceirizado e perde sua representação histórica: cada vez mais dessindicalizado, perde a capacidade de chegar a um consenso sobre suas demandas. O espaço público passa a ser dominado por gestores de alto prestígio, profissionais de alto escalão, estrelas das artes, do *show business* e do esporte, cujos rendimentos atingem níveis espetaculares, alheios à realidade do restante dos trabalhadores.

A partir da década de 1980, as finanças parecem ser mais capazes de gerar riqueza que a produção e a manufatura em geral, e seus instrumentos ficam cada vez mais "virtuais", desvinculados de todo referencial mensurável e material do "mundo real". Uma empresa tem seu valor definido pela soma de suas ações, mas o valor de suas ações torna-se uma função do ganho de capital que elas podem gerar no curto prazo. Na Bolsa de Milão, em poucos meses, as ações da Fiat oscilaram entre cinco e catorze euros, de acordo apenas com o potencial percebido de crescimento de curto prazo, enquanto obviamente o valor agregado do capital líquido da Fiat, produtos estocados, plantas de produção e propriedades reais permaneceram mais ou menos constantes. Parafraseando Charles Horton Cooley, grande teórico social e associado de George Herbert Mead, alguém pode se ver tentado a afirmar que o valor de uma ação na Bolsa hoje é a fantasia que as pessoas fazem do potencial de crescimento de seu valor. Não por acaso, algumas viradas importantes no mercado de ações são explicadas pelo "sentimento" que se torna positivo ou negativo. Também a esse respeito, é Wall Street, não a "economia real", que dá as cartas: as bolhas e seu estouro são criações suas. Primeiro, a bolha das *ponto.coms*, depois a das *habitações*, depois as de *hipotecas*. Não é difícil detectar aqui mais uma condição inóspita para a democracia contemporânea, ainda mais se considerarmos que é somente a partir do New Deal que um governo democrático consegue frear o ciclo capitalista clássico de expansão e recessão e levarmos em conta uma diferença crucial que separa esse contexto do nosso. Franklin Roosevelt enfrentou uma crise econômica que se originou em casa e em casa poderia ser resolvida, por meio de legislação apropriada por parte do Congresso, apoiada por consenso popular sobre proteção e necessidades trabalhistas. O presidente Obama enfrenta uma crise econômica que se origina das bolhas geradas por Wall Street e cuja solução já não depende apenas da legislação do Congresso, em apoio da qual não se vislumbra, de qualquer forma, consenso e que requer cooperação internacional, a qual seu governo só pode pleitear.

Em segundo lugar, a aceleração do tempo social contribui para uma verticalização das relações sociais e políticas. Em todas as esferas da vida social, há cada vez menos tempo para deliberação, colegialidade, consulta. Um partido político, uma empresa global do século XXI, mas também uma ONG de sucesso que deseja se manter a par e se fazer notar na saturada esfera pública, a equipe editorial de um jornal que deseja não ficar atrás da concorrência – todos devem se posicionar, escrever notas, vender e investir, aproveitar a oportunidade de visibilidade e dar furos neste mundo em que o tempo é o "tempo real" da internet. Por sua vez, esse processo enfatiza a reconhecibilidade, a discricionariedade e, em última análise, o poder do líder político, do CEO, do coordenador, do editor-chefe – independentemente dos esforços organizacionais que algumas culturas políticas, institucionais, corporativas possam fazer na direção oposta.[17] Está fora do alcance da democracia desacelerar o ritmo da vida social na era da internet e o da conectividade global em tempo real, mas ela terá de enfrentar o desafio de neutralizar as implicações verticalizantes, talvez até autoritárias, da aceleração.[18]

Em terceiro lugar, a globalização da economia financeira e a crescente incapacidade do Estado-nação "médio" de enfrentar desafios globais como ondas migratórias, terrorismo e crime organizado, mudanças climáticas e segurança internacional, alimentam uma poderosa tendência à integração supranacional dos países de história, cultura, tradições e localização geopolítica mais ou menos semelhantes. A União Europeia é com frequência citada como pioneira em um processo que depois foi replicado sob os nomes Asean, Mercosul, Cedeao, e assim por diante. Esse processo, considerado por muitos um início bem-vindo da superação da fragmentação política do "mundo" em 193 entidades estatais, confronta a democracia com a necessidade de sobreviver, em formas que ainda precisam ser investigadas, a dissolução daquele nexo de uma nação, um aparelho estatal, um mercado nacional e uma cultura comum, linguagem e memórias que estiveram na base de seu florescimento no moderno sistema vestfaliano de Estados-nação. Como Habermas apontou há mais de uma década, hoje são os Estados que estão imersos na economia global, não são as economias nacionais que se veem delimitadas por fronteiras estaduais.[19] Esse fato irreversível da história mundial exige novos padrões de coordenação e integração entre os estados existentes, e esses novos padrões, por sua vez, trazem à tona palavras-chave da filosofia política, como *governança*, em oposição ao governo clássico, *soft-law*, *melhores práticas*, *benchmarking* e *persuasão moral*. Nesse contexto, resta esclarecer que forma será assumida pela autoria legislativa dos cidadãos – a saber, aquele ideal de obediência às leis que algum cidadão criou e que constitui o traço definidor da democracia na diversidade de suas manifestações, desde a democracia direta até a democracia representativa de Westminster.

Em quarto lugar, a esfera pública das sociedades democráticas está passando por outra poderosa mutação apenas algumas décadas após a "transformação estrutural" descrita por Habermas em seu trabalho pioneiro de 1962 e revisitada em *Entre fatos e normas*.[20] Por um lado, a audiência atomizada da grande mídia (rádio e TV) experimenta formas de reagregação incipientes sob o efeito das novas mídias sociais – Facebook, Twitter, *blogs* etc. Agora o fluxo de comunicação se endereça a dezenas, talvez algumas centenas de pessoas incluídas nas redes sociais e que, por sua vez, estão conectadas umas às outras pelas mídias sociais. Essas redes, por seu turno, não são mais constituídas de átomos, mas de moléculas sociais, ou indivíduos que se conhecem. O papel dos *formadores de opinião*, que filtram a comunicação e orientam sua decodificação, volta a ser relevante. A grande lacuna entre estações de transmissão poderosas e economicamente caras e uma infinidade de receptores individuais dispersos e passivos começa a mostrar sinais de ser superada. Na chamada *web* 2.0, os *blogs,* as redes sociais e até mesmo os *webmasters* individuais têm um potencial muito maior de alcançar o mesmo público amplo antes limitado às grandes corporações de radiodifusão. Por outro lado, a disponibilidade de notícias e informações *on-line* está contribuindo para uma crise massiva e generalizada da imprensa de qualidade. Os jornais sempre se deparam com o atraso na venda de notícias já conhecidas, obtidas na rede mais rapidamente e sem qualquer custo. A resposta adaptativa, por parte da imprensa de qualidade, já foi amplamente investigada por estudantes de jornalismo e afins: os jornais tendem a se assemelhar aos semanários e a oferecer comentários qualificados a informações que já circulam na rede. A demanda por "comentários especializados", no entanto, é muito menos robusta que a demanda por notícias frescas, e isso reflete tanto no declínio das vendas de jornais quanto na diminuição de seu apelo no mercado publicitário. Portanto, a democracia terá de contar com uma esfera pública e com processos de formação de opinião pública influenciados por essas novas tendências e transformações.

Por fim, toda uma dimensão nessa transformação da esfera pública é constituída pelo uso cada vez mais amplo de pesquisas de opinião para medir a popularidade e o consenso que validam as iniciativas políticas do governo. Por que essa tendência deve representar uma alteração potencial da ordem democrática? Considere a percepção da legitimidade de um chefe de governo – seja um presidente, seja um primeiro-ministro – antes e depois da invenção das pesquisas por amostragem e seu uso massivo. Antes a legitimidade "percebida" era basicamente ligada aos últimos resultados eleitorais. Suas variações entre duas eleições gerais eram objeto de mera suposição e de polêmicas entre campos opostos. Hoje, graças ao uso regular e massivo das pesquisas, a legitimidade percebida de um líder assume o padrão flutuante da Bolsa de valores: sobe ou cai em função de diversas variáveis, apresenta diferentes graus dependendo do tipo de política em curso, apresenta tendências ascendentes ou descendentes, quedas e recuperações repentinas. Essas oscilações percebidas em tempo real conferem diferentes graus de força e credibilidade às ações do Executivo e, sobretudo, induzem os demais poderes a reagir de outra forma – e, portanto, basicamente alteram os *freios e contrapesos* estabelecidos – às iniciativas do Executivo à margem da legalidade e dos limites jurisdicionais. Por exemplo, a ação assertiva no limite da prerrogativa jurisdicional e a resposta dos demais poderes é uma coisa se tal ação é empreendida por um chefe de governo apoiado por 65% e outra quando as pesquisas mostram aprovação abaixo de 50%, mesmo que, por exemplo, o último resultado eleitoral obviamente permaneça inalterado. Sobre essa mudança do padrão e o equilíbrio da legitimidade democrática nos Estados Unidos, país que pela primeira vez experimentou o uso regular e generalizado de pesquisas de opinião, Bruce Ackerman foi certeiro em *The Decline and Fall of the American Republic*.[21] Finalmente, essa nova situação se torna ainda mais problemática quando considerada em conjunto com o fenômeno da aceleração da sociedade: os governos tendem a se comprometer apenas com políticas capazes de gerar bons resultados em pesquisas de opinião e não podem se dar ao luxo de sofrer uma queda de credibilidade em vista de talvez regredir, mesmo que de modo incerto, em um futuro mais distante.

Essas tendências mostram que a política democrática como a conhecemos nas sociedades modernas precisará se adaptar a um ambiente social bem mais desfavorável. No entanto, embora em nossas sociedades possa ser sugestivo falar em uma "crise da democracia", a democracia constitui uma esperança para muitos cantos do mundo. Regiões inteiras – a América Latina quando suas ditaduras desapareceram, a Europa pós-soviética depois de 1989, os países da Primavera Árabe em 2011 – não pediam nada além de uma saída dos regimes autoritários sob os quais definhavam para regimes mais próximos à plena democracia. Mesmo onde a democracia prevaleceu e agora parece ameaçada por tendências neoelitistas, o diagnóstico mais apropriado é em termos dos desafios que o regime pode enfrentar contando com seus próprios recursos – sendo o primeiro e principal deles seu potencial inerente de reflexividade e autotransformação.

Alguns desses desafios, típicos de uma democracia agora transformada em *horizonte*, serão abordados aqui a partir de uma perspectiva *normativa*. O propósito da filosofia política não é descrever a realidade política nem oferecer uma narrativa da sucessão de diferentes concepções políticas – essas tarefas são mais bem realizadas pela ciência política e pela história do pensamento político. O propósito da filosofia política é, antes, fornecer "medidas", referências ou padrões tão adequados quanto possível, tendo em mente que um padrão ruim nos condena ao fracasso mesmo com os melhores discernimento e prudência. O projeto estético de escrever um romance em que o começo de cada capítulo coincide com a frase final do anterior está intrínseca e inevitavelmente fadado ao fracasso na medida em que o primeiro capítulo não satisfaz a exigência. Da mesma forma, se projetarmos um sismógrafo sensível a ponto de sinalizar um terremoto quando o metrô está passando sob nosso prédio ou que, ao contrário, registra apenas um pequeno impacto quando os prédios desmoronam e fendas se abrem, não deixaremos um bom intrumento a quem vai usá-lo depois. Assim, o debate sobre padrões normativos, na filosofia política, nunca é em vão.

Essa abordagem normativa da filosofia política se faz presente no capítulo 1, no qual levantei questões raramente abordadas em debates sobre política e democracia e às quais são dadas respostas muitas vezes estereotipadas e sem imaginação. O que é política? Como deve ser entendida sua "autonomia"? A política será fotografada conceitualmente *antes* de se tornar uma atividade rotineira – a atividade de coordenar instituições e organizações de relevância pública já formadas – e será defendida como a atividade de definição, *com resultados supostamente vinculantes ou pelo menos influentes para todos, da prioridade de certos fins publicamente relevantes sobre outros não simultaneamente alcançáveis*. Essa atividade é tão complexa que requer uma combinação de paradigmas filosóficos para ser bem compreendida – os paradigmas do discurso, do julgamento, do reconhecimento e do dom. Com base nessa noção de política, como seria a melhor política democrática?

A política democrática, em sua melhor definição, será aquela em que a prioridade de certos fins é estabelecida consensualmente com base em *boas razões que movem a imaginação*. As cenas políticas nacionais e internacionais estão repletas de projeções imaginárias que suscitam entusiasmo ao serem apoiadas por nenhuma boa razão ou, inversamente, por boas razões pouco inspiradoras que não mobilizam ninguém – contraste no qual muitas vezes se reflete o embate entre direita e esquerda. Compreender é o primeiro passo para mudar o mundo. Mesmo a 11ª tese de Marx sobre Feuerbach não exclui – ela *pressupõe* – que para mudar o mundo devemos começar por entendê-lo de outra maneira. Não pode existir política democrática e progressista transformadora que não se baseie na capacidade de imaginação para motivá-la e aproveitá-la para boas razões. Quando essa combinação se perde, ficamos com as razões pouco inspiradoras da ação administrativa rotineira, que não mobiliza ninguém, ou com o entusiasmo delirante da imaginação populista.

No capítulo 2 apresenta-se a natureza do *éthos* democrático ou do *espírito da democracia*. Num mundo onde múltiplos regimes mais se julgam democráticos do que verdadeiramente são democráticos, a diferença entre democracias falsas e reais talvez seja melhor concebida com relação não tanto a regras, mas ao *éthos* subjacente às instituições, à sociedade civil, aos cidadãos. Como aprendemos com Max Weber, o capitalismo em sentido genérico, como disposição de buscar o lucro pela especulação ocasional, é bem diferente de uma atividade empresarial inspirada no "espírito do capitalismo". Seguindo essa trilha, como caracterizar o "espírito da democracia"? A "cultura da democracia" há muito tem sido investigada no pensamento político moderno: a tradição recebida centra-se na virtude republicana ou na paixão pelo bem comum, na paixão pela igualdade e pelo individualismo como bases afetivas de uma democracia estável e florescente. Várias propostas serão discutidas para expandir essa compreensão tradicional do *éthos* democrático com novas virtudes, mais responsivas à situação do século XXI: a ideia de Taylor de uma disposição para a ágape, a sugestão de Derrida de um *éthos* de hospitalidade, a "generosidade presuntiva" de White, enraizada na figura fraco-ontológica de presciência da mortalidade. Depois de abordar os elementos problemáticos nessas sugestões, será apresentada uma proposta alternativa para enriquecer a compreensão do *éthos* democrático, que se baseia no vínculo entre democracia e uma propensão à, ou uma paixão pública pela, "abertura". Este termo capta uma receptividade à novidade, uma exploração de possibilidades para uma forma de vida, para um horizonte histórico, para uma configuração social – atitude para a qual a noção de Popper de "sociedade aberta" representa apenas uma versão de certa forma enganosa. O oposto dessa propensão à abertura consiste na tendência a perceber o novo sempre como potencialmente perigoso, subversivo, inquietante ou ameaçador, consiste no desejo de continuidade a todo custo e na certeza de que nada mudará. Também nesse caso, nossa reflexão diz respeito implicitamente à distinção entre esquerda e direita, progressismo e conservadorismo, e os combina com abertura e fechamento. O sucesso do neoliberalismo está de alguma forma ligado a esse vínculo entre democracia e abertura: forças políticas progressistas podem prevalecer mais facilmente sobre um conservadorismo de fechamento, mas enfrentam sérias dificuldades quando confrontadas com um conservadorismo que se apropria da sugestividade da abertura e retrata a esquerda como defensora do fechamento. Nenhuma evolução progressiva da democracia ocorrerá – assim como talvez nenhuma defesa bem-sucedida contra as atuais e onipresentes tendências desdemocratizadoras –, a menos que as forças progressistas recuperem sua capacidade de explorar esse senso de abertura que é crucial para a democracia e que se refletiu tão efetivamente no New Deal rooseveltiano. A discussão sobre democracia e abertura se completa com observações sobre a distinção necessária entre abertura democrática, por um lado, e dispersão destrutiva ou "falsa abertura", por outro.

Os quatro capítulos seguintes tratam, de várias maneiras, do pluralismo e da renovação do liberalismo político que a nova condição de hiperpluralismo faz os teóricos políticos vislumbrarem. Não existe democracia sem pluralismo. No entanto, qual concepção de pluralismo é mais apropriada para uma visão de democracia agora entendida como *horizonte* e como intrinsecamente conectada com a abertura? O capítulo 3 começa com uma breve reconstrução de três narrativas sobre a ascensão do secularismo: a narrativa política do crescimento da tolerância e da neutralidade religiosa a partir das guerras religiosas; a narrativa sociológica da privatização da religião; e a narrativa fenomenológica da ascensão da "moldura imanente" recentemente proposta por Charles Taylor. Essas narrativas, por mais diversas que sejam em pressupostos e propósitos, convergem em um ponto: habitar um mundo secular significa aceitar a necessidade de reconhecer a legitimidade de pelo menos algumas outras concepções de vida, justiça e bem. A questão que se põe, então, é: em que base? Por que aceitar o pluralismo? Hoje, o pluralismo, em alguns aspectos, pode compartilhar o destino da igualdade: assim como nos círculos democrático-liberais, nós agora, em oposição à época inaugural do liberalismo, muitas vezes tendemos a tomar a força da igualdade como certa e focar os debates nas *implicações* da igualdade, de modo que as razões que fundamentam a aceitação do pluralismo podem, muitas vezes, permanecer fora dos holofotes.

Os liberalismos perfeccionistas reiteradamente responderam ao desafio de justificar a aceitação do pluralismo, no passado, postulando a *tolerância* ou, em outras versões, a *autonomia* da consciência individual como valor fundamental. Essa resposta gera, sem dúvida, uma espécie de "monopluralismo", encontrado no cerne das posições liberais que nos incitam a adotar uma postura pluralista em relação a todas as concepções morais razoáveis, mas, paradoxalmente, pressupõem a existência de apenas um conjunto de razões válidas para aceitar o pluralismo. No restante do capítulo 3, um novo *pluralismo reflexivo* é explorado; este, em viés rawlsiano, aplica uma postura pluralista a si mesmo em primeiro lugar, permitindo uma variedade de justificativas para sua aceitação. Esse tipo reflexivo de pluralismo depende, em grande parte, da argumentação que Rawls chama de "conjectural".

Em consonância com sua aceitação de uma variedade de argumentos para sua própria justificação, o pluralismo reflexivo adota a justificação imanente como sua principal metodologia – isto é, argumentos que partem das categorias morais centrais intrínsecas a uma concepção abrangente e delas derivam uma aceitação plena da legitimidade de outras concepções abrangentes, bem como do compromisso de se abster de impor os aspectos controversos da própria concepção por meio da lei. Uma aplicação exploratória dessa defesa própria do pluralismo é realizada em relação à tradição cristã, judaica e islâmica.

O capítulo 4 começa no ponto em que o anterior termina. O que acontece quando os argumentos conjecturais não conseguem convencer as minorias a endossar os "valores políticos", a aceitar o pluralismo e a aderir ao consenso constitucional existente? Somos lançados de volta à sombria alternativa de endossar uma espécie de *opressão liberal-democrática*, por assim dizer, sobre as minorias recalcitrantes ou de testemunhar, de forma impotente, toda a política regredir a um *modus vivendi*, na melhor das hipóteses? Argumenta-se que essa alternativa desconfortável é produto de uma pressuposição não escrutinada e, de fato, sem suporte, que muitos leem em *O liberalismo político* de Rawls – ou seja, o pressuposto de que uma política se move de forma homogênea e inalterável por meio do conflito religioso ao *modus vivendi*, até o consenso constitucional e, finalmente, ao consenso sobreposto. Essa interpretação enganosa é em parte induzida pela gama extremamente limitada de concepções abrangentes que Rawls, em *O liberalismo político*, procurou conciliar com uma e a mesma concepção política de justiça: basicamente, as tradições lockeana e rousseauniana.

Uma condição inicial alternativa, o "hiperpluralismo", que melhor reflete as condições reais em que a democracia na sociedade do conhecimento do século XXI opera, é então delineada no capítulo e se coloca como o desafio fundamental ao qual um liberalismo político renovado deve responder. Em outras palavras, a preocupação com o hiperpluralismo e a forma adequada de entender sua relação com a democracia também são tematizadas pelos teóricos da democracia agonística. As visões de Chantal Mouffe, William Connolly, James Tully e Ed Wingenbach são acionadas em um esforço para desembaraçar a discutível assimilação do liberalismo político ao número de ideologias que tentam "domesticar a diversidade" e moralizar a exclusão hegemônica do irracional – assimilação que muitas vezes perde de vista a própria distinção entre exercício legítimo e arbitrário do poder – dos esforços construtivos de refletir sobre o método do liberalismo político na tentativa de prepará-lo para enfrentar os desafios colocados por clivagens culturais mais profundas que aquelas abordadas por Rawls. A dimensão não consensual e um tanto paradoxal intrínseca ao acordo, e que foi apontada por Tully, será retomada a fim de destacar pontos problemáticos no próprio entendimento de Rawls sobre o consenso sobreposto, detectável principalmente em sua discussão sobre o "entrincheiramento estrutural" de direitos fundamentais. A noção agonística de Wingenbach de que o conflito sobre princípios básicos nunca pode ser erradicado da política liberal-democrática será examinada. Esse é um ponto de partida para vislumbrar formas de permitir que o liberalismo político responda de modo mais eficaz ao hiperpluralismo, sem oferecer nenhum flanco à acusação de imunização excludente dos fundamentos constitucionais.

A discussão das estratégias filosóficas para abordar o hiperpluralismo será completada pelo exame de algumas sugestões não agonísticas apresentadas por Lucas Swaine e Mark Rosen. Enquanto Swaine tenta desenvolver o que chamo de argumento conjectural *passe-partout* (ou seja, não específico), bom para todas as concepções religiosas, Rosen prefere uma estratégia não conjectural: ele aborda o hiperpluralismo explorando formas de redesenhar a posição original para acomodar também alguns tipos de perfeccionistas dentro dela (parcialmente razoáveis, óbvio).

Essas tentativas variadamente frutíferas de renovar o liberalismo político são tidas como vítimas de uma suposição não examinada que restringe indevidamente suas opções. Nem os críticos agonistas construtivos do liberalismo político, nem os políticos-liberais que sugerem o conjecturalismo *passe-partout* ou o redesenho da posição original manifestam consciência da falta de fundamento da suposição de que a política liberal-democrática deve se mover homogeneamente e de uma só vez em uma sequência predeterminada de estágios: do conflito (principalmente religioso) ao *modus vivendi*, do *modus vivendi* ao consenso constitucional e, finalmente, ao consenso sobreposto.

Minha proposta de renovação do liberalismo político – *a polis democrática multivariada* – é, então, apresentada, após reinterpretar a ideia de "estabilidade pelas razões certas" à luz da noção de mundo enquanto entidade política, contida em *O direito dos povos*. Assim como a visão de Rawls sobre "o mundo" inclui povos que se relacionam entre si com base em considerações de justiça e então se relacionam conjuntamente com os povos remanescentes, categorizados de várias maneiras, em uma base diferente (possivelmente um *modus vivendi*), de modo que uma espécie de política doméstica multivariada pode ser considerada onde a maioria dos cidadãos concorda sobre a estrutura básica e os fundamentos constitucionais, mas então se relacionam conjuntamente *modus vivendi* com minorias cujas concepções abrangentes se sobrepõem em menor grau às razoáveis e endossam apenas um subconjunto da constituição essenciais. Na política democrática multivariada, as relações do tipo "consenso sobreposto" e "*modus vivendi*" coexistem entre os cidadãos, assim como no cenário global os povos liberais e decentes que formam uma "sociedade dos povos" operam com base na razão pública, mas não esgotam a totalidade das relações políticas entre os povos do mundo. Sob as condições quase onipresentes do hiperpluralismo, a política democrática multivariada é tida como recurso conceitual crucial para evitar que os públicos democrático-liberais se contentem com a "estabilidade para as razões erradas".

No capítulo 5, a relação da democracia com o hiperpluralismo é explorada por outro ângulo. A ideia de definir a democracia mais em termos de seu *éthos* público subjacente que em termos de procedimentos emuláveis levanta as questões: pode haver mais de uma versão do *éthos* democrático ou o único, verdadeiro, está enraizado no espírito do protestantismo radical? Pode haver uma forma de democratização que não seja uma ocidentalização? Responder a essas perguntas é fundamental para quem deseja entender que contornos a democracia poderia assumir caso realmente se tornasse um horizonte para todo mundo, não apenas para áreas cada vez mais extensas dele, e quais são os caminhos de transformação possíveis para irmos de políticas decentes a liberais--democráticas. Partindo do paradigma das "múltiplas modernidades", desenvolve-se uma tese paralela sobre "múltiplas democracias". Depois de sondar os pressupostos do paradigma, reconstruindo as tensões e as dificuldades inerentes às diferentes abordagens do fenômeno da era axial, com referência às obras de Weber, Jaspers, Eisenstadt, Bellah, Arnason, Wittrock e outros, a ideia da modernidade como uma *segunda era axial* é proposta juntamente com algumas observações sobre o *status* da era tardia ou da pós-modernidade como uma possível *terceira era axial*. Nas seções dedicadas ao programa de pesquisa das "múltiplas democracias" propriamente ditas, várias fontes budistas, confucionistas, hindus, hebraicas e islâmicas são investigadas, e a convergência cultural se encontra em fundamentos democráticos como a aceitação do pluralismo, a participação na deliberação, a igualdade dos cidadãos, o valor da pessoa, o governo escolhido. Por sua vez, outros constituintes do *éthos* democrático mostram-se muito menos condizentes com as intuições enraizadas nas culturas religiosas de algumas civilizações; por exemplo, a prioridade dos direitos sobre deveres e a valorização da contestação agonística na esfera pública. Uma tipologia de *"éthos"* ou "culturas" democráticas é, então, construída, com base na presença ou na ausência dessas dimensões em diferentes combinações, e, curiosamente, as alternativas dentro da tipologia atravessam a divisão Leste-Oeste: em nenhum sentido podemos falar em "choque de culturas democráticas" ao longo de um simplista padrão de alinhamento civilizacional.

O capítulo 6 aborda o hiperpluralismo doméstico do ponto de vista do multiculturalismo e explora outra faceta de um liberalismo político não atomista. Começa com uma definição de multiculturalismo enquanto conceito *normativo*, ou seja, como um caso especial de justificação política em um contexto multiétnico e hiperpluralista, com ênfase na justificação de uma atribuição diferencial de direitos e prerrogativas não fundamentais aos cidadãos de acordo com sua afiliação cultural eletiva. Com base em Kymlicka, quatro argumentos distintos para a justificação de disposições multiculturais – centradas respectivamente numa visão intersubjetiva de si, no valor da diversidade, na igualdade e na liberdade – são examinados. Os argumentos centrados na igualdade e na preservação das "raízes da liberdade" são defendidos como os mais convincentes e, ao mesmo tempo, mais alinhados ao liberalismo político. Na parte final, duas objeções comumente levantadas contra o multiculturalismo são confrontadas, e seus pressupostos subjacentes são questionados. De acordo com a primeira objeção, o multiculturalismo incorporaria uma visão de culturas como excessivamente coerente, autocontida e suscetível de ser atribuída a coletividades e não levaria em conta a fluidez e a interpenetração contínua das culturas, que são sempre internamente diferenciadas, em constante diálogo umas com as outras e em processo de ser continuamente reformuladas por esse diálogo. A objeção é posta em causa por não conseguir, de forma adequada, manter distintas as perspectivas do observador e do participante.

A segunda objeção, articulada por James Tully, questiona a própria ideia de alinhar multiculturalismo e liberalismo. Ele apresenta sete suposições não examinadas que incorporam resíduos de preconceito etnocêntrico e assombram o constitucionalismo liberal dominante, bem como as versões contemporâneas do constitucionalismo liberal mais abertas a acomodar a diferença cultural. Qualquer projeto, como o de Kymlicka ou o aqui proposto, que vise a alinhar o multiculturalismo com o liberalismo político deve evitar essas pressuposições e, em todo caso, adotar uma postura crítica em relação a elas. Esse desafio é assumido, no capítulo, por meio da análise sobre em que medida uma versão renovada do liberalismo político de Rawls estaria livre delas e constituiria, portanto, um ponto de partida adequado a uma nova versão do liberalismo multicultural.

Por fim, aborda-se a continuidade de argumentos multiculturais com uma visão de normatividade baseada na autenticidade e na exemplaridade. De fato, as disputas sobre questões multiculturais muitas vezes giram em torno do impacto que disposições, propostas e práticas sob análise exercem sobre o florescimento desimpedido das identidades dos grupos envolvidos e dos indivíduos dentro dos grupos. Quão importante é vestir uma adaga, em comparação com o uso de um turbante, para os sikh? Quão crucial para a identidade hindu é o ritual *sati*? Quão fundamental é certo feriado para uma religião específica? Em todas as disputas multiculturais encontramos esse julgamento sobre a integridade de uma identidade e suas chances de ser um passo necessário para medir o que a justiça exige.

O capítulo 7 aborda outro entrave filosófico que muitas vezes – assim como a ideia injustificada de que a política só pode ser integrada holisticamente por meio de um *modus vivendi* ou de um consenso sobreposto, mas não por uma mistura dos dois – perturba nossas reflexões sobre a perspectiva da democracia como regime político funcionando além da escala nacional. O termo governança, ao contrário de governo, às vezes é automaticamente associado à ideia de tecnocracia e, consequentemente, de *déficit democrático*. Essa pedra no sapato aparece com frequência no que diz respeito ao funcionamento da União Europeia, bem como em relação a instituições ainda mais amplas, que coordenam a ação de atores coletivos no cenário global. Para falar significativamente em um *déficit*, no entanto, um referencial ou um padrão deve ser pressuposto, em relação ao qual os fenômenos sob avaliação merecem o sinal de "menos". Qual padrão é adotado aqui? Será que, se um cidadão ateniense transportado por uma máquina do tempo julgasse a qualidade da democracia moderna de Londres ou de Washington e assumisse que os *demos* deliberativos fisicamente reunidos na *ágora* fossem o único padrão adequado, seria justificável condenar nossos regimes representativos por incorporarem um *déficit democrático*? Não objetaríamos que o *dever implica poder* e que, se é impossível convocar fisicamente um *demos* que inclua dezenas ou centenas de milhões de pessoas em um único espaço, então não se poderia pedir à democracia que permanecesse fiel a esse modelo e faria sentido associar legitimamente a democracia a outro funcionamento sem perder sua qualidade democrática ou tornar-se menos democrática? Ou seja, antes de atribuir um *déficit* democrático a estruturas de governança supranacional que recorrem à *softlaw*, ao chamado *método aberto de coordenação*, às melhores práticas, à persuasão moral ou a métodos afins de coordenação da ação política, devemos refletir sobre a aplicabilidade do padrão de democratização antigo e previamente estabelecido (os padrões típicos da democracia representativa dentro do Estado-nação moderno) a um novo contexto, caracterizado por menor grau de convergência inicial de valores, bem como menor propensão à convergência final e pela dificuldade de controlar o descumprimento com sanções diretas. Além disso, no terceiro item do capítulo, governo e governança são contrastados, uma definição de governança é oferecida como "coordenação e regulação da ação política na ausência de uma capacidade de impor sanções por descumprimento" e precursores da ideia de governança são recuperados na teoria sociológica clássica.

Outro entrave filosófico que muitas vezes vem para agravar o "déficit democrático" consiste em acreditar que uma abordagem *deliberativa* da democracia exibiria uma incompatibilidade natural com as estruturas de *governança*, emergindo do contexto da integração regional das unidades políticas nacionais ou da coordenação de suas ações em nível global. No capítulo 7, porém, são esboçados alguns argumentos filosóficos sobre por que uma concepção deliberativa de democracia está em melhor posição de explicar, quando comparada com a corrente dominante de interesses competitivos, elitistas, especiais ou concepções econômicas de democracia, como a governança e a legitimidade democrática podem ser conciliadas.

Finalmente, o lugar e o papel da *verdade* são uma espécie de nervo bruto em toda teoria filosófica da democracia. A cultura democrática parece implicar uma aversão natural à ideia da verdade como transcendendo a dimensão do acordo e do consenso, bem como daquela métrica de consentimento que é a contagem de votos – de fato, não existe concepção de democracia que não conceda um espaço de destaque ao princípio da maioria. Em certo sentido, então, em uma concepção de democracia articulada a partir do ponto de vista de um liberalismo político renovado, a verdade está para a justificação como a coisa-em-si kantiana está para o fenômeno. Como tudo o que se pode afirmar sobre a coisa-em-si, seguindo Kant, é que ela é irredutivelmente diferente do fenômeno (isto é, da coisa como se apresenta a nós, humanos), que ela não pode ser *conhecida* e que fingir conhecê-la da mesma forma como conhecemos os fenômenos leva a antinomias, também de verdade tudo o que parecemos poder dizer é que se difere da "crença justificada", mas ao mesmo tempo dificilmente podemos ter certeza, para fins práticos, de contar com outra coisa que não a "crença justificada". Além disso, uma opinião mais geral sustenta que insistir na "verdade" dentro da política democrática provavelmente nos entregará muito em breve aos exércitos infames e ignorantes que se enfrentam na escuridão. No capítulo 8, a falsidade dessa opinião é exposta: evitar a verdade parece tão sem sentido quanto a ideia de que a prioridade do direito sobre o bem nos obriga a evitar toda a preocupação com o bem na filosofia política, como se o bem fosse um mal a ser mantido longe por causa de sua propensão à divisão. Não apenas o predicado "verdadeiro" continua sendo usado no discurso político – e, portanto, exige que reconstruamos o que ele pode significar, diferentemente do predicado "justificado" –, como a própria ideia de justificação não funciona sem estar ancorada à verdade: "Justificado, mas falso" poderia ser uma expressão significativa de uma perspectiva descritiva de terceira pessoa, mas perde o sentido a partir de uma perspectiva normativa ou de primeira pessoa. Simplesmente, não podemos considerar justificada a expressão contida no artigo 1º da Declaração Universal dos Direitos Humanos, "todos os seres humanos nascem livres e iguais em dignidade e direitos", a menos que também a consideremos *verdadeira*.

No entanto, o que significa tal expressão ser "verdadeira"? A inovação filosófica contida em *O liberalismo político*, de John Rawls, consiste em uma "concepção política de justiça", institucionalizada nos fundamentos constitucionais de uma sociedade democrática e capaz de ser igualmente compatível com uma pluralidade de concepções mais densas do bem que os cidadãos abraçam como parte das morais com que se identificam. Uma estratégia semelhante pode ser aplicada à noção de verdade? Podemos descompactar o significado de "verdadeiro" de maneira a torná-lo compatível com as diferentes concepções de verdade – correspondente, assertibilista, coerentista, pragmático etc. – que os cidadãos subscrevem? No capítulo 8, a proposta de Joshua Cohen para tal concepção de verdade, a ser colocada no centro de uma cultura pública democrática, é reconstruída, suas deficiências são destacadas e uma concepção política alternativa de verdade é finalmente delineada.

A principal alegação contra a proposta de Cohen é que ela se baseia em uma distinção entre verdade e justificação que está longe de se ver acima de qualquer controvérsia e, portanto, desqualifica sua noção de verdade de ser "política". Que a própria distinção entre verdade e justificação é controversa, isso é mostrado com base em uma reconstrução de uma série de visões não correspondentes, como aquelas propostas por Nietzsche, pragmatistas como Peirce, Dewey e James e neopragmatistas como Rorty e Putnam. Na conclusão, apresenta-se um caso para uma visão alternativa e de fato "política" da verdade como possuindo uma *estrutura dupla*: ou seja, ela deve unir a ideia de verdade intraparadigmática, ou verdade *dentro* de um paradigma ou um quadro de referência, e a ideia de verdade interparadigmática, *ou a verdade de um paradigma ou quadro de referência*. Com vários exemplos, alega-se que os tipos de razões que sustentam a verdade de asserções verdadeiras são *diferentes* em cada caso. Quando se avaliam asserções intraparadigmáticas, prevalecem as intuições de correspondência; quando a verdade de uma asserção que fundamenta o paradigma ou de uma asserção é contestada por paradigmas, prevalecem as intuições de garantia ideal. A distinção entre verdades intraparadigmáticas e interparadigmáticas não implica que o mundo é irrelevante quando estas últimas estão sendo avaliadas, mas que, quando discutimos a adequação de estruturas conceituais ou paradigmas inteiros, nós os comparamos *contra* o mundo, com um olho não em sua "correspondência" imediata (muitas vezes as afirmações que fundamentam o paradigma são tão gerais que não saberíamos para onde olhar), e sim em termos de sua *fecundidade* para organizar nossas trocas com o mundo de modo a favorecer nosso florescimento. A verdade neste caso torna-se quase indistinguível de justificação. Levanta-se uma noção combinada e dual de verdade para permitir que um liberalismo político renovado não se prive de uma noção de verdade autodeclarada, neutra ou "política" e para constituir outro exemplo – junto com a política democrática multivariada discutida no capítulo 4 – da maneira pela qual os hábitos mentais há muito enraizados na inércia teórica podem ser desbloqueados a partir do questionamento dos binários cristalizados como verdade *ou* justificações, *modus vivendi* ou consenso sobreposto.

A imaginação, o espírito da democracia, a abertura, o pluralismo reflexivo, o hiperpluralismo, as estratégias conjecturais e a política democrática multivariada como respostas ao hiperpluralismo, às democracias múltiplas, à governança democrática, à dupla noção de verdade – todos são sinais de um novo contexto, apenas parcialmente mapeado até agora, em que a democracia, nascida há 25 séculos como um entre vários possíveis regimes legítimos e agora tida como horizonte irrecusável *para nós*, é chamada a reafirmar seu núcleo normativo fundamental – o "governo do povo, pelo povo, para o povo" de Lincoln – em novas formas. Em tais transformações, a filosofia política pode oferecer sua contribuição.

Como Rawls mostrou, a missão da filosofia política não é apenas nos ajudar a identificar convergências onde poderíamos supor que não há, mas nos orientar "no espaço (conceitual), digamos, de todos os fins possíveis, individuais e associativos, políticos e sociais".[22] Ela pode fazê-lo porque a filosofia política, enquanto exercício de pensamento utópico realista, sonda "os limites da possibilidade política praticável":[23] seu objetivo não é dar conta do que existe nem narrar a história de onde viemos, mas se aventurar, com base no que pensamos que é possível e numa representação de quem somos e gostaríamos de ser, para nos dizer o que podemos desejar politicamente e por quais motivos.

Notas

[1] Sobre a ideia de "não negociabilidade" da democracia no mundo de hoje, ver Shapiro, 2003, p. 1. Sobre a transformação de todos os regimes não democráticos em formas residuais e excêntricas, Dahl, 1998, p. 3 e cap. 12.

[2] Fukuyama, 1992. Para uma crítica aguda dos fundamentos criptoteológicos da narrativa de Fukuyama, ver Derrida, 1994, pp. 56-62.

[3] Alain Badiou, por exemplo, sugere "desalojar o emblema", "dissipar a aura da palavra democracia e assumir o ônus de não ser democrata e, portanto, ser reprovado por 'todos'". Ver seu "The Democratic Emblem", em Agamben *et al.* (ed.), 2011, p. 7. Wendy Brown argumenta que a democracia "nunca foi tão conceitualmente largada ou substancialmente vazia"; ela de fato se tornou um "significante vazio" e um "brilho de legitimidade por sua inversão". Ver "We Are All Democrats Now", em *idem*, p. 44. No mesmo sentido, Jean-Luc Nancy caracteriza a democracia como "um caso exemplar de perda do poder de significar", termo que "significa tudo e nada", em "Finite and Infinite Democracy", *idem*, p. 58.

[4] Ver Crouch, 2004; Laclau, 2005, pp. 175-199; Kazin, 1995, p. 250.

[5] Essa impressionante afirmação da democracia durante as últimas décadas está bem documentada no *Relatório de desenvolvimento humano da ONU 2010*, "A real riqueza das nações: caminhos para o desenvolvimento humano". Escrito antes da Primavera Árabe, o documento descreve os avanços da democracia na Europa e na Ásia central, seguidos por América Latina e Caribe: "Entre os países em desenvolvimento da Europa e da Ásia central, o único país democrático em 1988 era a Turquia. Nos três anos seguintes, 11 dos 23 países da região tornaram-se democracias, com mais dois se tornando democráticos desde 1991. Na América Latina e no Caribe, a maioria dos países não era democrática em 1971, e várias democracias voltaram ao autoritarismo durante a década de 1970. Após uma onda de mudanças políticas, quase 80% dos países seguiam regimes democráticos em 1990. Em 2008, com as mudanças de regime no Equador e no Peru, a proporção chegou a 87%. O Leste Asiático, o Pacífico e a África

subsaariana também refletem reformas – apenas 6% dos governos em ambas as regiões eram democráticos em 1970; em 2008, a parcela havia aumentado para 44% no Leste Asiático e no Pacífico e 38% na África subsaariana". *Relatório de desenvolvimento humano da ONU*, 2010, pp. 68-69. Os anos 2011 e 2012 evidenciam uma extensão incipiente desse processo para vários países do Oriente Médio e do Norte da África.

6   Para além das reflexões clássicas de Kelsen, "On the Essence and Value of Democracy", em Jacobson & Schlink (ed.), 2000, pp. 84-109, e Schumpeter, 1942, com uma nova introdução de Bottomore, 1975, alguns desenvolveram, recentemente, a mesma intuição ao longo de linhas comparativas muito interessantes. Ver Stepan, Linz & Yadav, 2011.

7   Ver Diamond, 2002, pp. 13, 2 e 21-35, e Sadiki, 2009.

8   Esse debate foi iniciado pelo artigo seminal de Mansbridge, 2003, vol. 97, n. 4, pp. 515-528, no qual a clássica "representação promissória" é distinguida pela "representação antecipatória", com frequência interferente, e a "representação substituta", mais generalizada. Green & Cornell, 2007, resumiram sua visão da democracia americana de maneira que se aplica a muitas outras democracias ocidentais: no suposto "governo de muitos", "eleições em que muitos participam entre o estabelecimento da agenda (e seleção de candidatos) de poucos e a instalação de um governo. No entanto, exceto em certas questões (principalmente simbólicas), o governo, embora eleito, governa com a aprovação de poucos: isso é oligarquia representativa". Ver também Castiglione & Warren, 2006.

9   Ver Saward, 2009, vol. 17, n. 1, pp. 1-22. Enquanto a contribuição de Saward se concentra na representação na esfera pública, Dryzek & Niemeyer, 2008, vol. 102, n. 4, pp. 481-493, sugerem formas de representação orientada por questões para o núcleo institucional de uma política democrática. Ver também Dryzek, 2000.

10 Ver Saward, "Claims and Constructions", em Schaap *et al.*, 2012, vol. 11, n. 1, pp. 109-127.

11 Michelman, "How Can the People Ever Make the Laws? A Critique of Deliberative Democracy", em Bohman & Rehg (ed.), 1997, p. 154.

12 A "ignorância racional" é a resposta do cidadão que acha inútil investir tempo na aquisição de todo o conhecimento necessário para um julgamento autônomo e ponderado sobre questões de alta complexidade, dada a influência negligenciável de uma única cédula numa eleição em que dezenas ou centenas de milhões votam. Ver Fishkin, 1995.

13 Ver Bovens, 1997.

14 Ver o já clássico estudo de Habermas, 1991.

15 Ver Ackerman, 1991, vol. 1, pp. 6-7. A abordagem dualista de Ackerman, adotada por Frank Michelman em suas reflexões sobre o constitucionalismo democrático, foi posteriormente integrada a *O liberalismo político*, de Rawls, como atesta a definição deste autor para o "princípio da legitimidade liberal" nos seguintes termos: "Nosso exercício do poder político é plenamente adequado somente quando exercido de acordo com uma constituição cuja essência todos os cidadãos como livres e iguais devem endossar à luz de princípios e ideais aceitáveis à sua razão humana comum". Rawls, 2005 [1993], p. 137.

16 Um indicador dessa tendência geral é o declínio sistemático da participação do trabalho em favor da participação do capital nas últimas décadas em todas as economias, declínio que ultrapassa os 10% na Finlândia, na Áustria, na Alemanha, na Suécia e na Nova Zelândia e tem um pico de 15% na Irlanda, conforme atestado pelo International Labor Office, 2010, p. 27. Para análise semelhante, ver International Monetary Fund, 2007, p. 174.

17 Depois de Virilio, 1986, Hartmut Rosa e William Scheuerman investigaram os efeitos da aceleração, respectivamente, na vida social contemporânea e, de forma mais específica, no processo democrático. Ver Rosa, 2005; Scheuerman, 2004; e Rosa & Scheuerman, 2010.

18 Sobre as consequências políticas da aceleração e algumas reflexões sobre a cidadania em tempos de aceleração social, ver Scheuerman, "Citizenship and Speed", em Rosa & Scheuerman, 2010, pp. 287-306.

[19] Ver Habermas, 2001, pp. 66-67.
[20] Ver *idem*, 1996 [1992], cap. 8.
[21] Ver Ackerman, 2010, pp. 131-135.
[22] Rawls, 2001, p. 3.
[23] *Idem*, p. 4.

1

Razões que movem a imaginação: política democrática no seu ponto mais alto

Embora política seja assunto recorrente em nosso discurso, raramente paramos para defini-la.

Neste capítulo, eu gostaria de fazer isso. Partindo de certa compreensão do social, tentarei primeiro oferecer uma definição de política. Depois, analisarei alguns momentos constitutivos da política à luz de quatro paradigmas filosóficos: discurso, julgamento, reconhecimento e dom. Em seguida, retornarei à relação da política com a imaginação e a abordarei como uma relação reflexiva e constitutiva. Assim, a tarefa, iniludível a toda concepção normativa de política, será explicar o que a política *democrática em seu melhor*, e em oposição ao que a *política decente em seu modo rotineiro*, pode significar.

1.1 - Definindo política

Oferecer uma definição de política sem tomar partido *na* política é meu desafio: cumpri-lo significa caracterizar a política de tal forma que ninguém, independentemente de suas visões substantivas, possa – como já é uma fórmula conhecida – criticar tal visão como redutiva, paroquial, tendenciosa.

Motivado por uma inclinação pragmatista de iniciar a reflexão a partir do senso comum, recorri a certa autoridade – o tipo de senso comum encontrado no dicionário *Webster* – em busca de uma base wittgensteiniana dispensável a partir da qual começar nosso percurso rumo ao conhecimento.

No entanto, quando vi política definida como "a ciência e a arte da governança política" e "a condução dos assuntos políticos", dispensei essa base e resolvi começar do zero. Definir política como "a ciência e a arte" (dois empreendimentos humanos tão diferentes) "da governança política" pressupõe o óbvio – "que há governo" e que há pessoas governadas – e desvia nossa atenção da questão crucial: como surgiu o governo? É como se, ao visitar uma velha fábrica abandonada e ver uma máquina desconhecida, alguém se perguntasse de que modo tal máquina seria operada, não qual seria sua finalidade ou qual função desempenharia no processo de produção. Em relação à política, é este último tipo de questão, raramente abordada, que eu gostaria de abordar aqui.

Deixe-me começar pelas três premissas mais amplamente compartilháveis que me passam pela cabeça. Em primeiro lugar, não existe ser humano que não aja e cuja ação não se encaixe, ainda que em sentido hipotético, em uma coletividade humana mais ampla. Em segundo lugar, nenhuma ação pode ser considerada sem referência a alguma noção de fins e meios. Terceiro, não existe harmonia preestabelecida entre todos os fins perseguidos pelos seres humanos e as sociedades em que vivem. Daí a necessidade da política, que finca raízes na demanda inevitável de coordenar os fins da própria ação de algum indivíduo com os fins subjacentes às ações de outras pessoas, uma vez que vivemos em um mundo compartilhado.

Aqui comento de forma breve cada uma dessas suposições. O ser humano não vive isolado, e essa proposição é consenso tanto entre quem explica o fato da sociação pela propensão especial do ser humano *qua zoon politikòn* (Aristóteles, Hegel, Marx) quanto entre aqueles que explicam a sociação por sua conveniência para os seres de várias maneiras: graus fracos, desejosos e racionais (Hobbes, Locke, Rousseau).

Além disso, qualquer que seja a visão antropológica e a teoria da ação que subscrevamos, é consenso que todo ser humano, entre as muitas coisas que faz, de alguma forma também *age*. Sempre que falamos em ação em oposição a algum reflexo neurológico, pressupomos a relevância de "meios" e "fins". Assim, todo indivíduo vive com um grupo humano maior, qualquer que seja o tamanho desse grupo, e age usando certos meios para atingir determinados fins.

Não precisamos nos preocupar em saber se esses meios e fins são escolhidos ou se decorrem de tradições da sociedade a que o indivíduo em questão pertence. Mais importante para o propósito da discussão aqui é a ideia – sem dúvida também incontestável – de que esses meios e os respectivos fins apresentam certa sequencialidade temporal. Não precisamos perseguir apenas um fim por vez. Em lugar disso, o fato de sermos alegadamente dotados de um mínimo de racionalidade significa, entre outras coisas, que podemos desejar algo por causa de outra coisa; ou seja, podemos conceber certos fins como meios para outros fins. Como consequência, enquanto seres humanos notoriamente finitos, devemos aceitar que na mente de cada indivíduo há uma ou mais extremidades que não prenunciam elos na cadeia – isto é, há uma ou mais "pontas".

A lógica exige que para cada integrante da sociedade exista ao menos um fim que não seja meio para outro fim – a saber, um ou mais fins últimos. Tomando emprestado do vocabulário da lógica o forte termo "contradição", Parsons argumenta que é nada menos que *contraditório* pensarmos que vários indivíduos pertencem a uma mesma sociedade, em oposição ao estado de natureza, e ao mesmo tempo que seus fins últimos são totalmente desvinculados ou, o que dá na mesma, que se encontram em uma relação aleatória.[1] Isso não quer dizer que a relação entre esses fins últimos subjetivos deva ser pensada como harmônica – muitas vezes é uma relação antagônica –, mas significa que não pode deixar de ser padronizada de uma forma ou de outra; em outras palavras, não é aleatória. Esse quadro de referência, elaborado para dar conta da natureza das instituições sociais, como Parsons as chama, ou, de forma mais ampla, da natureza do social, permite-nos ao mesmo tempo compreender a natureza da política.

Na verdade, não temos dificuldade em reconhecer que esses fins últimos perseguidos pelos indivíduos de dada sociedade, embora em relação não aleatória uns com os outros, provavelmente não são idênticos. E, se eles não são idênticos e, como também não temos dificuldade em supor, os recursos disponíveis na sociedade não são ilimitados e não permitem a busca simultânea de todos os fins almejados por todos os indivíduos, surge a necessidade de *priorizá-los*. Dessa necessidade iniludível, tem origem a forma de se relacionar com o mundo que chamamos de política. Só uma forma de associação que dispõe de recursos ilimitados e satisfaz igualmente a todos os fins almejados por todos os integrantes poderia dispensar a política. O importante papel da imaginação faz-se aqui manifesto: ao nos permitir projetar uma imagem do mundo, a imaginação nos possibilita perceber certos fins como mais ou menos prioritários que outros e, ainda mais, autoriza-nos a vislumbrar novos fins. Voltaremos a isso em breve.

Portanto, o espaço da política, *grosso modo*, é aquele em que se dá prioridade aos fins a cuja prossecução se destinam os recursos não ilimitados de dada sociedade. Nem mesmo a criação da soberania, entendida por Hobbes como decorrente de um desejo unânime de proteger a integridade da vida humana, é o *big bang* da política. Pelo contrário, trata-se de um subproduto de um processo ainda anterior a tal orientação, que consiste em priorizar a segurança sobre qualquer outro fim.

Definir a política em termos da obrigação de selecionar qual conjunto de necessidades merece os limitados recursos disponíveis ao coletivo nos permite criar uma noção de política localizada topograficamente antes da bifurcação – e, portanto, neutra – entre duas formas tradicionalmente opostas de compreender a tarefa de refletir sobre a política em termos filosóficos: a compreensão "normativa" e a compreensão "realista". Na verdade, podemos repensar a qualidade alternativa dessas duas abordagens como a possibilidade de escolha entre aqueles que pensam que priorizar determinados fins nunca pode prescindir de uma dimensão de força e aqueles que, ao contrário, pensam que tal priorização deve ocorrer por razões que, ao menos idealmente, neutralizam todas as relações de força entre os partidários das várias opções.

Nem todas as formas e os processos de priorização de fins, porém, caem no domínio da política. Quando me pergunto qual de meus objetivos é mais importante – quando fico martelando sobre aceitar determinado cargo acadêmico ou acelerar a escrita de um novo livro –, obviamente não estou me envolvendo em política. Ao deliberar, com familiares, se devo comprar um carro novo ou fazer uma viagem ao exterior, obviamente não estamos diante de deliberações políticas. Aqui encontramos outro ingrediente fundamental de qualquer definição de política: a distinção entre *público* e *privado*.[2] Só é política aquela deliberação sobre a prioridade dos fins que produz resultados vinculados a ou que tem um impacto considerável no coletivo – seja pela natureza da controvérsia, seja pelo grande número de pessoas habilitadas a participar, seja pelo modo de deliberação ou por causa de todos ou de alguma combinação desses elementos.

Por definição, pública é qualquer coisa que afete a sobreposição entre os fins últimos dos indivíduos e os segmentos institucionais da sociedade considerada: descobrir o que está e o que não está incluído nessa zona de interseção – e, assim, descobrir o que pode realmente contar como fim *compartilhado* – é uma tarefa eminentemente política. Mas público também é o que se faz obrigatório a todos, mesmo não sendo um fim último. A política, de fato, é a arena em que interesses e valores competem pelo consentimento, a arena de contestação entre o que é favorecido por uns e rejeitado por outros. A qualidade política da disputa entre interesses opostos – por exemplo, a disputa entre apoiadores e críticos de financiamento para escolas particulares – muitas vezes não depende tanto de seus fins últimos, mas do impacto que a prevalência de um interesse ou outro teria para a sociedade como um todo. Assim, se os representantes da associação patronal negociam com os sindicatos as normas de demissão de trabalhadores, trata-se de uma controvérsia política, apesar de ocorrer fora das instituições estatais, como parlamentos. Também nesse caso, apenas antecipamos uma ideia geral que filósofos políticos então articulam em seu próprio vocabulário: a saber, a ideia de que o que acontece fora das instituições políticas e estatais propriamente ditas – dentro da sociedade civil (Hegel), na esfera da produção (Marx) ou na esfera pública (Habermas) – às vezes tem mais teor político e exerce um impacto maior na sociedade que aquilo que ocorre em contextos institucionais formais.

Em suma, o privado está além do âmbito da política no sentido de que sua normatividade inerente, se alguma dimensão do "dever" estiver a ela vinculada, não vincula ninguém além dos atores diretamente envolvidos. Minha promessa de convidar você para jantar no sábado é obrigatória apenas para mim e minha família. Privado é o que está localizado além do limite em que o poder político formal – ou seja, as instituições estatais – deve abster-se de exercer influência. Privado é aquilo que está à disposição de um único indivíduo ou de um grupo de indivíduos. Mas a linha divisória entre o que é privado e o que é público é, ela mesma, flutuante e objeto de contestação política, como acontece, por exemplo, em todas as discussões sobre a aplicação e o cumprimento dos direitos individuais.

Para concluir esta seção geral sobre a natureza da política, devemos entender a política em linhas funcionalistas, meramente ou principalmente como forma de satisfazer nossas necessidades, nossos desejos e nossas preferências mais ou menos compartilhados à luz dos valores mais gerais que inspiram nossa conduta. Acima de tudo, devemos equacionar a política com o "institucional" e o *staatlich*, como faz a definição superficial oferecida pelo dicionário *Webster*. Pois a política é também o lócus em que se articulam *novos* valores e *novas* necessidades. E é aqui que a imaginação, como faculdade de desvendar o novo ao representar o que não está imediatamente presente, torna-se crucial. Em geral, a política coordena valores compartilhados e necessidades percebidas para elaborar políticas consensuais para a satisfação dessas necessidades, mas, em seus momentos mais edificantes e elevados, a política implica um redesenho do mapa de valores e necessidades. Em outras palavras, a melhor política é a articulação de razões que movem a imaginação. Antes de abordar esse tópico, porém, os blocos constitutivos da política em nosso horizonte devem ser explorados.

1.2 - A autonomia da política no horizonte global

A definição até agora oferecida é apenas um rascunho grosseiro, que precisa de muito mais substância para se tornar uma imagem na qual reconheçamos os contornos do que a política é em nosso próprio horizonte filosófico. Ao adensar nossa noção de política, inevitavelmente deixamos para trás o terreno do não dito, mas esperamos que o território em que pisamos agora ofereça um consenso razoável.

Compreender o que é a política para nós, no início do século XXI, exige a compreensão do que significa ser autônomo e *ter lugar* em um *horizonte global*. Além disso, exige que se esclareçam seus *momentos constitutivos* e como cada um deles é mais destacado por um dos paradigmas filosóficos presentes em nosso horizonte. Finalmente, uma compreensão completa do que a política é para nós requer a reconstrução da ideia que temos do que é a política *no seu ponto mais alto* – e, nesse contexto, abordaremos a relação da política com a imaginação.

Desde os tempos de Maquiavel, aprendemos a considerar a política uma atividade autônoma. Mas nossa compreensão do que essa autonomia significa sofreu alguma distorção. Apenas uma das sementes filosóficas plantadas por Maquiavel deu frutos, enquanto a outra caiu em terreno inóspito e só recentemente floresceu. Durante muito tempo, a expressão "autonomia da política" significou essencialmente "autonomia da moral" e, por sua vez, a "autonomia da moral" se resumiu à ideia de uma "diferença deontológica" entre os graus de liberdade atribuídos ao cidadão comum e aqueles atribuídos ao funcionalismo público. No entanto, a autonomia da política em relação aos princípios morais, aos mandamentos religiosos e a um *éthos* tradicional está longe de esgotar o sentido de "autonomia da política". Somente a partir da segunda metade do século XX, graças a dois autores tão diversos quanto Hannah Arendt e John Rawls, começa a geminar a segunda semente de Maquiavel sobre política. Essa segunda semente é a autonomia da política em relação ao que pode ser chamado de teoria ou metafísica.

Tanto para Arendt quanto para o autor de *O liberalismo político*, a política não pode ser entendida como "aplicação" ou "tradução em prática" de princípios importados de uma esfera apolítica, seja uma esfera religiosa, seja a reflexão filosófica. Apenas a crítica arendtiana das raízes do totalitarismo e o liberalismo "político" antiperfeccionista da segunda fase do trabalho de Rawls podem nos levar a uma ruptura definitiva com o "mito da caverna", cujo encanto imbuiu nossa visão da política por mais de dois milênios.

A política moderna, em especial a política democrática, não pode consistir em trazer para dentro da caverna uma ideia do bem que contemplamos fora: o cenário da política moderna é a própria caverna. Muito menos o governo legítimo pode basear-se na imposição de uma visão solitária do bem a súditos recalcitrantes. A política assim concebida logo se transforma em uma luta entre facções que tentam conquistar o mundo para impor alguma verdade. Em vez disso, com um afastamento radical dessa tradição de longa data, Rawls explicita que "o zelo de incorporar toda a verdade na política é incompatível com uma ideia de razão pública que pertence à cidadania democrática".[3] A razão pública é uma subespécie de razão deliberativa que não se rende ao mundo das aparências – à *doxa*, para seguirmos o vocabulário de Platão – nem presume que a salvação possa vir de fora, mas tenta tenazmente distinguir melhor e pior, o que é mais justo e o que é menos justo, o que é mais razoável e o que é menos, nas condições da caverna. Da mesma forma, para Arendt, a política é a arte de definir quem somos, de nos transformar no que queremos ser, sem responder às insinuações de qualquer outro discurso que não o da política.

A autonomia da política, assim entendida, significa que os padrões para identificar o que vale a pena perseguir em conjunto devem ser encontrados dentro da política, não fora dela; ou seja, no contexto de uma vida de liberdade em que todos podem buscar e testemunhar sua própria verdade – filosófica, religiosa, existencial – e tentar convencer o maior número possível de pessoas com argumentos e exemplos, nunca por meio daquele poder coercitivo do Estado, que só é legítimo, e não arbitrário, se for usado a serviço de uma verdade compartilhada por todos, ainda que se trate de uma verdade "limitada".

Além disso, compreender a ação política, talvez mais que qualquer outro tipo de ação, requer que conheçamos a natureza e as restrições impostas pelo contexto em que a política ocorre. A ação política assume características diferentes se ocorre em uma pólis grega, em um império, em um feudo medieval, em uma cidade-estado livre, em uma *signoria* renascentista, em um Estado-nação ou no mundo globalizado. Nosso horizonte de ação política é o mundo globalizado. Os fatos da globalização são facilmente enunciados: o pleno desenvolvimento de uma economia mundial da qual nenhum país pode se isolar com sucesso e a ascensão de um mercado financeiro mundial, no qual as flutuações das taxas de câmbio, das moedas e das ações superam a capacidade de direção de qualquer *player* global, incluindo o Banco da Reserva Federal; o aumento de riscos ambientais que ultrapassam fronteiras; a formação de ondas migratórias que nenhum Estado-nação pode conter sozinho; a ascensão dos meios de comunicação que estimulam o crescimento de uma esfera pública global ora ativada em termos de indignação, ora em termos de compaixão e outras emoções; e o desenvolvimento de uma indústria cultural que comercializa seus produtos em todo o mundo e contribui para o surgimento de uma cultura popular globalizada.

Muito mais difícil é compreender as implicações *normativas* desses fatos para a natureza da política em nosso tempo. O primeiro desafio que se impõe é libertar nossa concepção da política a partir dos grilhões do "nacionalismo metodológico". Não apenas os fundamentos das "relações internacionais", mas todas as categorias centrais da política – liberdade, justiça, igualdade, paz, legitimação e tantas outras – precisam ser reconfiguradas em escala global. A liberdade garantida em um único país perde seu sentido; ela precisa ser garantida na relação entre os países. A justiça facilmente iria se tornar uma farsa caso não houvesse medida de justiça distributiva entre os vários países. A igualdade dos cidadãos de um único país faz pouco sentido contrastada com as enormes desigualdades no mundo. A paz em uma região não é afetada pelas guerras que assolam outros locais. O que se considera legítimo em um país pode muito bem não resistir ao escrutínio de uma forma mais ampla de consciência, não mais vinculada a uma localidade paroquial, e ser rejeitado pela comunidade internacional. Tal reconfiguração requer um esforço de imaginação, mas também tem o potencial de abrir uma nova fase da política no seu ponto mais alto.

Esses são os contornos do novo horizonte em que também a autonomia da política em relação à moral precisa ser repensada. Se interrogarmos Maquiavel sobre os fundamentos que justificam a "diferença deontológica" ou sobre por que o príncipe deve ter um grau extra de liberdade em sua conduta política e por que os princípios de moralidade são menos obrigatórios para ele que para aqueles submetidos a sua regra, a resposta que obtemos da reformulação de seu pensamento é inteiramente ligada ao sistema *vestfaliano* de Estados em formação em seu tempo. A "diferença deontológica" encontra sua razão de ser na circunstância de que, enquanto o cidadão comum vê os delitos que ele ou ela pode sofrer remediados dentro de um Estado de direito em funcionamento, o príncipe não tem Estado de direito ou procedimento judicial para apelar caso seu Estado sofra algum dano por causa de sua obediência aos princípios de moralidade, da manutenção de sua palavra, de sua lealdade a aliados. A ausência de lei obrigatória nas relações entre os Estados é a razão pela qual o príncipe deve legitimamente poder tomar a lei em suas mãos em todos os momentos, de maneira que é vedada ao cidadão comum, e pela qual ele deve ser autorizado a desembaraçar sua conduta política a partir dos princípios da moralidade.

No entanto, uma vez que vislumbramos um novo horizonte, no qual hipoteticamente as relações entre os Estados do mundo respondem a um Estado de direito cosmopolita, nossa compreensão do nexo entre política e moral não permanece inalterada. Internamente, todas as justificativas para a diferença deontológica desmoronam à luz da ação concreta nos tribunais internacionais em relação aos delitos sofridos injustamente por um Estado. Mas também no nível global não há razão para que os responsáveis pelas instituições cosmopolitas se beneficiem das diferenças deontológicas. Por definição, não há um momento "externo" da política mundial, nenhum dano que a Cosmópolis como tal possa sofrer – pelo menos enquanto a Terra permanecer a única arena para a política.

1.3 - Os blocos de construção da política: discurso, julgamento, reconhecimento e o presente

Deixe-me recapitular. A política em geral é a atividade de *promover, com resultados supostamente vinculantes ou pelo menos influentes para todos, a prioridade de certos fins publicamente relevantes sobre outros não tão urgentes ou de promover novos fins – em plena autonomia moral e teórica – dentro de um horizonte não mais coextensivo ao Estado-nação.* A seguir veremos em detalhes como nesse processo de priorização de fins a imaginação, juntamente com a razão, desempenha um papel crucial na medida em que revela o que não está escancarado.

Podemos examinar essa noção geral de política a partir de paradigmas variados, que destacam, cada um, um aspecto da complexa prática chamada política.

Comecemos com a pergunta "*como* a política, em relação a outras atividades, promove a prioridade de certos fins públicos em relação a outros?". Permitam-me deixar de lado aquelas teorias realistas que enfatizam o papel da força ou da ameaça de força como a principal variável responsável pelo sucesso na priorização de determinados fins. Limitarei a investigação à política democrática. As concepções competitivas de democracia – Schumpeter, Dahl, Lipset, Downs e outros – explicam a capacidade da política de promover certos fins em relação a outros pelo fato de os proponentes de determinada orientação política – candidatos e partidos que disputam o voto popular – apresentarem uma plataforma que atende às preferências de um número maior de cidadãos que a proposta pelos defensores de orientação concorrente. A ação política no seu ponto mais alto consiste em reunir e comercializar, com sucesso, uma proposta política que satisfaça uma demanda popular maior, sendo a demanda um conjunto de preferências não escrutinadas. Aqui são encobertas muitas diferenças que distinguem o minimalismo schumpeteriano da democracia como a competição das elites pelo "voto do povo"[4] a partir da concepção que Dahl tem de poliarquia democrática, mais aberta aos ideais democráticos. Em nenhum lugar a essência da visão competitiva da democracia é expressa de forma mais concisa que na oposição de Schumpeter à noção burkeana de partido como "um grupo de pessoas que pretendem promover o bem-estar público 'em relação algum princípio sobre o qual todas estão de acordo'".

É claro que todos os partidos, em algum momento, fornecerão a si mesmos princípios ou peças, e estes podem ser tão típicos da parte que os adota e tão importantes para seu sucesso quanto as marcas de mercadorias o são para uma loja de departamentos que as vende. Mas a loja de departamentos não é definida por essas marcas, assim como um partido não pode ser definido por seus princípios. Um partido é um grupo cujos membros se propõem a atuar em conjunto na luta pelo poder político. Se não fosse assim, seria impossível que diferentes partidos adotassem *exatamente* ou *quase exatamente* o mesmo programa. No entanto, como todos sabem, isso acontece. Os políticos partidários e a máquina política são a resposta ao fato de que a massa eleitoral é incapaz de outra ação que não a de debandada e constituem uma tentativa de regular a concorrência exatamente como faz uma empresa.[5]

Para Dahl, no entanto, as poliarquias contemporâneas – nas quais ocorre a competição schumpeteriana das elites pelo poder político – não esgotam a noção de democracia, mas podem e devem ser avaliadas em relação a sua convergência e de modo a incorporar cinco itens que caracterizam uma democracia plena: participação efetiva dos cidadãos como iguais; igualdade de voto; compreensão pública ampliada; controle da agenda; e inclusão.[6] A democracia "para nós", dentro de nosso horizonte, é uma forma de poliarquia que cumpre essas cinco promessas.

Em vez disso, para concepções deliberativas de democracia – Habermas, Benhabib, Cohen, e em um sentido mais amplo também Rawls, Larmore, Ackerman, Michelman, Laden e muitos outros –, a prioridade de certos fins sobre outros é promovida quando a política opera de maneira não distorcida, pela força das razões. E a força de boas razões pode levar a uma mudança significativa da preferência dos eleitores. Crucial para a política democrática e o exercício legítimo do poder não é tanto pensar "o que as pessoas querem" antes do escrutínio crítico, mas responder a decisões e orientações desenvolvidas e modificadas à luz de um debate público em que as razões são apresentadas, desafiadas e testadas. Essas razões mudam em um espaço público que autores nomeiam de distintas maneiras e, em seguida, chegam a um fórum institucional onde se tomam decisões vinculantes, tanto no âmbito legislativo quanto no executivo. Sem esse momento do *discurso* – amplamente entendido como troca dialógica em condições de boa-fé, igualdade e reciprocidade –, a política iria se basear apenas na força arbitrária, nas contingências de poder ou na oscilação do estado de ânimo popular. Habermas e Apel ofereceram a contribuição mais importante para nossa compreensão do que significa, para determinada prática política, aproximar-se ou afastar-se do padrão ideal de troca de razões na ausência de coerção. O discurso como troca de razões, porém, não é apenas um ideal. Sua presença mínima (mesmo que simbólica) é também o limiar básico da decência política. Essa presença mínima na forma de uma prática de consulta, ainda que não igualitária, é, para Rawls, o que distingue os povos *decentes* – que não adotam um regime democrático ou liberal, mas que merecem fazer parte de uma "sociedade de povos" pacífica – daqueles que não se opõem a viver em um "Estado fora da lei" e com os quais só podemos nos relacionar no nível da força.[7]

Daí minha primeira tese sobre os constituintes da política: pleitear o momento discursivo da política significa que não pode existir forma aceitável dela que não inclua a troca de razões como parte integrante daquela tentativa mais geral – que consiste na política como tal – de promover a prioridade de certos fins públicos.

Ao mesmo tempo, essa tese sobre a inevitabilidade da fundamentação e, consequentemente, da avaliação de razões da política não deve ser confundida com a ideia questionável de que a troca de razões esgota o que precisa ser dito sobre a política: a política nunca pode ser reduzida apenas a uma troca de motivos para avaliar qual é o melhor. Tampouco a avaliação das razões pode ser tomada como o único ideal regulador relevante para a política – como muitas abordagens neokantianas nos impelem a fazer – sem perder vários outros momentos.[8]

Em realidade, uma práxis política baseada apenas na avaliação discursiva da prioridade dos fins públicos nunca resultaria em uma decisão específica, a menos que não houvesse um momento de *julgamento*. Como Ian Shapiro pontuou com eloquência, sempre há o risco de que a deliberação acabe em "brincadeiras coletivas enquanto Roma queima".[9] Não só as diversas prioridades apoiadas pelos vários partidos se baseiam em razões conflitantes, como essas próprias razões podem ter um peso diferente e novamente controverso, dependendo de sua relevância para concepções maiores e mais abrangentes que competem por nosso consentimento. Às vezes – e este pode ser um caso ainda mais infeliz que aquele em que os "fardos do julgamento" rawlsianos operam – as razões a favor ou contra certa priorização de fins públicos têm quase o mesmo peso aos olhos do corpo deliberativo. Então o pesadelo de qualquer visão discursiva de normatividade e política logo se torna realidade. Esse pesadelo é uma situação de "empate", ou seja, uma situação em que cabe a você e a mim, codeliberantes, desfazer o empate sem nos refugiarmos na posição de alguém que se limita a registrar ou tomar conhecimento do maior peso das razões apresentadas por uma parte em relação à parte contrária e, em seguida, acrescentar seu próprio consentimento não influente a uma maioria já formada. Nessas circunstâncias, a bondade das razões deve ser abordada independentemente da racionalidade de um consenso sobre a bondade, que ainda não está formado.

O empate, no entanto, é apenas um caso que nos ajuda a compreender a impossibilidade de eliminar o julgamento no campo da política. Em termos mais gerais, a qualidade discursiva da razão, quando falamos de política, deve ser entendida como uma "discursividade deliberativa", ou seja, um exercício de discurso que permanece ancorado a um contexto prático e dentro de fronteiras, que visa a resolver determinado problema com recursos materiais e simbólicos finitos e em grande parte (ainda que não exclusivamente) predeterminados – e que visa a resolvê-lo dentro de um horizonte temporal que, diferentemente do caso da razão especulativa, não pode ser estendido de maneira indeterminada.

O momento do julgamento na política preenche a lacuna entre a abertura ilimitada do discurso especulativo-crítico – nossas questões sobre a natureza da liberdade, da justiça, da igualdade, da laicidade podem *nunca* receber resposta conclusiva – e a finitude do contexto em que surge um problema político que requer uma solução dentro de um quadro temporal que não cabe aos deliberadores estender à própria vontade. Essa lacuna é preenchida pelo julgamento não por ele limitar o pluralismo das posições alternativas avaliadas no discurso, mas por atrelar a política ao *razoável*, ou seja, à área em que se encontra o que é compartilhado. Julgar é a arte de estender ao máximo essa área, mantendo a relevância normativa do que está dentro da área de consenso, ainda não diminuída, capaz de refletir exemplarmente a identidade superordenada, que inclui as partes conflitantes.[10] Essa relação exemplar entre o que é compartilhado e quem somos, que constitui a única fonte da qual o razoável extrai sua força normativa distintiva, uma vez que distinguimos a razão pública da razão prática, fornece a base para *todos* – não importa se concordam ou discordam, se são maioria ou minoria – aceitarem a legitimidade de uma decisão politicamente vinculativa, mas não unânime. Mais uma vez, a força normativa da exemplaridade pressupõe a capacidade de nossa imaginação para representar o que não está escancarado e instigar uma mentalidade ampliada.[11]

Nenhuma política, no entanto, acontece sem interlocutores. Nenhum discurso existe sem um "quem" do discurso, um parceiro do diálogo. Também não há acórdão sem destinatário para ele. E porque nenhuma política existe sem sociedade, ou melhor, sem que antecipemos mentalmente representações, necessidades e reações de outros como nós, não há política sem *reconhecimento*.

Até Napoleão, quando afirmou que "a França não precisa de reconhecimento, ela simplesmente está lá, como o sol", dirigia essa afirmação a *alguém*. Agora, o reconhecimento é relevante para a política em três sentidos.

Em primeiro lugar, o reconhecimento é constitutivo da política num sentido quase transcendental: reconhecer o outro como sujeito, dotado de intencionalidade como eu, é uma condição para a ação *social* e, portanto, também *política*. Nunca realizo ações sociais dirigidas a animais ou objetos: quando as realizo, eu me dirijo a outros sujeitos humanos ao afetar animais e coisas, por exemplo quando substituo um pneu furado do carro de alguém. Nesse sentido quase transcendental, o reconhecimento apenas se torna relevante para a política quando a opressão política extrema recusa a alguém – pessoas escravizadas, presas em campos de concentração, prisioneiras torturadas de Abu Ghraib – seu reconhecimento como ser humano pleno ou, nas palavras de Margalit, quando a política cai abaixo do nível da decência.[12]

Em um segundo sentido, o reconhecimento, longe de ser condição para a ação política, pode ou não ser atribuído a uma pessoa ou um grupo. É o reconhecimento que atribuímos aos Estados recém-formados, aos novos partidos, aos partidos mais antigos que passam por reformas, a "estadistas", a movimentos de libertação que representam povos inteiros, a ONGs *enquanto* representantes de certos interesses coletivos. Somente nesse sentido podemos falar verdadeiramente em uma "política de reconhecimento", que depende da forma como usamos a linguagem para designar os atores políticos. Quando os combatentes iraquianos são chamados de "insurgentes", quando os dissidentes se tornam "combatentes da liberdade", aí descobrimos o poder do reconhecimento na política e descobrimos até que ponto os dois momentos anteriores da apreciação das razões e do juízo dependem de um terceiro momento constitutivo: a saber, o reconhecimento de quem tem o direito a acessar o espaço das razões e do juízo.

Finalmente, o reconhecimento é relevante para a política também em um terceiro sentido: na medida em que não é uma busca desinteressada da verdade – teórica ou prática –, mas um segmento da razão deliberativa, entendida como um tipo de razão que avalia argumentos alternativos em prol de uma visão do bem atravessada por um senso de direito; nesse caso, *quem* faz uma reclamação é tão importante quanto o conteúdo da reclamação. Desse ponto de vista, o reconhecimento torna-se o termo pelo qual se sinaliza a importância de quem está dizendo o quê. Não estaremos na política, mas em alguma outra prática, se presumirmos que o significado do que está sendo dito não tem relação com quem o diz. Assim, a reflexão sobre política e reconhecimento deve incluir uma investigação a respeito do que em geral pode ser afirmado sobre a relação entre enunciado e enunciador, ação e ator.

Por fim, constitutivo para a política é o momento de *presentear*. Isso pode soar paradoxal, ainda mais considerando que a política tem sido com frequência definida como a prática de perseguir racionalmente os próprios fins. A política, porém, não poderia nem mesmo existir, se não pressupuséssemos a prática da doação, entendida como a vontade de dar prioridade a algo além de si mesmo, individual ou coletivo, e de "abrir mão" de suas próprias prioridades. Agir em conjunto, em oposição ao solipsismo, pressupõe não apenas a existência de outras mentes em meu horizonte *cognitivo*, mas também minha disposição a entrar, pelo menos por enquanto, em uma relação de doação com outra pessoa, ou seja, uma relação de doação temporária que inclui certa reciprocidade.

Esse ponto é reforçado por Platão, no início de nossa conversa ocidental sobre justiça e política, quando em *A República* Sócrates observa, contra Trasímaco, que para agir e conseguir algo até um bando de ladrões e bandidos deve pressupor a disposição, por parte de seus integrantes, de subordinar sua ganância individual às prioridades estabelecidas pelo projeto comunal perseguido.[13] O mesmo ponto é enfatizado por Montesquieu, quando ele aponta que, sem uma orientação generalizada para a "virtude" entre os cidadãos, a república não tem como durar.[14] Encontramos a mesma ideia básica quando Rawls sugere que um ator, individual ou coletivo, pode ser racional, mas não razoável.[15] Podemos encontrá-la na afirmação de Arendt de que a política floresce quando a preocupação com a vida individual é substituída pelo amor pelo mundo comum.[16] E a encontramos nas palavras de grandes políticos, por exemplo, no famoso discurso de posse de John F. Kennedy: "Não pergunte o que seu país pode fazer por você, pergunte o que você pode fazer por seu país".

É impreciso crer que a ascensão da economia moderna, como infraestrutura diferenciada de troca, tornou supérflua a dimensão doadora na vida social. Pelo contrário, ela purificou a doação de todos os resíduos de funções instrumentais. Embora, em certo sentido, a diferenciação moderna tenha tornado a doação informal um ato idealmente gratuito, o apelo estrutural à reciprocidade permanece implicado. A política moderna não pode ser concebida apenas com base no discurso, no julgamento e no reconhecimento. Compreendê-la exige que apreendamos a dimensão da doação recíproca que a constitui. Do ponto de vista substantivo, o dom político por excelência é a *confiança*: confiança em nosso representante, confiança em nosso aliado, confiança na boa-fé do interlocutor, confiança na intenção do outro de cumprir suas promessas e honrar os termos de acordo. Sem essas formas de confiança, só existe conflito, e a prática da política, como a caracterizamos até aqui, torna-se impossível. Acima de tudo, nenhuma política é possível – seria apenas conflito – se não confiamos que nosso coparticipante em um espaço está disposto a ceder a prioridades de outros, caso isso pareça necessário à luz de razões compartilhadas – até a suprema doação, da própria vida, que tantas vezes a política pediu.

Deixe-me concluir esta seção sobre os constituintes da política abordando o único constituinte que até agora se destaca por sua ausência: o poder. Como discutir a natureza da política e silenciar sobre a relação do poder com a ação política? Implicitamente, tentei mostrar que o poder político – entendido, com Weber, como a capacidade de levar alguém a fazer algo que não faria espontaneamente sem nossa contribuição e, além disso, levar alguém a agir fora de seu controle ou acreditar que temos o direito de pedir seu cumprimento – conceitualmente só vem *depois*, ou seja, *depois* que a política aqui descrita tiver seguido seu curso, *depois* que a prioridade de fins foi estabelecida. Em um contexto democrático, a legitimidade das ordens e da obrigação de obedecer decorre da e não precede a priorização consensual, ainda que indireta, dos fins coletivos.

Por sua vez, o poder não pode ser reduzido à autoridade. O poder como influência (*Macht*) também faz parte do jogo político e muitas vezes funciona como variável interveniente na priorização de certos fins. Ela concorda e às vezes interfere com boas razões em tal processo e em certo sentido é um fato essencial da política, assim como o crime é um componente essencial da ação social. O crime é o desvio de uma norma socialmente aceita e, como tal, é indesejável, mas a imperfeição humana de todos os arranjos sociais faz com que não exista sociedade livre de crimes. Da mesma forma, não pode ocorrer processo político blindado dos efeitos do poder como *Macht*. Esse é um fato, e o que importa é o papel que atribuímos a esse fato banal na construção do conceito de política. Para mim, como evidenciei pelo que disse até agora, é manter esse fato nas margens semânticas da política. Poder sem legitimação, uma espécie de poder que nos impõe alguns fins, em vez de derivar de nossos fins compartilhados, é apenas um barulho de fundo – o "ruído branco da vida política", para usar a metáfora de Don de Lillo – que perturba e interfere no processo político de priorizar os diferentes objetivos: não é capaz de refletir a liberdade, reflete apenas a contingência de força arbitrária.

1.4 - Política (normal e no seu ponto mais alto), razões e imaginação

Se entendermos a tarefa da filosofia política em termos normativos, nossa definição da prática, que chamamos de política, e nossa reconstrução de seus momentos constituintes não estarão completas até que seja explicitado como se espera que a política se pareça quando opera *em sua melhor forma*.

Em vários momentos de sua história bimilenar, o entrelaçamento da política e do mito tem sido objeto de reflexão. Quando funciona de forma plena, a política não pode ser simplesmente equiparada a um raciocínio sólido sobre objetivos comuns desejáveis ou um julgamento ponderado sobre o que é viável alcançar juntos. Mais uma vez, Platão lembra esse aspecto quando nos adverte para estarmos preparados para resistir a três grandes turbulências suscitadas por seu radicalismo igualitário e quando entende a justiça na vida individual como harmonia ou congruência entre as faculdades da alma. A mesma coisa quando Aristóteles define o Estado como uma comunidade (*koinonia*) que luta pela *eudaimonia*; quando Maquiavel, em seus *Discursos*, elucida o sentido de *vivere civile*; e quando Rousseau retrata o legislador como alguém capaz de indicar o bem comum para nós e de nos mover apelando para uma autoridade divina.[17] A melhor política é a tecelagem da *visão* no âmbito do que é possível. Não causa surpresa o termo "arte" ser tão frequentemente associado à política quanto o termo "ciência".

Já foi dito que é típico da excelência artística introduzir o caos na ordem, revolucionar estilos e criar outros, ativar a imaginação e envolver as faculdades da mente em uma fertilização cruzada autossustentável e sem fim, desvelar novas formas de vivenciar o mundo, de transfigurar o lugar-comum. Ao fazê-lo, porém, a obra de arte parece recorrer a uma fonte mais fundamental: a exemplaridade e sua força, que procede da autocongruência radical de uma identidade e parece conciliar "ser" e "dever", "fatos" e "normas". Essa fonte também alimenta a inovação política.

Todas as conjunturas importantes em que algo novo surgiu na política e transformou o mundo – os direitos naturais, a legitimidade do governo baseada no "consenso dos governados", o direito inalienável à "busca da felicidade", "*liberté, egalité, fraternité*", a abolição da escravatura, o sufrágio universal, os direitos humanos, o Estado-providência, a igualdade de gênero, a sustentabilidade, a ideia de um direito das gerações futuras – foram momentos em que o novo prevaleceu não em virtude de seguir logicamente o que já existia, mas sim de transmitir uma visão diferente sobre o mundo que compartilhamos e destacar potencialidades até então despercebidas. Assim como a obra de arte, o feito político marcante desperta um sentido de "valorização da vida", o enriquecimento e a valorização de uma vida em comum, e exige nosso consentimento em relação a conciliar o que existe e o que valorizamos. Quando operou à parte de boas razões – as quais podemos vir a compartilhar no discurso –, a capacidade que a política possui de mover a imaginação só produziu desastres, sendo o primeiro e mais importante o totalitarismo do século

XX; ao mesmo tempo, se desvinculadas da força da imaginação nutrida pela exemplaridade, as boas razões não passam de mero registro do que deveria ser.

Assim, a melhor política é a *priorização de fins à luz de boas razões que podem mover nossa imaginação*.

Essa definição imediatamente questiona o que é a política quando ela *não* está no seu ponto mais alto e qual é a relação entre esses dois modos de atividade chamada política. Embora o objeto de meu argumento seja a política em seu melhor e minha definição inicial de política tenha sido meramente destinada a construir uma compreensão introdutória da política em geral (tanto em seu melhor quanto fora dele), algumas palavras talvez sejam necessárias para abordar os pontos de vista daqueles que sentem que a política em seu melhor está um tanto distante do tipo institucional de política que encontramos na experiência cotidiana e é um conceito abstruso. Permitam-me quatro considerações.

Primeiro, enquanto a política em sua plenitude significa essencialmente uma coisa – que a prioridade entre objetivos concorrentes se estabelece com base em "boas razões que também têm a propriedade de mover a imaginação" –, a política "aquém de seu melhor" pode assumir uma variedade de formas, de conflitos violentos para estabelecer prioridades, com ameaças ou suborno de pessoas com poder de decisão, a formas de legislações democráticas totalmente decentes e governo a serviço de fins estabelecidos por inércia política, força do hábito, adaptação ao mercado, preferências não reflexivas expressas em eleições ou referendos, compromissos comerciais entre setores da elite democrática.

Em segundo lugar, dada essa variedade de formas de política sub--ótima, parece inútil tentar destacar apenas *um* tipo de relação entre essas formas e a política no seu ponto mais alto. Às vezes, a política, em sua plenitude, equivale a uma negação absoluta de certa atividade política – por exemplo, ela se opõe radicalmente ao uso da força para dar prioridade a certos fins. Outras vezes, a política, em seu melhor, está a um passo de outra forma de política – por exemplo, o funcionamento cotidiano e rotineiro das instituições democráticas do Legislativo ou Executivo no âmbito de uma constituição cujos fundamentos são endossados por cidadãos livres e iguais com base em princípios.

Em terceiro lugar, há o desafio de resolver a diferença de forma mais refinada e talvez oferecer uma razão para a política em seu melhor, como definida aqui, ser considerada, em certo sentido, "melhor" que a política ordinária ordenada – do tipo que não abrange uma única conjuntura histórica feliz, mas coordena pacificamente a vida de milhões de pessoas ao longo de gerações. Em resposta a esse desafio, a diferença poderia ser descrita em termos do ordinário, do extraordinário e da importância crítica diferencial. A política comum está para a política em sua melhor forma como em geral a ciência está para aqueles momentos fundadores de paradigmas e crises ou transformações de paradigmas que a filosofia pós-empírica da ciência kuhniana esclareceu. Nesse sentido, a política comum – "a ciência e a arte do governo político" – tal como se desenvolve nas instituições de uma política não incorpora o potencial crítico e transformador da política em seu melhor. É a solução do quebra-cabeça. No entanto, isso não deve ser tomado como característica negativa. Mais uma vez valendo-me de Kuhn, acrescento que a política ordinária representa o tipo de atividade política mais frequentemente observável, até o ponto em que o senso comum a toma como epítome da política e os dicionários a transformam em uma definição da política como tal. Por sua vez, a política em seu melhor pode ser experimentada apenas algumas vezes na vida.

Quarto, seria impreciso considerar a política normal como política dentro das instituições e a política em seu melhor como política extrainstitucional. As democracias constitucionais normalmente permitem a institucionalização de alguns aspectos da política em seu melhor, na forma de "política constitucional" destinada a emendar a constituição. Embora nenhuma necessidade seja operada aqui – às vezes a reforma constitucional, em certa política democrática, pode não ser tão diferente do compromisso da elite na elaboração de leis parlamentares –, uma emenda à constituição em questões de expansão ou reinterpretação de direitos existentes ou a provisão para novos direitos tende a mobilizar a participação e a promover a discussão de princípios de maneiras que quase nunca vemos na política comum. A ideia de Bruce Ackerman de "momento constitucional" em que ocorre "adaptação não convencional" (em oposição à operação rotineira) das estruturas institucionais existentes e disposições legais ilustra o que distingue a política em seu melhor da política comum. Ao mesmo tempo, a ideia de um momento constitucional como uma *adaptação* diferencia a política em sua melhor forma da política revolucionária, que pode ou não ser uma instância da política em seu melhor.[18]

Dito isso, deve-se enfatizar que a política, em sua melhor forma, não precisa ser transformadora no nível constitucional, embora na maioria das vezes o seja. Ela pode significar a realização exemplar de normas e princípios há muito estabelecidos e raramente postos em prática. A eleição do presidente Obama em 2008 é um exemplo perfeito. A qualidade exemplar que comandava e sua ressonância em todo o mundo não se baseava em nenhuma inovação normativa, mas na realização plena de uma ideia de igualdade radical que está no centro de todas as constituições democráticas, ainda que longe de ser realizada na prática. Assim, a melhor política poderia consistir simplesmente em um alinhamento exemplar da prática institucional com os princípios constitucionais.

Permitam-me voltar à relação da política com a imaginação.[19] Em sua modalidade crítica, transformadora ou normativamente exemplar, a política no seu ponto mais alto conta com a habilidade – ausente na política normal ou rotineira – de colocar nossa imaginação em movimento, induzindo a um sentimento de engrandecimento, enriquecimento ou aumento das possibilidades oferecidas pela vida em comum; em outras palavras, ela tem o potencial de nos *desvendar* um *novo mundo político*, no qual reconhecemos o reflexo de nossa liberdade.

Essa conexão da política em seu melhor com a imaginação evidencia-se em várias conjunturas. Uma dessas conjunturas é constituída pelo *mal radical*. Se não estivermos dispostos a definir a *radicalidade do mal* – por exemplo, a radicalidade do mal na escala do Holocausto, dos *gulags*, dos campos de extermínio cambojanos, do genocídio ruandês dos tutsi em oposição ao mal comum de fraude fiscal, nepotismo ou violação dos códigos de zoneamento – por causa da violação de algum princípio divino, metafísico ou transcendente, podemos recorrer à ideia de que o mal radical *nos exemplifica em nosso pior* e necessariamente muda nossa imagem de nós mesmos.[20]

O nazismo nos horroriza porque ocorreu em meio a uma das mais desenvolvidas e civilizadas partes da Europa. A limpeza étnica na ex-Iugoslávia suscitou sentimentos de horror também por ter ocorrido depois que todos pensávamos já ter aprendido a lição de Auschwitz. Esse fato de nossa vida moral sugere que talvez nossa perspectiva deva mudar. O critério para a radicalidade do mal talvez devesse ser interno a nós, a comunidade, não externo, objetivo. A questão, no entanto, é que, como Platão e Kant argumentaram, nenhum ser humano nem nenhuma comunidade agem deliberadamente de maneira maligna. Até os nazistas cometeram seus crimes em nome de uma ideia do bem, a de maximizar as chances de sobrevivência e florescimento do povo alemão ao garantir sua pureza racial. Assim, as comunidades morais sempre descobrem *depois – ex post facto –* que aquilo que fizeram por visões compartilhadas do bem era, na realidade, radicalmente ruim. Crucial é, assim, o papel da imaginação ao possibilitar que uma comunidade se distancie de uma concepção do bem que agora parece "perversa" e das ações realizadas em seu nome. Essa mudança não seria possível – e a concepção perversa do bem sofreria imunização infinita – se a imaginação, enquanto capacidade de tornar presente na mente o que não está diante dos sentidos – não atravessasse as construções sociais sedimentadas e refletisse a experiência das vítimas.[21] Sem o trabalho da imaginação, nenhuma "mentalidade ampliada" é possível, não passa de um solipsismo cognitivo de grupo. Sem "mentalidade ampliada", ou capacidade de ver as coisas com os olhos de outro, diferente de nós, nada pode furar a blindagem de nossas representações coletivas.

Outra conjuntura em que a política exige a ativação da imaginação diz respeito aos direitos humanos e sua justificação. A justificação dos direitos humanos como limites fundamentais da soberania do Estado não pode seguir o conhecido caminho liberal de apelar ao consentimento de cidadãos livres e iguais de uma sociedade global, pela simples razão de que, como Rawls apontou em *O direito dos povos*, não podemos projetar nossa compreensão liberal de legitimação em todo o mundo sem impor implicitamente um esquema moderno ocidental – a noção de cidadãos individuais livres e iguais – a culturas políticas não modernas e não ocidentais com outros entendimentos de legitimidade.[22] Uma alternativa para justificar os direitos humanos apelaria para a noção de humanidade como possuidora de uma identidade única, reconstruível por meio da razão pública, cujo cumprimento requer que nós, entre outras coisas, façamos respeitar os direitos humanos. Tal noção de realização da identidade da humanidade, que por sua abrangência exerce uma força normativa sobre todas as identidades mais locais que dela fazem parte, é obviamente uma identidade situada, um universal concreto cujo conteúdo substantivo varia ao longo do tempo. Se a justificação dos direitos humanos repousa, então, na tese de que uma identidade ideal de humanidade que inclui o respeito aos direitos humanos é capaz de levar a humanidade a uma realização *mais completa* que outros ideais éticos que não compreendem os direitos humanos,[23] fica evidente que a imaginação desempenha um papel fundamental na concepção da política para um mundo justo. Mais que de princípios morais gerais, a justificação da cogência dos direitos humanos para qualquer noção de mundo politicamente justo terá que partir de imaginar a que forma de vida o florescimento da humanidade daria origem – por exemplo, a "sociedade mundial" imaginada por Shmuel Eisenstadt em sua teoria das múltiplas modernidades.[24]

Uma terceira conjuntura em que o vínculo da política com a imaginação se destaca é na reconfiguração da democracia em nível pós-nacional. A democracia se adaptou à perda da possibilidade de reunir fisicamente todo o *demos* na praça pública, tornando-se *representativa* e continuando a referir-se à ideia de que os cidadãos são autores das leis a que obedecem. A imaginação política será necessária para vislumbrar qual nova forma essa noção fundadora de autoria das leis pode assumir em contextos pós-nacionais, regionais ou cosmopolitas, não mais caracterizados como uma nação, um aparelho de Estado, uma economia, uma cultura e uma constituição. Essa questão será abordada novamente no capítulo 7.

Finalmente, no contexto de uma reavaliação da relação entre religião e política em sociedades pós-seculares, a ideia habermasiana de "fardo assimétrico"[25] – imposto aos cidadãos de fé pela exigência democrática de que as decisões legislativas, administrativas e judiciais devam ser justificadas com base em razões aceitáveis para todos – nunca poderiam ter sido formuladas sem o esforço de abrir a razão secular a uma receptividade para a visão do mundo de crentes, para não falar da imaginação criativa necessária para conceber instituições – que nunca existiram – capazes de corrigir e compensar tal carga assimétrica.

Não por acaso, antes que as guerras religiosas europeias gerassem uma separação radical entre religião e política, a política em seus momentos mais altos se fundiu com o sagrado. A política então se baseava na mesma fonte do sagrado, ou seja, na experiência de testemunhar a força do vínculo social refletida de forma simbólica. No horizonte que habitamos hoje, a consciência da finitude da qual procede a aceitação do pluralismo rompeu o vínculo entre a política e as manifestações históricas do sagrado, mas não o vínculo entre a política e a força que gera o sagrado. Boas razões convencem, mas apenas boas razões que movem a imaginação *mobilizam* as pessoas. Nesse sentido, quando ocorre em seu melhor, a política hoje ainda preserva um traço de seu passado. Sua capacidade de mobilização repousa na promessa de inscrever a exemplaridade de certas intuições morais capazes de conciliar "ser" e "dever" – antes de mais nada, a intuição sobre a igual dignidade de todos seres humanos, a reparação da humilhação, a indignação diante da injustiça – na vida comunitária. Nesse sentido, a política no seu ponto mais alto pode não mais fundir-se com o sagrado, mas certamente confere uma aura *sui generis* e imanente de sacralidade a nossos valores mais elevados: dignidade, direitos humanos, liberdade, justiça, tolerância, respeito igual, respeito pelo pluralismo. Por sua vez, não se pode eliminar por completo o risco de os atores políticos serem mobilizados pelo que, renomeando livremente a noção de razão populista de Ernesto Laclau, chamarei de *imaginação populista*, ou seja, a antecipação da "plenitude inatingível" de uma "identidade hegemônica" transformada em significante vazio.[26] A imaginação populista move as pessoas à ação – às vezes com consequências catastróficas – ao projetar imagens desarticuladas de boas razões.

Começamos com a definição de senso comum da política, "a ciência e a arte do governo político", e gradualmente construímos uma compreensão dos constituintes da política, da distinção da política normal com a política no seu ponto mais alto e da relação entre política, imaginação e exemplaridade. Essa é a escada wittgensteiniana da qual agora já podemos nos desfazer.

Notas

[1] Ver Parsons, 1990 [1935], vol. 55, pp. 322-323.
[2] Sobre esta distinção, ver Weintraub, "The Theory and Politics of the Public/Private Distinction", em Weintraub & Kumar (ed.), 1997, pp. 1-42. Para uma crítica feminista da distinção, ver Pateman, "Feminist Critiques of the Public/Private Distinction", em Benn & Gaus (ed.), 1983, e Gavison, 1992, vol. 45, n. 1, pp. 1-45.
[3] Rawls, 1999, p. 133.
[4] Schumpeter define a democracia como "arranjo institucional para chegar a decisões políticas em que os indivíduos adquirem o poder de decidir por meio de uma luta competitiva, pelo voto do povo". Schumpeter, 1975, p. 269.
[5] *Idem*, p. 283.
[6] Ver Dahl, 1989, cap. 15.

7   Ver Rawls, 1999, pp. 71-72 e 80-81.
8   Até certo ponto, essa inspiração caracterizou a abordagem discursiva de Habermas. A partir de *Entre fatos e normas*, porém, Habermas incluiu explicitamente um momento pragmático dentro da política e abordou-a em termos da distinção entre "consenso racional" e "compromisso". Ver Habermas, 1996, pp. 166-167.
9   Shapiro, 2003, p. 22.
10 Na mesma linha, Rawls destacou o "papel prático" da filosofia política – ou seja, "focar questões profundamente disputadas e ver se, apesar das aparências, alguma base subjacente de acordo filosófico e moral pode ser descoberta, ou diferenças podem ser descobertas. Pelo menos que possam ser estreitadas para que a cooperação social, em base de respeito mútuo entre os cidadãos, ainda possa ser mantida" – bem como seu papel de sondar, de forma realisticamente utópica, os limites da possibilidade política prática". Rawls, 2008, pp. 10-11.
11 Tentei reconstruir a normatividade distintiva do razoável ao longo dessas linhas em Ferrara, 2008, pp. 62-79. Para uma reconstrução baseada na ideia de uma "constituição frenética da razão pública", ver Azmanova, 2012, pp. 157-159.
12 Sobre essa noção de decência, ver Margalit, 1996.
13 Platão, 2007, livro I, pp. 351b-352a.
14 Montesquieu, 1989 [1748], livro 3, cap. 3.
15 Rawls, 2005 [1993], pp. 48-54. Para outra forma de estabelecer a distinção entre o racional e o razoável, pela distinção entre "princípios que ninguém poderia razoavelmente rejeitar" e "princípios que ninguém poderia rejeitar racionalmente", ver Scanlon, 1998, pp. 191-194.
16 Arendt, 1959, pp. 23-27.
17 Ver Platão, 2007 [360 a.C.], livro 5, pp. 455d-466c, e livro 4, pp. 443c-444e; Aristóteles, "Política", em Barnes (ed.), 1984, livro 3, vol. 9, p. 1.281a; Maquiavel, 2008 [1521], livro I, cap. 17; Rousseau, 1967, pp. 42-45.
18 Sobre "políticas normais", ver Ackerman, 1991, vol. 1, pp. 230-265; sobre a ideia de "adaptação não convencional", diferente da política cotidiana e da revolução, ver Ackerman, 1998, vol. 9, pp. 39 e 93-95.
19 Após o estudo agora clássico de Castoriadis, 1987, o nexo entre política e imaginação recebeu intensa atenção. Ver Anderson, 1991; Robinson & Rundell (ed.), 1994; Beiner & Nedelsky (ed.), 2001; Bottici & Challand (ed.), 2011; e, mais recentemente, Geuss, 2012, e Bottici, no prelo [2019].
20 Sobre essa visão do mal, ver Ferrara, 2008, pp. 80-98.
21 Sobre a contribuição crucial das narrativas e da narração de histórias para essa reconstrução *ex-post* de nossa experiência do mal, ver Lara, 2007.
22 Ver Rawls, 1999, pp. 64-67.
23 Novamente, para uma apresentação mais detalhada, ver Ferrara, 2008, pp. 137-139.
24 Para uma visão geral, ver Eisenstadt, "Multiple Modernities", em Eisenstadt (ed.), 2005, pp. 1-30.
25 Habermas, 2006, vol. 14, n. 1, pp. 130-131.
26 Ver Laclau, 2005, pp. 71-72.

2

Democracia e abertura

A democracia não perdura, a menos que uma *cultura democrática* se estabilize e se reproduza. Parafraseando uma distinção que, com eloquência, Weber traçou entre "capitalismo" e "espírito do capitalismo" – respectivamente exemplificados pela atividade econômica de usurários, empreiteiros militares, comerciantes, comerciantes afluentes na Grécia, Roma, Florença *versus* os empresários de Manchester nos séculos XVIII e XIX –, podemos dizer que "democracia sem espírito de democracia", ou sem cultura democrática, é apenas uma passagem por certas qualidades democráticas (pluralidade de partidos, debates na TV, eleições, apuração justa de votos, formação de maiorias, governo) sem o pleno desenvolvimento de uma vida política democrática. É mais fácil exportar as "qualidades" que supostamente definem a democracia que a cultura que transforma a democracia em uma forma distinta de vida política e social em que todos os cidadãos, independentemente de sua cultura original ou adotada, podem conviver com instituições que não os forçam a agir em desacordo consigo mesmos. Além disso, como comentado na introdução, desenvolver uma noção clara do "espírito da democracia" pode aguçar nosso julgamento sobre quais dos muitos regimes políticos que se pretendem democráticos – em um mundo onde a hegemonia do Ocidente obviamente oferece um prêmio por "parecer democracia" – de fato merecem essa qualificação e são, na melhor das hipóteses, considerados "autocracias eletivas".[1]

2.1 - *ÉTHOS* DA DEMOCRACIA

As raízes disposicionais ou afetivas desse *éthos*, ou cultura democrática, que está para a democracia como o "espírito do capitalismo" de Weber está para o capitalismo, têm sido investigadas há muito tempo pelo pensamento político moderno. De fato, pode-se dizer que existe uma antropologia da democracia.[2] Sua origem remonta a Montesquieu. A versão democrática (não menos que a aristocrática) daquilo que ele chamou de "república" notoriamente repousa no e depende do "sentimento político" de "virtude" entre os cidadãos,[3] considerando "virtude" uma atitude complexa que inclui uma orientação para o bem comum e uma prontidão para recuar e ceder ao que o bem comum exige – atitude tão fundamental para a democracia que se torna ingrediente indispensável da "vontade geral" de Rousseau (diferente da "vontade de todos")[4] e cujo reflexo pode ser visto na noção rawlsiana de reciprocidade e na prioridade dos "valores políticos" sobre outros valores dentro do "liberalismo político".[5] Assim, a primeira "paixão democrática" que começa a ser entendida como condição para se estabilizar uma "democracia *com* espírito democrático" é a orientação cognitiva e motivacional para o bem comum, tipo de condição que a democracia deliberativa contemporânea transforma em ponto-chave da democracia.

Menos de um século após a publicação de *Do espírito das leis*, outra paixão política passa a ser considerada crucial para o florescimento da democracia: *a paixão pela igualdade*, que Tocqueville associa ao notável sucesso da democracia na sociedade estadunidense da década de 1830. Como escreveu em *Da democracia na América*, a igualdade em sua forma mais completa inclui a liberdade: "Todos os cidadãos participam do governo, e cada um deles tem igual direito de fazê-lo".[6] Antecipando a expressão "livres e iguais", tão presente no liberalismo contemporâneo, Tocqueville observa que, em tal ordem política ideal, à qual tendem os povos democráticos, "os homens serão perfeitamente livres porque são inteiramente iguais e serão perfeitamente iguais porque são inteiramente livres".[7] Apressa-se a acrescentar que uma igualdade menos plena é encontrada com mais frequência – por exemplo, a "igualdade na sociedade civil", como "o direito de desfrutar dos mesmos prazeres, exercer as mesmas profissões e reunir-se nos mesmos lugares". O ponto que Tocqueville enfatiza é que, enquanto a paixão pela liberdade é um sentimento político mais geral, encontrado "em outros lugares que não democracias", a paixão pela igualdade identifica mais distintamente o *éthos* dos povos democráticos; tal paixão é chamada por ele de "ardente, insaciável, eterna e invencível". O apreço pela igualdade é tão primário que os povos democráticos "querem igualdade na liberdade e, se não podem tê-la, ainda querem igualdade na escravidão".[8] Em análises contemporâneas sobre democracia, o pensamento de Tocqueville reside não apenas na noção liberal de cidadãos "livres e iguais", mas também num certo "reconhecimento" que a paixão pela igualdade recebeu. Autores como Axel Honneth, Avishai Margalit e Charles Taylor sempre ligam sua noção de reconhecimento a uma "igualdade" implícita. Uma sociedade democrática e justa é aquela em que todos contam com reconhecimento na esfera jurídica, em que ninguém é "humilhado" nem tratado como menos que plenamente humano e em que reconhecimento implica "reconhecimento igualitário".[9] A paixão pela igualdade deixou de lado suas possíveis conotações materialistas e tornou-se uma "paixão por (igualdade) reconhecimento" ou, em termos falibilistas preconizados a partir de diferentes perspectivas por Margalit e Rorty, uma "aversão à humilhação" e uma "aversão à crueldade".[10] Nenhuma democracia floresce se os cidadãos não reagem com indignação à humilhação e à crueldade.

A "paixão pela igualdade" tocqueviliana, no entanto, é uma bênção mista, na medida em que carrega a semente de um novo fenômeno cultural, destinado a pavimentar o caminho para os perigos da tirania da maioria e do despotismo brando. Tal fenômeno cultural é o "individualismo", distinto do "egoísmo", que sempre existiu – é o individualismo como "sentimento calmo e ponderado que predispõe cada cidadão a se isolar da massa de seus semelhantes e se refugiar no círculo familiar e dos amigos".[11] O "espírito da democracia", ou *éthos* democrático, contribui para moldar um "*homo democraticus*", para quem a realização estaria mais na esfera dos negócios privados e para quem, como Bruce Ackerman apropriadamente afirmará, a expressão "cidadão privado" não é mais contraditória em si. Muitos comentaristas contemporâneos poderiam ser listados aqui, mas *O declínio do homem público*, de Richard Sennett, publicado há mais de trinta anos, talvez seja a sequência mais adequada nessa linha de raciocínio.[12] Os intérpretes europeus de Tocqueville, em particular, enfatizaram sua origem – distanciamento aristocrático do privatismo do *homo democraticus* – muitas vezes (e erroneamente) assimilando-o a uma espécie de pastor nietzschiano. Vale a pena mencionar essa linha interpretativa porque ela oferece um contraste interessante com uma compreensão bem mais otimista do vínculo entre democracia e individualismo, associada a Thoreau, Emerson e Whitman.

Sua distintiva contribuição para a reconstrução das paixões que conduzem e apoiam a democracia consistiu em destacar a "paixão pelo individualismo" como força *positiva*. Individualidade democrática, por oposição a "individualismo puro e simples",[13] é o nome dado à inspiração que se encontra na diversa obra desses três autores, uma inspiração que gira em torno da ideia de autossuficiência, "pensamento independente, percepção recém-inocente, atividade autoexpressiva, criatividade inesperada",[14] e em torno da sugestão de que "a mais elevada justificação da democracia reside no encorajamento da individualidade".[15] Aqui a individualidade é enunciada como combinação de três aspectos: primeiro, a *individualidade negativa*, ou "disposição a desobedecer a más convenções e leis injustas, por si mesmo, e com base em um autoexame moral estrito";[16] segundo, a *individualidade positiva*, ou coragem de "viver de forma deliberada" de modo a nunca descobrir, no momento da morte, que não viveu verdadeiramente, ou ser "pessoa de sua autoria criando, fazendo, escolhendo, em vez de ser uma criatura ou uma coisa socialmente fabricada, condicionada, manipulada",[17] que é apenas uma autonomia reescrita no vocabulário romântico dos transcendentalistas; e terceiro, a *individualidade impessoal*, ou receptividade ao momento da alma ou divindade dentro de cada um de nós, um verdadeiro instante de imortalidade em comunhão com o ser, que transcende a sociabilidade e equivale a uma "relação poética com a realidade"[18] – uma espécie de *religiosidade sem religião* para a qual o termo "espiritualidade" talvez seja mais apropriado.

É claro que pode haver tensões entre esses modos de individualidade democrática – por exemplo, a fusão mística com a natureza subjacente à individualidade impessoal pode ir contra a essência da individualidade positiva –, mas, no geral, elas definem um *éthos* que é a semente das instituições *democráticas*, em oposição à ênfase *elitista* europeia, nietzschiana e baudelairiana do século XIX no indivíduo excepcional contra a massa de indivíduos não individuados, "filisteus" ou "rebanhos". Essas reflexões deixam em aberto se o "espírito da democracia" pode ser o mesmo em todas as latitudes ou se nós, filósofos, devemos interpretá-lo de forma a permitir variações legítimas. Como George Kateb observou, a democracia entendida como a entenderam Emerson, Thoreau e Whitman "foi a culminação do protestantismo radical".[19] O que falta na reflexão de Kateb é a consciência de quão profundamente problemática é essa afirmação. Para permanecer nos limites cristãos paroquiais, a democracia está fadada a ser menos que perfeita em contextos protestantes não radicais (digamos, luteranos, para não mencionar o contexto histórico anglicano britânico) ou em contextos católicos? E quanto a contextos não cristãos? A democracia está fadada a permanecer como mera forma processual desvinculada do verdadeiro "espírito de democracia"? Deixarei de lado essas questões até o capítulo 5, porque meu objetivo aqui é introduzir uma quarta paixão democrática. No entanto, claramente cabe a qualquer estratégia que conecta a definição de democracia como forma política potencialmente universal com a presença generalizada de certo *éthos* reconstruir tal *éthos* de maneiras não tão específicas da cultura, de modo a condenar todas as *variações* sobre o tema e que equivalem a *desvios da* democracia.

2.2 - A PAIXÃO PELA ABERTURA

As três paixões democráticas já mencionadas – pelo bem comum, pela igualdade/pelo reconhecimento igualitário e pela individualidade – formam um quadro amplo e complexo que nos permite abordar a questão da infraestrutura dispositiva e afetiva da "democracia com espírito de democracia". No entanto, gostaria de apresentar uma quarta paixão, também conducente ao florescimento e à estabilização da democracia e que, em minha opinião, aproxima o quadro da conclusão e não foi até agora objeto de análise específica. Chamarei essa quarta propensão afetiva de "paixão pela abertura". Entre as paixões democráticas brevemente comentadas até aqui, a paixão pela individualidade, em suas várias formas, certamente compartilha alguns traços com a "paixão pela abertura" – por exemplo, a ênfase na "libertação da convenção" e na ideia de que "todas as convenções da democracia existem para tal liberação" –,[20] mas a diferença que esperançosamente libertará este capítulo da acusação de violar a navalha de Ockham reside no fato de que, enquanto no individualismo democrático tal receptividade à novidade e ao antitradicionalismo são orientações fundamentais do indivíduo em relação a sua conduta e seu projeto de vida, a "paixão pela abertura" designa, antes, uma cultura pública que orienta a opinião na esfera pública, no sentido de favorecer soluções não convencionais com mais frequência que qualquer cultura pública não democrática.

A expressão "paixão pela abertura" pretende, assim, captar uma receptividade ao novo, à exploração de possibilidades para a forma de vida, para um horizonte histórico, para uma configuração social. A democracia como ordem política floresce quando a democracia é – ou se torna – uma forma de vida social, ou um *éthos*, e quando entre os traços psicológicos que sustentam esse *éthos* democrático há uma "paixão pela abertura" amplamente concebida. Antes de oferecer uma definição, é necessário usar a imaginação e aproveitar intuições que ainda não se congelaram em vocabulário já estabelecido.

Os indivíduos são motivados por uma paixão pela abertura quando, em qualquer situação, veem-se dispostos a considerar alternativas, cognitivas ou práticas, diferentes daquelas a que estão acostumados; quando têm segurança emocional para tentar caminhos apenas parcialmente explorados; quando estão dispostos a se aventurar no desconhecido; quando estão abertos para o inesperado como potencial portador de bondade a ser decodificado;[21] quando estão emocionalmente prontos para a mudança; quando não se sentem oprimidos pela responsabilidade de escolher; quando veem essa responsabilidade como liberdade. Os indivíduos são motivados por uma paixão pela abertura quando enxergam a pluralidade – cultural, política, religiosa e econômica – como chance de enriquecer uma identidade, não como ameaça à estabilidade; quando prezam a reversibilidade de decisões, estruturas, padrões como uma de suas virtudes; quando preferem contextos abertos, como aqueles que incorporam um potencial para melhor capacidade de resposta às necessidades da vida em transformação, a padrões arraigados.

Os indivíduos são motivados por uma paixão pela abertura quando veem a aprendizagem e a reflexão como valores a perseguir e notam que os riscos de desestabilização de velhos padrões valem a pena pela nova conquista disso decorrente. Os indivíduos são motivados por uma paixão pela abertura quando, em contextos de escolha coletiva, entendem o "fechamento" como instrumento a serviço da eficácia da política ou do desenho das instituições, mas apreciam a "abertura" – em sua pluralidade de manifestações como "reversibilidade", como "contestabilidade" ou como "falibilismo" – como desejável por si mesma e digna de ser preservada, na medida do possível. Parte do apelo do neoliberalismo nos últimos trinta anos veio de sua capacidade de desenvolver uma retórica de abertura,[22] apelando para essa profunda corrente do *éthos* democrático e de lançar seus adversários – social-democracia, defensores liberais do Estado de bem-estar e grandes governos – como defensores de uma continuidade obsoleta do intervencionismo estatal, como inimigos da oportunidade e da mudança, como temerosos de qualquer desafio e dispostos a deixar de navegar em mares inexplorados para não comprometer a mesquinha segurança dos velhos tempos.

O oposto da paixão pela abertura é o medo do desconhecido, a equiparação imediata com o perigoso, o inquietante ou o ameaçador, a valorização da proteção contra qualquer coisa que ultrapasse os limites do já provado, o desejo de continuidade, a sensação de conforto com a certeza de que nada vai mudar – a segurança proporcionada pela fortaleza em oposição à travessia da ponte. Em tempos de conflito, as pontes estão entre as primeiras construções a serem alvejadas e tombadas; as fortalezas, as mais protegidas de qualquer tomada. Mas em tempos de paz – e a democracia tem uma afinidade eletiva com a paz, como Kant notoriamente indicou –, as pontes são encruzilhadas de influência recíproca e agentes de mudança; as fortalezas são baluartes contra o fluxo das formas culturais e, em última análise, da própria vida. Assim, o oposto da paixão pela abertura é um anseio pela proteção proporcionada pelo fechamento das formas políticas, pela previsibilidade, pela calculabilidade, por padrões arraigados: por exemplo, a compreensão weberiana do Estado de direito como idealmente envolvendo a calculabilidade racional de consequências jurídicas da ação. A rejeição da diversidade, a construção de muros e muralhas, o bode expiatório das minorias, a xenofobia, o racismo, os *pogroms*, os linchamentos, as perseguições, as limpezas étnicas e a caça às bruxas (literal, como em Salem, ou metafórica, como na era do senador McCarthy) são manifestações do espírito de fechamento, inimigo da democracia. O totalitarismo representa seu auge.

Há uma grande área, no entanto, em que as duas propensões se cruzam e emergem fortes tensões: direitos fundamentais. Quando se trata de declarações de direitos, o pensamento liberal-democrático deseja que elas sejam o mais impermeáveis possível à mudança, tão blindadas quanto possível, e a retórica vai exatamente na direção da fortaleza. Os direitos não são "inalienáveis"? Não queremos que os direitos superem todas as outras considerações políticas e sejam protegidos das garras de qualquer necessidade social, da erosão do tempo e do contexto, acima da luta perpétua de maiorias e oposições, indisponíveis a sua vontade política? Mas observe que o pensamento democrático mais radical – que vai de Rousseau a Habermas – tenta eliminar essa tensão recusando-se a conceber os direitos como normas pré-políticas protegidas da mudança, como o fechamento original que permite a abertura da política democrática, mas que vincula os direitos à vontade política. De *O contrato social* a *Entre fatos e normas*, os direitos não são tidos como tropeços normativos que a vontade política pode ignorar sem perder legitimidade, mas sim, um momento de fechamento que uma vontade política aberta livremente cria para melhor preservar a abertura do processo democrático.

2.3 - A genealogia da abertura

Ninguém reconstruiu totalmente a "paixão pela abertura" como elemento da infraestrutura afetiva da democracia, mas uma "genealogia da abertura" poderia ser reconstruída partindo do ceticismo de Voltaire e do experimentalismo de Mill e revisitando a tradição de "individualidade democrática" de Thoreau, Emerson e Whitman desse novo ângulo.

Voltaire e Diderot abordaram principalmente o lado cognitivo da "abertura", aquele ligado à crença e à humildade epistêmica. "*Ce qu'on n'a jamais mis en question n'a point été prouvé*", argumentou Diderot, e "*ce qu'on n'a point examiné sans prévention n'a jamais été bien examiné. Le scepticisme est donc le premier pas vers la vérité.*"[23] A abertura aqui significa essencialmente vontade de entregar todas as crenças, sem excluir nenhuma, a um "escrutínio sem preconceitos". Em Voltaire encontramos tema semelhante. Por exemplo, em *Dicionário filosófico*, ele escreve que "o preconceito é uma opinião sem julgamento [...]. Há, então, alguns preconceitos muito bons; são aqueles que se ratificam por julgamento quando se raciocina".[24] De maneira mais geral, ele entende os regimes republicanos e democráticos como justificados por sua maior capacidade de tolerância, e a razão pela qual a capacidade de tolerância deve ser tomada como padrão de legitimidade repousa em um valor ainda mais básico de "abertura cognitiva": quando diversas religiões e visões seculares competem por reconhecimento público, o governo deve se abster de abraçar apenas uma delas, porque, até que a disputa ideal chegue a um fim natural e consensual, é impossível ter certeza de qual das visões concorrentes é a verdadeira.

Linha de pensamento semelhante, com coloração mais existencialista que cognitiva, encontra-se em John Stuart Mill. Quando entendimentos distintos de uma "boa vida" estão presentes na cultura de uma sociedade bem ordenada, as instituições públicas devem abster-se de endossá-los, porque, até que todos tenham a chance de ser experimentados, ninguém sabe qual deles *merece* endosso. O fechamento institucional prematuro de uma concepção de boa vida em detrimento das outras pode, então, resultar – lembrança de um argumento clássico de John Locke com base na tolerância religiosa[25] – em mais chances de se cometer um erro irreparável. Esse elogio da abertura é levado por Mill ao extremo de elogiar a excentricidade:

> Nesta época, o mero exemplo de inconformismo, a mera recusa de dobrar o joelho ao costume, é em si um serviço. Precisamente porque a tirania da opinião é tal que faz da excentricidade uma censura, é desejável, para romper essa tirania, que as pessoas sejam excêntricas. A excentricidade sempre abunda quando e onde a força de caráter abunda; e a quantidade de excentricidade em uma sociedade tem sido geralmente proporcional à quantidade de gênio, vigor mental e coragem moral que ela continha.[26]

A concepção de individualidade democrática compartilhada por Emerson, Thoreau e Whitman desenvolve ainda mais a ideia de uma qualidade de abertura pessoal como parte da infraestrutura afetiva da democracia. Apesar da diversidade de ênfases encontrada em seus escritos – o destaque aos valores de "autoconfiança" e "solidão" em Emerson,[27] o resgate de um momento de fusão com a natureza em Thoreau,[28] a celebração da vida de Whitman e quase expansão cósmica da democracia ("A democracia repousa finalmente sobre nós [eu, meus irmãos, começo]/ E nossas visões varrem a eternidade")[29] –, esses autores entendem a abertura não apenas como conducente à prevalência de opiniões mais justificadas ou à preservação da liberdade e das instituições democráticas, mas como uma atitude geral em relação à vida que é o pano de fundo natural para uma *sociedade* democrática.

Por fim, a genealogia da abertura deve confrontar o reducionismo implícito na visão de Popper da chamada sociedade aberta.³⁰ Ironicamente, quase setenta anos após a publicação de *A sociedade aberta e seus inimigos*, no fim da Segunda Guerra Mundial, e depois do desaparecimento da teoria da modernização como secularização e da ascensão de uma consciência pós-secular receptiva à voz pública da religião, nada parece tão ambíguo e fechado quanto a "sociedade aberta". Por um lado, a "sociedade aberta" popperiana se opõe à sociedade "fechada" pré-moderna, a comunidade orgânica de laços tribais em que o indivíduo não representa nada, e nesse aspecto simboliza a modernidade *versus* a solidariedade mecânica das sociedades tradicionais, mas também se opõe à "sociedade planejada", na qual um Estado totalitário tenta moldar todas as esferas da sociedade e da cultura – e a sociedade planejada é obviamente tão moderna quanto a aberta.

Por outro lado, a dimensão de "fechamento" inerente à "sociedade aberta" de Popper evidencia-se quando se reconstroem seus fundamentos. Onde a sociedade planejada gira em torno do Estado, a sociedade aberta gira em torno do mercado. Para colocá-lo com Charles Taylor, pode-se reconceituá-los como duas modalidades da mesma imposição de um quadro secular e "imanente".³¹ A "sociedade aberta" de Popper é uma sociedade militantemente secular que cultua a ciência e a razão (a razão entendida por uma vertente do Iluminismo) e que desconfia de tudo o que não pode ser tratado em termos de ciência e razão. Abomina a repressão e as regulamentações, mas limita o horizonte do desejável a uma prosperidade tão geral e durável quanto possível, produzida pela aplicação dos "métodos fragmentados da ciência"³² à reforma social. Então, a sociedade de Popper é, de fato, semiaberta: suas instituições falam uma linguagem estranha a quem percebe o horizonte de "prosperidade para todos" como redutor, seu código público faz com que os cidadãos de fé se sintam no máximo tolerados, mas desprezados como resquícios do passado. Baseia-se também em fundamentos dúbios: de fato, o célebre relato "por partes" da metodologia científica logo seria substituído, inclusive na filosofia da ciência, pela visão holística de "solução de quebra-cabeças", embutida em "paradigmas" e "programas de pesquisa" de grande escala.³³ Além disso, a avaliação de a engenharia social "por etapas" avançar na direção certa ou não pressupõe a função normativa de um referencial de desejabilidade social, uma "visão" em larga escala do tipo dispensado muito apressadamente por Popper.

Seja como for, no que diz respeito às virtudes da "sociedade aberta" de Popper, pode-se reconstruir uma história da longa disputa histórica entre a visão segundo a qual o mercado é o lócus da abertura e o Estado e o governo são o lócus do fechamento, e a visão oposta, com a dinâmica do mercado levando a resultados opressivos e a preservação da abertura requerendo regulamentação geralmente de natureza legislativa e constitucional. Adam Smith, Karl Popper, Frederick Hayek e Robert Nozick são defensores da primeira visão; John Dewey, John Maynard Keynes, John Rawls e Jürgen Habermas, entre outros, da segunda. Se reflexivamente recuarmos do ponto da discórdia, podemos observar que ambas as partes convergem para a bondade e a conveniência da "abertura" não apenas como propensão individual ou qualidade de caráter, mas como a pedra angular institucional de uma política e uma democracia democráticas, e, então, divergem sobre se tal qualidade é mais bem assegurada pelo processo de mercado espontâneo ou pela ação governamental deliberada.

A história se repete hoje com adaptações em relação à globalização. Alguns exigem proteção contra a abertura ameaçadora dos processos econômicos e financeiros globais; na verdade, exigem um tipo de "fechamento" nacional: proteção estatal para seus negócios e seus empregos, aconteça o que acontecer. Outros consideram os mesmos processos uma oportunidade e demandam mais proteção trabalhista, bem como a eliminação de todas as barreiras ao comércio e a flexibilização das regulamentações sobre transações financeiras e patrimoniais. De pontos de vista opostos, ambos os lados consideram o "fechamento" resultado da ação do Estado ou do governo, acolhido por alguns e rejeitado por outros, e a "abertura" como residindo na dinâmica do mercado. Curiosamente, aqueles que falam de política mundial-doméstica[34] subvertem esse alinhamento estereotipado e entendem a atividade regulatória emanada de Estados, agregados regionais ou instituições cosmopolitas como atividade a serviço da *preservação da abertura* dos processos decisórios e formuladores de políticas, de natureza social e política, que de outra forma seriam *excluídos* pela direção unívoca da pressão do mercado global.

2.4 - ABERTURA, ÁGAPE, HOSPITALIDADE E GENEROSIDADE: VISTAS CONTEMPORÂNEAS DO *ÉTHOS* DA DEMOCRACIA

É importante não apenas reconstruir genealogicamente as fontes de versões cognitivas, existenciais e de cultura pública do componente "paixão pela abertura" do *éthos* democrático, mas também colocar tal disposição em relação a outras interpretações possíveis do que as novas condições inóspitas que as sociedades prósperas e hiperpluralistas do século XXI exigem para que a democracia sobreviva. Independentemente do debate sobre instituições e procedimentos democráticos – se o constitucionalismo é melhor interpretado em linhas legais ou políticas, se a representação eleitoral deve permanecer a forma quase exclusiva de representação na arena democrática, se o presidencialismo ou várias formas de parlamentarismo são mais propensos a servir ao ideal do "governo pelos governados" –, tem lugar, desde a última década do século XX, uma discussão sobre como reconfigurar e expandir a noção clássica do *éthos* democrático. Entre os termos naturais de comparação, estão *ágape* de Taylor, a ética da hospitalidade de Derrida e a sugestão de White de uma atitude de generosidade baseada na presciência da própria mortalidade – três maneiras distintas de atualizar o catálogo de virtudes democráticas.

O esforço filosófico de Taylor, ao longo dos vinte anos que decorreram de *As fontes do self* a *Uma era secular*,[35] teve como objetivo "recuperar" as fontes de nossas intuições éticas em tradições que se cruzam, convergem e às vezes se mostram conflitantes. Como nas imagens de "viagem rio acima" em direção a águas cada vez mais transparentes, mesmo que a fonte última real permaneça fora de alcance,[36] as fontes de nossas avaliações e nossos compromissos finais não existem independentemente de nossa "articulação" delas – é o caso em modelos cognitivistas do mito da caverna de Platão ao realismo moral contemporâneo. Na primeira das duas grandes obras de Taylor, o foco estava no surgimento das visões modernas (no plural) sobre a subjetividade; em *Uma era secular*, o esforço de recuperação e articulação é para tentar compreender como uma forma de vida humana surge e leva à "imanência" – a ideia de que tudo o que existe, existe aqui e agora – como uma verdade autoevidente. O mais longe que podemos ir para articular uma fonte moral capaz de sustentar todos os compromissos mais básicos, ainda que específicos, da tradição, como respeito igualitário, dignidade humana, valor da pessoa ou justiça, é postular a viabilidade de tradução ou acessibilidade do conceito originalmente cristão de *ágape* – isto é, "o amor que Deus tem pelos homens, que está ligado a sua bondade como criaturas" e do qual "os homens participam pela graça"[37] – a partir de uma variedade de línguas. Enquanto traduções puramente seculares, disfarçadas de humanismo secular, correm o risco de infligir uma "lobotomia espiritual" em cidadãos de fé, Taylor expressa sua esperança de que uma rearticulação do teísmo judaico-cristão sustente tal *éthos* de ágape com "sua promessa central de afirmação divina do humano, mais total do que os humanos podem alcançar".[38]

No entanto, o significado original de *ágape* precisa ser recuperado para exercer alguma influência nas sociedades democráticas hoje. O herói da ágape é o bom samaritano, reinterpretado por Taylor a partir da parábola de Ivan Ilitch. "Amarás teu próximo como a ti mesmo" (epístola de Paulo aos Romanos 13:9): ouvimos esse preceito inúmeras vezes, dito por Paulo para "compreender" (na versão King James) todos os outros mandamentos mais específicos. Mas quem é "nosso próximo"? Jesus responde a essa pergunta contando a parábola de um viajante que é agredido, espancado, roubado e deixado sangrando na beira da estrada. Um sacerdote e um levita, figuras respeitadas em sua comunidade, passam sem oferecer ajuda. Apenas um samaritano, um "estranho desprezado", para, levanta o homem, cuida de suas feridas e o leva para uma pousada nas redondezas. O ensino da parábola de Jesus parece ser que nossos vizinhos, aqueles a quem devemos amar e ajudar, "não são apenas os membros de nosso grupo, nossa tribo, nossa nação, mas qualquer ser humano, independentemente dos limites de pertencimento tribal".[39] Segundo Taylor, esse é o significado convencional, recebido e um tanto enervado da parábola: o bom samaritano representa nossa consciência moral universalista moderna, que não conhece fronteiras de agrupamentos. Algo se perde nessa interpretação, ainda mais quando entendida como a aplicação de um princípio universal à luz de um procedimento decisório adequado, seja o princípio da generalização, seja o princípio da maximização da utilidade agregada. O momento de *contingência*, tão bem transmitido pela parábola, é ofuscado: "Códigos, mesmo os melhores deles, podem se tornar armadilhas idólatras, que nos tentam à cumplicidade na violência".[40] O mesmo destino pode condenar os regimes disciplinares que incorporam esses códigos e as instituições que garantem sua estabilização e sua continuidade. Em vez disso, o samaritano, na interpretação de Ilitch endossada por Taylor, não age por princípio moral. Ele responde à situação dessa única pessoa que a contingência lançou em seu caminho. Ao responder assim, "liberta-se das amarras do 'nós' e traz à vida uma relação de caridade, benevolência ou ágape com essa pessoa concreta".[41] Fiel ao ditado de Bellah "Nada nunca está perdido", Taylor sugere que, mesmo em sociedades em que a moldura imanente é hegemônica, um vislumbre de transcendência pode permanecer acessível por meio de um *éthos* de *ágape* amarrado genealogicamente a um amor incondicional por toda criatura como fruto do amor de Deus. Essa transcendência está agora purificada de todos os momentos de agência, que na religiosidade do passado foram transferidos para o crente como instrumento da vontade divina, e representa apenas uma poderosa afirmação de tudo o que é criatura, da vida ou do próprio ser, pelo amor de uma divindade que se encarnou para redimir suas próprias criaturas.

Encontra-se esforço semelhante de localizar uma fonte ética situada além da operatividade de princípios, normas, até mesmo além da Regra de Ouro, de direitos, deveres ou reciprocidade, na ideia de *hospitalidade* de Derrida. Num movimento que lembra a interpretação radicalizada da parábola do bom samaritano, Derrida articula uma espécie de noção levinasiana de "hospitalidade absoluta" como paradigma inspirador das relações intersubjetivas e que rompe "com a lei da hospitalidade como direito ou dever, com o 'pacto' de hospitalidade". Em suas palavras:

> A hospitalidade absoluta exige que eu abra minha casa e dê não só ao estrangeiro (dotado de sobrenome, *status* de estrangeiro etc.), mas ao outro absoluto, desconhecido, anônimo, que eu *dê lugar* a eles, que eu os deixe vir, que eu os deixe chegar e ter lugar no lugar que eu lhes ofereço, sem lhes pedir reciprocidade (pactuar) nem mesmo perguntar seus nomes.[42]

A hospitalidade assim entendida não se opõe à hospitalidade tomada como direito consuetudinário, mas a expande, entrando com sua forma socialmente regulada no mesmo tipo de relação paradoxal que a justiça tem com o direito. Como a justiça é "heterogênea à lei da qual ainda está tão próxima", a hospitalidade absoluta como postura ética é diferente, mas não desvinculada da hospitalidade como relação socialmente regulada e baseada em expectativas compartilhadas.⁴³ Como na benevolência, ou *ágape*, de Taylor, também a hospitalidade absoluta ou incondicional de Derrida é predicada contra a ideia de uma ética filosófica baseada em um princípio ou uma lei e a capacidade do sujeito de aplicá-la. Nas palavras de Derrida:

> Para ser o que "deve" ser, a hospitalidade não deve pagar uma dívida nem ser regida por um dever: é graciosa e "deve" não se abrir ao hóspede [convidado ou visitante], seja "conforme com o dever" ou mesmo, para usar novamente a distinção kantiana, "por dever". Essa lei incondicional da hospitalidade, se tal coisa é pensável, seria então uma lei sem imperativo, sem ordem e sem dever. Uma *lei sem lei, em suma* [grifo nosso]. Pois, se pratico a hospitalidade "por dever" [e não apenas "*em conformidade com tal dever*"], essa hospitalidade de retribuição não é mais uma hospitalidade absoluta, não é mais oferecida graciosamente além da dívida e da economia, oferecida ao outro, uma hospitalidade inventada para a singularidade do recém-chegado, do visitante inesperado.⁴⁴

A paradoxal qualidade de tal "hospitalidade sem reservas" – de ser "condição do acontecimento e, portanto, da história" e ainda "o próprio impossível", ao mesmo tempo que é "*condição de possibilidade* do acontecimento" e "também sua *condição de impossibilidade*"⁴⁵ – ilumina o *status* da democracia no momento em que ela se torna horizonte. Em extensa crítica ao modelo messiânico subjacente à interpretação de Fukuyama acerca da democracia, Derrida se recusa a identificar a democracia não apenas com as democracias existentes, mas também com uma democracia futura entendida como utopia ou mera ideia reguladora. Ele defende, em vez disso, a ideia de uma *democracia por vir* (na qual um eco da ideia de Blanchot de um livre *à venir* é audível), construída nos moldes da hospitalidade. A ideia de uma forma de vida democrática, de um *éthos* democrático – pois certamente Derrida não está falando de instituições e procedimentos – equivale a "uma injunção prometida que ordena a convocação da mesma coisa que nunca se apresentará na forma de plena presença" e a uma

> abertura dessa lacuna entre uma promessa infinita (sempre insustentável, pelo menos porque exige o respeito infinito da singularidade e alteridade infinita do outro tanto quanto o respeito da igualdade contável, calculável,

subjetiva entre os anônimos singulares) e as formas determinadas, necessárias, mas também basicamente inadequadas do que deve ser medido em relação a essa promessa.⁴⁶

O *éthos* da democracia, segundo essa perspectiva, tem *status* de promessa que, como a promessa do comunismo, implica uma "esperança messiânica", uma "relação escatológica com o desfecho de um acontecimento *e* de uma singularidade, de uma alteridade que não se pode antecipar".⁴⁷ A hospitalidade sem reservas consiste numa "saudação de acolhimento antecipada à absoluta surpresa *do que chega* a quem não se pedirá nada em troca", é apenas uma "abertura que renuncia a qualquer direito à propriedade, qualquer direito em geral, abertura messiânica para o que está por vir, ou seja, para o evento que não pode ser esperado *como tal*"⁴⁸ – essas são as metáforas que, segundo Derrida, devem guiar nossa compreensão de *éthos* democrático por vir.

Movendo-se na órbita de uma aceitação crítica dos fundamentos do liberalismo político à luz das condições inóspitas do século XXI, a proposta de White para o enriquecimento da interpretação clássica do *éthos* democrático concentra-se na especificação de dois ingredientes da virtude central da "razoabilidade" e sua fraca ancoragem ontológica. Considerado em relação a cinco áreas de "dar razões",⁴⁹ ser um cidadão "razoável" pode ser descompactado nos mandamentos vinculados de exercer "atenção" e "autocontrole" em sua relação a concidadãos. Por exemplo, ao apresentar razões para a escolha de determinados "termos de cooperação" ou ao julgar reivindicações concorrentes, o cidadão razoável está "atento à justiça" e evita afirmar sua própria visão dos termos justos de cooperação com outros que não o consenso.⁵⁰ Usando novamente a metáfora da "viagem rio acima", como articular as fontes éticas das virtudes de atenção e autocontrole?

Insatisfeito com a resposta padrão dentro dos círculos político--liberais – por exemplo, a ideia de Larmore de que a base moral da razoabilidade e da razão pública consiste na noção de "respeito igual"⁵¹ ou o recuo de Rawls a um argumento de convergência que deriva a cogência do respeito igual pressuposta pela razoabilidade a partir da sobreposição de concepções existentes do bem –, White segue um caminho tayloriano de recuperar noções ontológicas fracas que, se devidamente articuladas, podem nos ajudar a dar sentido à cogência de "atenção" e "restrição". A noção que ele identifica como crucial é "pré-conhecimento da própria mortalidade", que comento a seguir.[52]

Diferentemente dos autores citados e em consonância com a inspiração deste livro, White tenta conciliar sua proposta de ampliar a compreensão do *éthos* democrático com uma versão renovada do liberalismo político. Apesar da ênfase no "pluralismo razoável", o que precisa ser corrigido no liberalismo político, segundo White, é o impulso – alimentado pelo modelo sobreposto de legitimação consensual– em direção à construção de uma identidade "política" coerente, estendida como convergência entre as diversidades. Reduzir a diversidade, mesmo que pela razão pública, ainda é valor primordial. O risco intrínseco, então, emana da versão padrão do liberalismo político de perceber o outro inassimilável como ameaça à "estabilidade pelas razões certas" – ameaça a ser mantida sob controle, a ser higienizada, uma diversidade que gostaríamos que não existisse, pelo menos em nossa política. Em vez de buscar uma correção conceitual do liberalismo político – como a política democrática multivariada, unificada tanto por consenso sobreposto quanto pelo *modus vivendi*, discutido no capítulo 4 –, a solução sugerida por White visa a enriquecer a textura do *éthos* democrático implícito em um liberalismo político reconfigurado. A somatória de "atenção" e "restrição" como duas novas "ideias políticas do bem" – para usar a terminologia do capítulo 5 de *O liberalismo político* – visa a melhor equipar o liberalismo político para lidar com a onipresente luta pelo reconhecimento de identidades. A atenção, de fato, pode moderar "a tentação psicossocial de transformar a diferença em alteridade", se cultivarmos uma *generosidade* "presuntiva" ou "inicial", que White caracteriza como a "suspensão intencional e *temporária* do engajamento de meu aparato crítico de julgamento prático".[53]

A "generosidade presuntiva" de White – em si não muito diferente de uma extensão do princípio hermenêutico da caridade, que nos obriga a supor sempre que um texto faz sentido até a última evidência em contrário, à relação entre identidades que lutam por reconhecimento – reposiciona o cidadão liberal, que busca a convergência entre identidades como *anfitrião* "que fica em terreno familiar e elabora os termos afetivos e cognitivos sobre os quais responderá à aproximação de outro de sua porta".[54] O tema derridiano da hospitalidade mostra-se, assim, não intrinsecamente antagônico, mas de todo compatível com um liberalismo político revisado que se aventura além de mero tributo cognitivo aos fardos do julgamento.

Introduzir a "generosidade presumida" na lista de virtudes liberal-democráticas requer, no entanto, uma revisitação da *base moral* do liberalismo político, ou de sua justificativa "fraco-ontológica". Em diálogo crítico com a tese de Larmore, segundo a qual, subjacente à mudança de Rawls para um liberalismo não perfeccionista baseado não na razão prática, mas na razoabilidade dos resultados da razão pública, há um profundo compromisso com o valor moral do respeito igual,[55] White sugere que o respeito moral pode não ser o fim da história. O respeito é devido a alguém em virtude de alguma qualidade que a pessoa apresenta, e precisamos investigar o que essa qualidade pode ser. Na tradição liberal, em geral se deve respeito às pessoas por considerar a capacidade autônoma de elaborarem um plano de vida (uma ideia do bem, nos termos de Rawls) e revisá-lo, se necessário. A dignidade merecedora de respeito repousa na agência, e os direitos destinam-se a proteger a integridade da agência.

Aqui está o atrito. No capítulo 4 de *The Ethos of a Late-Modern Citizen* [O *éthos* do cidadão pós-moderno], White aborda os problemas que surgem da definição do núcleo da dignidade merecedora de respeito "em termos da capacidade de elaborar, seguir e reformular um plano de vida".[56] O liberalismo contemporâneo não pode mais fundamentar direitos de proteção de agência na vontade de Deus de criar seres humanos à Sua semelhança, da maneira que Locke, por exemplo, supôs acontecer. Mas substituir Deus, que em teoria ama igualmente Suas criaturas, por uma capacidade humana de agência – o movimento padrão – cria o novo problema de justificar por que *igual* respeito deve ser dado a humanos com graus tão diferentes de agência autônoma. Uma linha de resposta, entre autores liberais como Ignatieff e Rorty, tem sido enxertar o mesmo nível de igual respeito na disposição comum de evitar certos males – crueldade, tortura, morte, discriminação etc. – a partir dos quais os direitos são concebidos para nos proteger. Mais uma vez, porém, a maldade desses atos se resume a uma espécie de ataque à agência dos humanos submetidos a eles e, além disso, embora a atenção aos direitos possa ser entendida como ligada à proteção de minha própria agência, "não prefigura de forma persuasiva o que me induz a estender essa atenção aos direitos para aqueles que não os têm e vivem a uma distância geográfica ou cultural substancial de mim".[57]

Neste ponto, encontramos a parte mais original do argumento de White. A igualdade de dignidade e respeito poderá ser recuperada uma vez eliminada toda referência a Deus, se a enxertarmos não no ideal de agência irrestrita, mas em nossa sujeição igual à mortalidade: não a sujeição hobbesiana à morte violenta que alguns esperam evitar, não a vulnerabilidade comum ao sofrimento de que o avanço técnico ou o privilégio político podem nos proteger, mas a sujeição inescapável à mortalidade, da qual cada ser humano está sobrecarregado de presciência. A presciência da mortalidade, de acordo com White, "destaca o engano envolvido na autoimagem de capacidade irrestrita", e as experiências cotidianas de finitude e fracasso funcionam como lembretes persistentes de nossa mortalidade.[58]

White está em boa companhia ao enfatizar a função ontológica da mortalidade como fonte ética. Basta lembrar o tema clássico *do memento mori* e do *Sein zum Tode* de Heidegger ou a mais recente reconstrução de Kohut de uma linha de desenvolvimento de "narcisismo saudável" envolvendo a conquista final de uma consciência e uma aceitação emocional da "transiência"[59] de todos os esforços humanos e da própria finitude – aceitação tingida de autoironia, mas nunca com sarcasmo ou ressentimento. Na literatura, a leveza do ser tardo-moderna é atravessada pela obsessão com a morte em *Ruído branco*,[60] de Don DeLillo. A morte e sua presciência são o ruído branco que acompanha nossa existência e desencadeia uma ansiedade intensa em nossa situação da modernidade tardia, depois de três séculos de modernidade terem glorificado a imagem do indivíduo amplo e autônomo, para o qual a mortalidade é a derrota final.

Original no relato de White é a sugestão de que o conhecimento prévio da mortalidade pode estar a serviço não de uma espécie de retirada contemplativa da vida pública, mas, ao contrário, pode expandir nossa imaginação política e sustentar um *éthos* democrático no qual o vínculo comunal e os direitos permitem que o agenciamento se torne objeto de nosso cuidado a partir da "experiência de um fardo comum", do qual, diferentemente do "sofrimento", ninguém pode nos aliviar.

Aquiles receber Príamo, o rei de Troia, em sua tenda e conceder-lhe trégua para que o funeral de Heitor ocorra torna-se, para White, uma cena paradigmática de como a generosidade pode resultar da exposição à realidade inevitável de nossa própria mortalidade e da mortalidade de nossos entes queridos. Se a exposição à mortalidade é capaz de pausar uma inimizade dessas, podemos imaginar que um *éthos* democrático, em que o respeito e uma atitude de presunção de generosidade se baseiam na presciência da mortalidade, bem como na capacidade de agência, tem potencial – tão urgentemente necessário nas novas desfavoráveis condições enfrentadas pelas "democracias prósperas e seguras" do século XXI – de desarmar a "eventual degeneração da diversidade em inimizade".[61]

A generosidade presumida, enraizada na figura ontológica fraca da presciência da mortalidade, é entendida por White como virtude de escopo e duração limitados. Não é uma receita para deixar o cidadão democrático sem ação diante de arrogantes manifestações de poder, intolerância ou opressão, por parte da maioria ou das minorias. Pretende-se apenas como "disposição inicial", na verdade, muito pertinente à "abertura" defendida em meu argumento, a ser praticada quando movimentos sociais nascentes, minorias recém-politizadas e novas ideias políticas começam a abrir caminho para a esfera pública. Nas palavras de White, trata-se de um "gesto inicial em direção àquele tênue vínculo de solidariedade negativa entre criaturas cuja dignidade e igualdade residem em sua peculiar presciência da mortalidade".[62] Nesse sentido, a generosidade presuntiva vai além da tolerância, e a tolerância pressupõe que a identidade já está definida e entra em relação com outra identidade similarmente constituída, ao passo que a generosidade – seguindo a metáfora do viajante que indaga sobre seu destino final e é aberta para refinar suas expectativas sobre isso – sempre se preocupa com certa contribuição do outro para a construção de si.[63]

Muito mais poderia ser acrescentado com as tentativas de repensar a democracia por meio da reconstrução de seu *éthos* subjacente, mas neste ponto algumas reflexões estão adequadas sobre o mérito da ideia de "abertura" em comparação com *ágape*, hospitalidade e generosidade presumida. Primeiro, a adição de uma disposição para a abertura ao conjunto clássico de virtudes democráticas não pretende articular uma fonte moral do éthos democrático localizado "mais a montante" que os outros três – as paixões pelo bem comum, pela igualdade e pela individualidade. Ágape e hospitalidade são, em vez disso, entendidos por Taylor e Derrida como disposições morais básicas e "abrangentes", irredutíveis e um tanto em tensão ou em uma relação "paradoxal" com direitos e princípios, *dos quais* decorrem consequências políticas mais específicas. No caso de White, em vez disso, enquanto a presciência da mortalidade compartilha com a "agência capacitada" o posto de "fonte de contrafluxo ontológica mais fraca" para todo o resto das atitudes morais, a generosidade presumida tem um *status* de virtude especificamente política que é sensato acrescentar aos ingredientes de um *éthos* democrático para uma sociedade moderna tardia. Além disso, no caso da abertura, como mostro na próxima seção, existe uma afinidade eletiva com a *exemplaridade* enquanto fonte "mais a contrafluxo" de normatividade em nosso universo moral. A abertura é a virtude democrática que melhor acompanha a exemplaridade. Há algum valor a ser atribuído, entretanto, em manter distintos os dois níveis de noções normativas gerais e virtudes democráticas específicas. Atores orientados por princípios podem demonstrar mais gosto pela abertura ao público que certos devotos que buscam a autenticidade da ideia da vida como obra de arte. No que diz respeito a uma avaliação contrastiva da generosidade presumida e da disposição para a abertura pública, considero plausível observar que, embora ambas as noções tenham muito em comum e White e eu certamente compartilhemos o propósito de contribuir para uma renovação, em vez de uma rejeição, do liberalismo político, a disposição para a abertura pública tem mais potencial para funcionar como uma virtude "política", em oposição a uma virtude abrangente e democrática.

Em segundo lugar, ágape e hospitalidade, talvez por serem noções gerais mais "localizadas a montante", não parecem permitir – como é intuitivo a qualquer conceito de virtude ou disposição virtuosa – contraparte negativa conceitualmente ligada a uma dimensão de excesso. Para antecipar uma discussão a ser desenvolvida no fim da seção final deste capítulo, uma abertura excessiva deixa de ser uma virtude democrática e se torna um passivo para a democracia. A dispersão destrutiva e a desestabilização podem muito bem ser resultado de uma cultura pública que não se solidifica em torno de certos princípios democráticos básicos e se torna muito permeável ou muito aberta a configurações faccionais de interesses, projeções ideológicas, sentimentos antipolíticos, conotações racistas que vagarosamente contornam as instituições democráticas e enervam seu funcionamento. É difícil imaginar, em vez disso, como ágape e hospitalidade podem igualmente permitir uma contrapartida conceitual negativa correspondente, como "excesso de ágape" ou "excessiva hospitalidade" (ainda mais considerando que a hospitalidade é absolutizada por Derrida em oposição às formas de hospitalidade normativamente regulamentadas). Mais uma vez, a noção de generosidade presumida de White compartilha com a paixão pela abertura a suscetibilidade, crucial para um uso teórico-político da noção, a uma contrapartida negativa concebível. Um ator político, individual ou coletivo, sem dúvida pode ser excessivamente generoso – por exemplo, no sentido de dar reconhecimento a identidades políticas que desde o início não o merecem (o florescente movimento nazista dos anos 1920 e início dos anos 1930) ou de ceder a uma atitude generosa muito além daquele momento "inicial" para o qual a categoria foi cunhada com o objetivo de evitar que a diferença se transforme em alteridade ou inimizade. Assim como a abertura não deve ser confundida com a dispersão destrutiva, a generosidade presuntiva nada tem a ver com aquiescência ociosa. Em ambos os casos, precisamos refletir filosoficamente sobre o limiar que separa a versão virtuosa do conceito de sua degeneração negativa, e essa reflexão pode ser mais fácil de conduzir para a abertura – pois podemos, então, apelar para a integridade de uma identidade, uma identidade democrática; neste caso, como um limite além do qual a abertura deixa de ser uma virtude positiva. Por fim, enquanto a generosidade presumida evoca principalmente a imagem de se relacionar com um recém-chegado ainda "desconhecido" que podemos acolher ou rejeitar como estranho, a abertura inclui essa dimensão, mas também a dimensão igualmente importante de receptividade aos próprios impulsos internos (o que parece um pouco contraintuitivo constar na categoria de generosidade) e de abertura cognitiva a novas ideias e doutrinas.

2.5 - A importância filosófica da relação da democracia com a abertura

Além de aproximar um pouco mais o quadro da infraestrutura afetiva da "democracia com o espírito da democracia" em relação a uma conclusão que ainda não está à vista, o vínculo entre democracia e abertura pode destacar outro elo conceitual fundamental em nosso amplo dilema filosófico. É pelo foco na afinidade eletiva da democracia e na disposição à ou na paixão pela abertura que entendemos como a democracia, mais que qualquer outro regime, é inerentemente receptiva às "fontes estéticas da normatividade" – ou seja, as forças da *exemplaridade*, do *juízo* e da *imaginação*.

Nenhuma democracia sobrevive por muito tempo quando grupos de cidadãos tentam impor, por força da lei, "a verdade como eles a veem" – aproveitando a eloquente expressão de Rawls – a todo o corpo político, quando tentam moldar as instituições após controversas concepções de bem, quando se recusam a priorizar os valores "políticos" sobre sua própria visão de bem. Um regime democrático-liberal prospera e permite que cidadãos livres e iguais que abraçam diversas concepções de bem vivam juntos sob um Estado de direito reconhecido por todos como legítimo se a *razoabilidade*, em vez da verdade moral, servir de referência para avaliar fundamentos constitucionais, leis, instituições ou sua estrutura básica. Sem dúvida, o termo rawlsiano "razoável" tem ao menos três significados. O terceiro, e mais difícil de desvendar, é veiculado pela frase "mais razoável para nós" enquanto predicado da justiça *como* equidade política de justiça, ou de um dado essencial constitucional, proposta legislativa, desenho institucional ou esquema distributivo. Em *The Force of the Example* [A força do exemplo], argumentei que, na medida em que desejamos manter a razão pública distinta da razão prática e o significado de "o mais razoável para nós" distinto de "requerido pela razão prática", devemos entender a razoabilidade de "mais razoável" entre vários argumentos da razão pública como a qualidade de ser o mais exemplar, ou o mais verdadeiro, reflexo de quem escolhemos ser.[64]

Em geral, apresentar exemplaridade significa ter uma autocongruência excepcional, a qual não deve ser entendida, por sua vez, em linhas meramente coerentes. Seguindo Kant, podemos conceber a exemplaridade da obra de arte como a capacidade de ativar a imaginação e colocar em movimento nossas faculdades mentais, produzindo, assim, uma experiência ligada ao sentimento de promoção, segurança ou melhora das condições de vida.[65] Pela capacidade de engajar as faculdades da mente em uma fertilização cruzada autossustentável e aberta, a obra de arte consegue revelar novas formas de experimentar o mundo e transfigurar o lugar-comum. O bom senso antecipa que essa experiência ocorrerá universalmente no contato com o objeto exemplar em termos estéticos.

A noção de "razoável" pode ser usada para exportar essa visão de normatividade exemplar para o campo da política. Precisaremos fornecer uma interpretação adequada do que significa para uma ideia *política*, em oposição a uma ideia estética – uma instituição, uma política, uma constituição ou emenda constitucional, uma lei, um veredicto ou uma opinião da suprema corte etc. –, pôr em movimento a imaginação *política* e produzir a sensação de ampliação do leque de possibilidades de nossa vida *política*.

Como apontei no capítulo 1, sempre que surgiram ideias renovadoras na política – desde os direitos naturais, passando pelo consenso dos governados como fundamento da legitimidade do governo, pela abolição da escravatura e, posteriormente, pelo sufrágio universal, sempre visando aos direitos sociais, à igualdade de gênero e aos direitos humanos –, as novas formas nunca prevaleceram para satisfazer os princípios previamente estabelecidos, mas para revelar novas perspectivas de mundo compartilhadas. A analogia com a obra de arte consiste no fato de que também a política verdadeiramente inovadora desperta um sentido de "melhoria da vida" e impõe nosso consentimento ao conciliar de forma exemplar "fatos e normas", "ser e dever", à luz de boas razões que movem nossa imaginação. O que nos parece "mais razoável" o faz – para evitarmos confundir razão pública e razão prática – porque inscreve de modo exemplar certas intuições morais na vida comunitária, como a intuição sobre a igual dignidade de todos os seres humanos, a reparação da humilhação, a indignação diante da injustiça.

A importância filosófica da "paixão pela abertura" é que tal noção cria um vínculo, uma familiaridade, entre a abertura interpretativa e sugestiva da obra de arte, a abertura existencial de um curso de vida criativo, a abertura de uma forma de vida social (com sua inclusão, mobilidade etc.) e a abertura de uma ordem política para reformar e criticar. Em todos esses casos, pode-se entender "abertura" como a propriedade de colocar a imaginação em movimento, criar um espaço de possibilidades, permitir que o espaço das razões (e do julgamento) funcionem e constituam um padrão de desejo político.

Entende-se, com isso, como uma cultura política dedicada à abertura fornece um terreno fértil para a experimentação e a inovação democráticas, para testar o novo, para experimentar o que só pode ser chamado de razoável. Ao mesmo tempo, a democracia impregnada do "espírito da democracia" responde aos desafios que surgem historicamente – o confronto com o totalitarismo, a produção e a proliferação de armas nucleares, a complexidade do pós-sociedades industriais, a ampliação da diferença cultural intrademocrática, as mudanças climáticas, as demandas intergeracionais por justiça –, valorizando a abertura como condição que melhor assegura o florescimento da política. O espírito democrático teme escolhas irreversíveis que excluem possibilidades futuras. Muito do fascínio que a eleição do presidente Obama em 2008 exerceu sobre os democratas do mundo não se deve apenas ao cumprimento de uma promessa de igualdade, mas à percepção de que ele no poder – em relação às alternativas disponíveis – abriria uma nova gama de possibilidades para a democracia.

O apelo da abertura tanto no caso da obra de arte como no da democracia tem a ver com a ressonância que exerce na abertura da vida – todos somos fascinados pela vida que começa e muitas vezes percebemos a vida humana bem vivida como a capacidade de manter essa abertura original ao longo de fases em que a maioria das outras vidas parece ser canalizada por um padrão fechado e imutável. Hannah Arendt talvez seja a autora que mais contribuiu para lançar luz sobre a relação entre ação, liberdade e uma espécie de abertura entendida por ela como *natalidade*. A ação *enquanto* começo corresponde a dar à luz, equivale à "atualização da condição humana de natalidade".[66] Como diz Arendt,

> o tempo de vida do homem que corre para a morte inevitavelmente levaria tudo o que é humano à ruína e à destruição, não fosse a faculdade de interrompê-lo e começar algo novo, tarefa que é inerente à ação como um lembrete constante de que os homens, embora devam morrer, não nascem para morrer, mas para começar.[67]

Em todos esses casos, temos que enfrentar o desafio filosófico de traçar a linha não apenas entre fechamento e abertura, mas também entre abertura e *dispersão destrutiva*. A paixão pela abertura, de fato, nunca pode ser dissociada de uma crítica à "falsa abertura" e à "dispersão destrutiva". Quando um Estado democrático de direito se torna permeável à ação de interesses especiais – políticos ou econômicos – que dobram sua consistência em benefício próprio de facções, à proteção do privilégio, à consolidação e ao entrincheiramento das maiorias dominantes, tudo o que é legal e constitucionalmente sólido pode se desmanchar no ar. Esse estado de volatilidade política e permeabilidade a mudanças exógenas e não deliberativas é dispersivo e, no passado, muitas vezes levou à destruição da democracia, como em Weimar, ou a uma profunda crise da democracia, como na Itália de Berlusconi – a democracia tem sido historicamente associada a certa fragilidade interna. Incluir a "paixão pela abertura" entre as virtudes democráticas exige que tracemos a linha entre a receptividade à inovação a serviço da realização e do florescimento de uma identidade democrática e a incapacidade de evitar a contaminação da democracia com a reafirmação de imunidades não democráticas, privilégios e poder arbitrário. Por essa razão, uma das consequências filosóficas de incluir a "paixão pela abertura" na infraestrutura afetiva da democracia é ela fazer uma indagação filosófica sobre a normatividade que emana de uma identidade – democrática, neste caso – tanto mais urgente.

Notas

[1] O termo foi cunhado por um estudioso italiano na tradição de Bobbio. Ver Bovero, 2005, n. 25, pp. 419-436.
[2] Com perspectiva semelhante, uma reflexão esclarecedora sobre o *éthos* democrático pode ser encontrada em White, 2009. Baseando-se na ideia de *éthos* como "maneira de ser" compartilhada, o argumento de White aborda "que tipo de 'espírito característico' ou 'sentimento' deveríamos tentar cultivar como buscamos enfrentar os profundos desafios da vida moderna tardia?". Ver também a reconstrução do *éthos* da democracia por Rainer Forst como a resposta que, de uma perspectiva: a) liberal, b) comunitária e c) crítica, pode ser fornecida a questões relativas a capacidades cognitivas pressupostas e virtudes políticas dos cidadãos, pré-requisitos culturais e pressupostos institucionais, bem como condições sociais para a estabilização de uma política democrática deliberativa. Forst, 2012, pp. 155-187.
[3] Ver Montesquieu, 1989, livro 3, § 2.
[4] Ver Rousseau, 1967, pp. 30-31.
[5] Ver Rawls, 2005, pp. 50-51 e p. 139.
[6] Tocqueville, 1969, p. 503.
[7] *Idem, ibidem.*
[8] *Idem,* p. 506.
[9] Ver Honneth, 1996 [1992]; Margalit, 1996; Taylor, "The Politics of Recognition", em Taylor, 1992.
[10] Rorty, 1989.
[11] Tocqueville, 1969, p. 506.
[12] Sennett, 1978.
[13] Kateb, 1992, p. 83.
[14] *Idem,* p. 33.
[15] *Idem,* p. 78.
[16] *Idem,* p. 89.
[17] *Idem,* p. 90.
[18] *Idem,* p. 91.
[19] *Idem,* p. 85.
[20] *Idem,* p. 33.

²¹ Sobre a noção de que a vida boa não é redutível à ideia de viver de acordo com um plano, mas necessariamente contendo um momento de abertura ao inesperado e ao novo, ver Larmore, 2008, pp. 270-271. Para uma visão clássica, segundo a qual "uma pessoa pode ser considerada como uma vida humana vivida de acordo com um plano", Rawls, 1999 [1971], p. 408.

²² Um veículo típico dessa noção neoliberal de abertura é o "consenso de Washington", expressão que ganhou ampla circulação na década de 1990. Como resume Rodrik, consistiu em instar a todos os países em desenvolvimento do mundo as seguintes dez reformas: disciplina fiscal, reorientação dos gastos públicos, reforma tributária, liberalização financeira, taxas de câmbio unificadas e competitivas, liberalização comercial, abertura ao IDE, privatização, desregulamentação e garantia de direitos de propriedade. Ver Rodrik, dez. 2006, n. 44, p. 978. Para um comentário útil, ver Estevadeordal & Taylor, 2008. Para uma análise interessante de como, em sua própria história, os países desenvolvidos nunca seguiram as recomendações que formam o objeto do "consenso de Washington", ver Chang, 2002.

²³ Diderot, 1964, p. 28: "O que nunca foi questionado não foi comprovado, e o que não foi examinado sem preconceito nunca foi devidamente examinado. O ceticismo é, portanto, o primeiro passo para a verdade".

²⁴ Voltaire, 1924, verbete "Preconceito".

²⁵ Ver Locke, 1983 [1689], p. 32.

²⁶ Mill, 1961, pp. 543-544.

²⁷ Emerson, 1950, pp. 145-170.

²⁸ Ver Thoreau, 1995 [1859].

²⁹ Whitman, 2007 [1856].

³⁰ Ver Popper, 1971.

³¹ Taylor, 2007, pp. 542-593.

³² Popper, 1971, p. 3.

³³ Ver Kuhn, 1964 [1962], e Lakatos, "Falsification and the Methodology of Scientific Research Programmes", em Lakatos & Musgrave (ed.), 1970, pp. 91-196.

³⁴ Ver Habermas, 2001 [1998].

³⁵ Ver Taylor, 1989 e 2007.

³⁶ Essa versão eloquente pode ser encontrada em White, 2009, p. 19.

³⁷ Como Taylor coloca, em ágape há "uma afirmação divina da criatura, que é capturada nas frases repetidas em Gênesis I sobre cada estágio da criação, 'e Deus viu que era bom'". Taylor, 1989, p. 516.

³⁸ *Idem*, p. 521.

³⁹ Taylor, 2007, p. 738.

⁴⁰ *Idem*, p. 743.

⁴¹ *Idem*, p. 738.

⁴² Derrida, 2000, p. 25.

⁴³ *Idem*, p. 27.

⁴⁴ *Idem*, p. 83.

⁴⁵ Derrida, 1994, p. 65.

⁴⁶ *Idem, ibidem*.

⁴⁷ *Idem, ibidem*.

⁴⁸ *Idem, ibidem*.

⁴⁹ Essas áreas onde a razoabilidade se mostra crucial são: a) a definição de termos justos de cooperação; b) a identificação de figuras ontológicas centrais que sustentam certas atitudes éticas e políticas; c) a luta das identidades pelo reconhecimento recíproco; d) os problemas colocados pelo funcionamento da democracia em nível supranacional; e e) os novos desafios enfrentados pela democracia no século XXI. Ver White, 2009, p. 14.

⁵⁰ Ver *idem*, p. 15.

51 Ver Larmore, 1999, vol. 96, n. 12, pp. 599-625.
52 Ver White, 2009, p. 19.
53 *Idem*, p. 31.
54 *Idem, ibidem*.
55 Ver Larmore, 1999.
56 White, 2009, p. 53.
57 *Idem*, p. 74.
58 *Idem*, pp. 68-69.
59 Ver Kohut, 1978, p. 458. Também para outro grande teórico psicanalítico do narcisismo, Otto Kernberg, a culminação da maturidade psíquica humana está ligada à aceitação da própria morte "como uma declaração final de 'missão cumprida'", em uma interessante combinação com a ênfase na ampla agência ("missão cumprida"). Ver Kernberg, 1985, p. 129.
60 DeLillo, 1984.
61 White, 2009, p. 96.
62 *Idem*, p. 107.
63 Ver *idem*, pp. 105-106.
64 Sobre os três significados do razoável, ver Ferrara, 2008, pp. 69-72; sobre a relação do "mais razoável" com o exemplar, ver *idem*, p. 78.
65 Kant, 2000 [1790], § 23.
66 Arendt, 1959, p. 158.
67 *Idem*, p. 222.

3

Pluralismo reflexivo e a volta conjectural

Nunca o "pluralismo" político e religioso mostrou-se um apelo tão forte entre as massas das democracias ocidentais como hoje, quando aparece como única receita capaz de evitar o embate entre civilizações; no entanto, as razões que justificam sua aceitação ainda me parecem longe de serem adequadas a tal tarefa. Muitas variedades minuciosas ou abrangentes de liberalismo incorrem em uma contradição peculiar: elas parecem admitir o pluralismo em muitas áreas, exceto quando se trata das razões pelas quais o pluralismo deve ser aceito – "monopluralismo liberal" é o nome para tal mistura de fundacionalismo pluralista, que no fim se resume à fundamentalização da tolerância e da autonomia individual.

Variedades "políticas" de liberalismo, como as propostas por Rawls, Larmore e outros, parecem evitar tal risco, mas precisariam explicitar melhor o que justifica a aceitação do pluralismo: "pluralismo reflexivo" é o nome para o que aqui se apresenta como a concepção mais razoável para os defensores do liberalismo político sustentarem.

3.1 - Variedades do secularismo

Eu gostaria de observar que atualmente temos três visões principais sobre a natureza de uma sociedade secular e uma proposta importante para reconsiderar a sociedade ocidental contemporânea como "pós-secular". Temos a narrativa *política* do crescimento da tolerância e da neutralidade religiosa – separação de política e religião –, fora do desastre das guerras religiosas; a narrativa *sociológica* da secularização como privatização e retirada da religião da esfera pública, recentemente muito questionada; e a recente narrativa tayloriana da ascensão do "*quadro imanente*".

A narrativa do secularismo político gira em torno da separação entre religião e política, Igreja e Estado, equidade para todos os cidadãos exercerem sua liberdade religiosa e adorarem um deus, outro deus ou nenhum deus, e o fato de que as igrejas e o Estado estão nitidamente apartados. Na versão clássica da separação entre o Estado e a Igreja, as fés são protegidas para articular conhecimentos revelados e caminhos de salvação, administrar a interpretação do que é sagrado, regular rituais, infundir transcendência na vida cotidiana e celebrar o vínculo compartilhado pelos fiéis, desde que nunca invoquem o apoio do poder coercitivo do Estado, nunca pretendam transformar o pecado em crime e sempre permitam que seus fiéis mudem de ideia e se voltem para outra ou nenhuma religião. Nesse sentido, o secularismo se vê capturado pelo termo francês *laicité*, o italiano *laicità*, o espanhol *laicidad* [em português, *laicidade*] e que em inglês deve ser traduzido como "*religious neutrality*" [neutralidade religiosa] e é capturado pelas duas cláusulas da Primeira Emenda da Constituição dos Estados Unidos. Poderíamos chamar o secularismo, nesse primeiro sentido, de "secularismo político": a narrativa de sua ascensão é coextensiva à narrativa da moderna separação entre Igreja e Estado ao fim das guerras religiosas.

Uma segunda noção de secularismo, no centro da narrativa sociológica, refere-se a fenômenos *sociais*, não políticos. Nesse sentido, o secularismo diz respeito ao fato de que: a) as comunidades religiosas nas sociedades modernas deixam de influenciar o direito, a política, a educação e a vida pública em geral e se tornam subgrupos funcionalmente especializados, comunidades de crentes com ideias semelhantes; b) as pessoas usam cada vez menos rituais e símbolos religiosos para marcar momentos da vida; c) aos limites da fé resta uma importância marginal na definição de suas redes sociais; d) as categorias religiosas moldam pensamentos, compromissos e lealdades das pessoas com cada vez menos frequência em relação a outras considerações; e) a ação motivada por religião se limita a áreas especiais e cada vez menos relevantes para a vida social. Um indicador imediato e bastante destacado desse processo é o completo desaparecimento da religião como tema de inspiração artística. Comparando com o que era norma nos séculos XIII e XIV, quantas pinturas, esculturas e composições musicais dos séculos XX e XXI têm em seu cerne temas religiosos?

Essa distinção entre variedades *políticas* e *sociais* de secularismo é útil para vários propósitos. Em primeiro lugar, permite apontar assimetrias e desequilíbrios em processos complexos de secularização que são influenciados por contextos históricos locais. Em alguns países, em determinado momento, a secularização política pode ocorrer em um ritmo mais rápido que a secularização da sociedade. É o caso da Itália, onde o caráter secular das instituições estatais foi definido como "supremo princípio constitucional" pelo tribunal constitucional em 1989, mas a contínua exibição de símbolos religiosos, como o crucifixo em edifícios estatais, segue em tribunais civis e administrativos, evidentemente mais receptivos à pressão de uma sociedade menos secularizada, e o ensino de religião nas escolas públicas continua centrado em torno de uma única confissão.

Em segundo lugar, a distinção é útil porque nos permite ver através de certa "ideologia da secularização" que dominou o pensamento social e político ocidental por um tempo. Não há dúvida de que a religião retornou com força ao cenário político a partir de 1989. Sociólogos como Peter Berger, José Casanova e Adam Seligman nos alertaram sobre a dessecularização em curso, sobre o "reemergir" de uma necessidade pelo sagrado que de fato nunca desapareceu, sobre a crescente importância que símbolos e temas religiosos assumem para um número cada vez maior de indivíduos e grupos.[1] Com o passar do tempo, a ideia de que o secularismo em seu primeiro sentido – a separação institucional entre religião e política e o afastamento de questões religiosas controversas da arena pública – implicaria o predomínio do secularismo no segundo sentido, a saber, como a religião menos vinculada a motivações, compromissos e lealdades, acabou por ser mais uma filosofia da história motivada por ideologia. A pesquisa empírica na sociologia da religião nos lembra que as pessoas frequentarem cultos com menos constância não significa que a vida delas seja menos moldada por ideias religiosas.

No entanto, o quadro ainda não está completo, a menos que uma terceira narrativa de secularismo se apresente – esta foi recentemente destacada por Charles Taylor em seu livro *Uma era secular*. A maior vantagem da abordagem de Taylor está na "experiência próxima" ou na qualidade fenomenologicamente densa de sua reformulação do conceito de secularismo. Taylor não o caracteriza em termos de questões do tipo "como são as instituições em uma política secularizada? Que papel a religião desempenha em sua legitimidade percebida?" nem de perguntas como "a importância da religião na formação de intenções, compromissos, lealdades e redes sociais das pessoas diminuiu ao longo do tempo?" ou "o número de pessoas que acreditam em Deus diminuiu?", mas por um questionamento de dentro da experiência vivida: "O que é a sensação de acreditar? Como é viver como crente ou incrédulo?".

Para resumir um longo argumento, o secularismo nessa terceira variedade "consiste, entre outras coisas, em uma mudança de uma sociedade em que a crença em Deus é incontestada e não problematizada para uma em que ela é entendida como opção entre outras e frequentemente não é o mais fácil de se abraçar".[2] Uma das razões para cunhar um novo conceito filosófico é ele nos permitir ver o mundo por outra perspectiva e com mais riqueza do que somos capazes de ver de antemão. De fato, a terceira noção de secularismo de Taylor nos permite analisar o caso dos Estados Unidos e sua combinação peculiar de fervor religioso e política secular sob uma luz diferente. Embora do ponto de vista do secularismo *social* os Estados Unidos possam parecer uma sociedade menos secular que a França ou a Alemanha, certamente não é um país menos secular do ponto de vista fenomenológico. O crente norte-americano, não menos que o crente francês ou que o crente alemão, está fadado a entender sua fé como uma das muitas opções existenciais. A frequência à igreja nos Estados Unidos quase se equipara à da mesquita no Paquistão ou na Jordânia, mas a experiência do que significa acreditar permanece muito diferente – no capítulo 8, as questões relacionadas ao "secularismo comparado" serão abordadas do ponto de vista de suas implicações sobre a noção de verdade associada ao liberalismo político.

Do ponto de vista dessa terceira variedade de secularismo, crença e descrença ou teísmo e ateísmo não devem ser vistos como *teorias* rivais, competindo em termos cognitivos, mas como maneiras distintas de estar no mundo, de levar a vida. O mundo que ainda não foi secularizado é um lugar – de acordo com a noção de secularismo de Taylor – em que todos, não apenas eu, assumem que a fonte de valor, significado e plenitude está fora do alcance humano, está em algo transcendental. Assim, a experiência de crer se transforma completamente no mundo que habitamos. Não é apenas questão de saber se uma porcentagem maior de pessoas acreditava em Deus em 1500 em relação à porcentagem de crentes em 2000. O que importa é que a experiência subjetiva de crer mudou totalmente. Ela passou de uma estrutura inquestionável compartilhada por todos de maneira natural e irrefletida para a de ser uma entre muitas opções disponíveis, nenhuma das quais com *status* privilegiado na sociedade. O crente está condenado a ver sua própria fé como uma entre várias escolhas. Ele pode continuar acreditando, mas não mais da maneira irrefletida e ingênua que caracterizava as sociedades não secularizadas. Ele pode continuar acreditando, mas sua fé agora é experimentada a partir do que Taylor chama de "moldura imanente" predominante, ou seja, um horizonte cultural que identifica a boa vida com o florescimento humano, não aceita objetivos finais nem nenhuma lealdade ou obrigação além desse florescimento.[3]

A essas três variedades de compreensão do secularismo devemos acrescentar a noção habermasiana de sociedade pós-secular,[4] entendida como aquela que finalmente se conscientizou da resiliência e da persistência da religião, da contribuição positiva levada pelas religiões para a vida social, da necessidade de eliminar o fardo assimétrico suportado pelos cidadãos religiosos dentro das instituições democráticas seculares e da necessidade de acomodar as vozes religiosas na arena pública – uma sociedade pós-secular que se conscientizou da necessidade de aprendizagem recíproca envolvendo a mente religiosa e a razão.

Nesse contexto, é possível afinar nossa compreensão das opções disponíveis, dentro de um liberalismo político renovado, para justificar a aceitação do pluralismo.

3.2 - Variedades de pluralismo

As três narrativas da neutralidade política, ou *laicité*, da secularização e da ascensão do "quadro imanente", por mais diversas que sejam em pressupostos e propósitos, convergem em um ponto: habitar um mundo secular significa aceitar a necessidade de reconhecer a legitimidade de pelo menos alguma concepção de vida, justiça e bem que não seja a própria. A questão que se coloca, então, é: em qual base? Por que partidos, grupos, congregações, movimentos e indivíduos deveriam estar dispostos a abrir mão de suas chances políticas de moldar a sociedade de acordo com suas crenças, se eles se encontram em posição política para fazê-lo? Por que deveriam se contentar com instituições baseadas em um conjunto de valores públicos mais "limitados", mas mais amplamente compartilhados, por reconhecimento e respeito a partidos, grupos, congregações, movimentos, indivíduos que, a seus olhos, recusam-se a aceitar a verdade? Por que as maiorias deveriam se contentar com o que lhes parece arranjos menos "perfeitos" quando podem se dar ao luxo de impor arranjos tidos como, embora não com consenso, mais propícios à salvação ou simplesmente "melhores" do ponto de vista de uma compreensão "moral-realista" da normatividade?

A linhagem neokantiana das teorias contemporâneas da democracia liberal, em especial as propostas por Rawls e Habermas, de alguma forma cega muitos liberais em relação à urgência dessa resposta. Em uma linha que lembra a negligência do próprio Kant em relação à questão clássica "por que ser moral?", tão central nos relatos da ética de Platão e Aristóteles, os relatos da legitimação liberal de Rawls e Habermas tendem a ignorar a questão "por que ser pluralista?". Assim como Kant entendia a tarefa de uma "crítica da razão prática pura" como a elucidação de uma orientação *já pressuposta* para agir moralmente – a saber, selecionar como motivos apenas aquelas máximas de ação suscetíveis de ser adotadas como lei universal –, as teorias liberais atuais muitas vezes entendem como tarefa sua elucidar as condições sob as quais uma sociedade, povoada por pluralistas comprometidos livres e iguais, pode existir e perdurar. O que permanece de alguma forma fora de foco é a questão mais básica: por que ser pluralista? Por que um católico comprometido, um judeu, um muçulmano ou um marxista secular deveria se tornar liberal e abraçar o respeito pelo pluralismo?

A menos que esta pergunta seja respondida de forma que agrade *a todos*, não só aos devotos da democracia liberal, não estamos em posição de justificar a aceitação da tolerância, do pluralismo e da razão pública para aqueles que mais precisam dessa justificativa. Eles ainda não estão praticando a tolerância nem se engajando na razão pública. Em outras palavras, a menos que respondamos a essa pergunta de maneira que agrade *a todos*, nós, democratas liberais, não estamos em situação diferente daqueles que pregam para convertidos.[5]

Estão em jogo muitas respostas à pergunta "por que aceitar o pluralismo?". Primeiro, a resposta *pragmática* de que a bondade do pluralismo reside em seu potencial para nos proteger dos males do conflito. Deixe-me chamar essa visão de "pluralismo pragmático". Considero essa resposta, popular entre liberais conservadores e partidários do "liberalismo do medo", bastante insatisfatória: como Rawls mostrou com eloquência, a aceitação do pluralismo assim entendido pode, na melhor das hipóteses, ajudar a consolidar um *modus vivendi*, uma trégua, um cessar-fogo entre os infames "exércitos ignorantes colidindo à noite" evocados por Matthew Arnold no fim de seu poema "Dover Beach".[6*] Não legitima plenamente uma ordem *democrática*. A resposta pragmática só pode induzir os atores políticos que desconfiam uns dos outros a se adaptarem *pro tempore* a um processo democrático cujo principal mérito é, a seus olhos, constituir a única alternativa ao conflito aberto, enquanto, ao mesmo tempo, alguns esperam que uma contingência afortunada, mais cedo ou mais tarde, os coloque em posição de virar a mesa e impor sua própria regra. Nesse caso, para citar John Rawls, "a unidade social é apenas aparente, pois sua estabilidade depende de circunstâncias que não perturbem a feliz convergência de interesses".[7]

Em segundo lugar, temos a visão neokantiana de que forçar os outros a viverem sob princípios heterolegislados viola sua autonomia moral e não satisfaz a premissa da igualdade de todos os indivíduos. Essa segunda resposta, frequentemente presente em círculos liberais e democrático-deliberativos, tem sobre a primeira a vantagem de oferecer razões de *princípio*, em oposição a razões pragmáticas ou prudenciais, para aceitar o pluralismo. Mas o *pluralismo de princípios* também é insatisfatório. Por mais atraente que se mostre para os públicos liberais ocidentais e por mais bem equipado que seja para dar conta da estabilidade de um regime democrático-liberal ao longo do tempo e das vicissitudes da hegemonia política alternativa, não atrai partidos, grupos, congregações, movimentos, indivíduos que não compartilham a premissa moral individualista do valor da autonomia nem a premissa da igualdade dos cidadãos. Essa justificação do pluralismo e da tolerância só apela àqueles que *já* subscrevem a ideia de cidadãos livres e iguais exercendo conjuntamente sua autonomia pública.

Assim, uma justificativa mais inclusiva da aceitação do pluralismo deve ser explorada, livre de suposições controversas sobre o valor da autonomia moral. Mas acrescento um esclarecimento antes de abordar o que chamarei de *pluralismo reflexivo*. O argumento ideal para estabelecer o pluralismo reflexivo tem uma trajetória não excludente. Incorpora a consciência de ser *uma* entre várias maneiras de pleitear a aceitação do pluralismo e rejeita a própria ideia de um argumento conclusivo para o pluralismo, justamente pela possibilidade de incorrer em uma contradição performativa: a saber, a de nos convidar a abraçar uma espécie de "pluralismo monista" ou um "monopluralismo" que nos obriga a aceitar a não rejeitabilidade de uma variedade de orientações normativas apenas na esfera pública para, então, negar o pluralismo quando se elucidam as razões pelas quais *devemos* aceitá-lo. Essa é a razão pela qual o pluralismo aqui defendido é chamado de *reflexivo*: como no movimento rawlsiano da filosofia, aplicando o princípio da tolerância a si mesma (e assim entendendo a justiça como equidade, como uma entre várias concepções políticas de justiça possíveis),[8] devemos visar a uma defesa *pluralista dos fundamentos da aceitação do pluralismo*.

O "pluralismo reflexivo" toma como ponto de partida uma tese que Max Weber e John Rawls apresentaram, respectivamente, no início e no fim do século passado, por motivos bem diferentes. Ambos – Weber com o propósito de mostrar o entrelaçamento de valores e objetividade na estrutura epistêmica das ciências sociais e Rawls com o propósito de mostrar por que o pluralismo razoável é o típico resultado do uso público da razão em condições de liberdade – apontaram para a lacuna intransponível entre a finitude humana e a complexidade proibitiva das questões de verdade e valor. Dada a natureza de questões amplas como justiça, liberdade, governo legítimo, obrigação política; dada a observação não apenas da qualidade finita da vida humana, mas também da quantidade ainda mais limitada de tempo e energia que os humanos podem dedicar para responder a tais questões; e dada a ineludibilidade do que Rawls chamou de "fardos do julgamento",[9] espera-se uma diversidade de respostas.

Interessante para nossos propósitos é destrinchar o argumento que justifica a ideia de que o governo e a coerção legal só podem ser legitimados pelo que é terreno compartilhado, não por concepções controversas. Qualquer um que, como Weber e Rawls, acredite no "politeísmo moderno de valores" ou no "fato do pluralismo razoável" subscreverá uma justificativa que em algum momento gira em torno da noção de que não poderíamos ter certeza – ainda mais à luz da consciência recém-adquirida da ilusão do passado, quando se acreditava que as sombras na caverna de Platão eram objetos reais – sobre qual dos pontos de vista contestados é o válido.

"Humildade epistêmica" é um nome para a atitude que fundamenta esse pluralismo "político" não individualista.

Essas considerações parecem óbvias. O ponto normativo, no entanto, ainda precisa ser abordado: o que há de errado em forçar paternalisticamente as pessoas a fazerem coisas que nós, de boa-fé e até onde sabemos, achamos que, ao contrário da opinião delas, são boas para elas? Não temos leis que proíbem fumar em locais públicos, andar de moto ou trabalhar em obras sem o uso de capacete apropriado, dirigir carros sem cinto de segurança, mesmo que algumas pessoas não as aprovem? Em nossa tradição republicana ocidental, não ouvimos a expressão "forçar alguém a ser livre"?

Nesse caso, vale notar, enquadrar o argumento em termos de razoabilidade ou humildade epistêmica – ou o fato do pluralismo razoável como tal – não ajuda, porque quem queremos convencer com mais urgência sobre a bondade do pluralismo e da tolerância são as pessoas que justamente *não* pensam, em sua fé, como um entre outros pontos de vista, aquelas que não habitam a "moldura imanente" de Taylor. Elas pensam, em vez disso, que estão certas, que sua visão religiosa ou secular da "verdade fora da caverna" está escancarada, que algum texto disponível para qualquer pessoa ler relatou eloquentemente essa verdade e que é apenas a falta de vontade do cético de se expor a essa realidade, de assistir sem antolhos ou de ouvir essas palavras que o impede de ver a verdade. Que razões podemos dar aos cidadãos que de boa-fé acreditam estar de posse de alguma verdade inegociável – por exemplo, que consideram evidente que o casamento entre pessoas do mesmo sexo é contra a natureza, que um feto é uma pessoa com os mesmos direitos que um recém-nascido, que a vida humana propriamente dita já começa na concepção? Que razões podemos oferecer a *esses* cidadãos para que reconheçam a legitimidade de um regime político que inscreve em suas leis e suas instituições uma *verdade mais limitada* que a versão integral que abraçam a fim de acomodar as opiniões de outros recalcitrantes, cidadãos que possivelmente nem se dariam ao trabalho de ler, ouvir, abrir os olhos?

Essa é a conjuntura em que o pluralismo *reflexivo* se separa do pluralismo liberal clássico e abrangente. Subjacente ao pluralismo reflexivo, há a suspeita de que à pergunta "por que devemos aceitar o pluralismo?" pode não haver apenas uma resposta padrão boa "para todas as estações", por assim dizer – uma e a mesma resposta para aqueles que estão na autonomia individual moderna, para aqueles que permanecem cautelosos com isso e para todas as tradições que hesitam em abraçar a visão liberal da autonomia individual.

O que se pode dizer, *em geral*, sobre as características de uma boa resposta a essa pergunta são duas coisas. Em primeiro lugar, a resposta do candidato deve assumir a forma de *conjectura*, para usar um termo rawlsiano, ou seja, sua forma ideal é do tipo "porque você acredita em x, você tem todas as razões para aceitar o pluralismo, a tolerância e se abster de impor, via poder coercitivo da lei, suas crenças sobre aqueles que as rejeitam".[10] Em segundo lugar, em consonância com a abordagem de julgamento da normatividade que defendo em um nível metodológico,[11] a forma de cada conjectura não se baseia em derivar consequências de um princípio (de modo que uma pessoa que aceita a premissa, mas rejeita a conclusão, pode ser rotulada como "irracional"). Em vez disso, repousa em destacar o que traria à realização exemplar um núcleo de valor a partir do qual começamos a conjectura.

Assim como no caso da razão pública, também no caso de um argumento conjectural o parâmetro de validade não pode deixar de ser o *razoável*. No entanto, o razoável deve ser entendido em sentido mais amplo. Por um lado, desejamos que seja sinônimo do que é "irrecusável" ou "não rejeitável". Por outro, a base sobre a qual repousa tal "não rejeitabilidade" do que a razão pública chama de razoável não pode ser uma inferência sólida de princípio – caso contrário, a própria distinção entre razão prática e razão pública entraria em colapso. Em vez disso, a força normativa do que a razão pública chama de "mais razoável para nós" deve ser concebida como a força do que exerce influência sobre nós em virtude de quem somos e queremos ser – uma força que nos coloca na mesma posição de Lutero quando diz "não posso fazer outra coisa". O mesmo vale para os argumentos conjecturais. Tentamos tanto não enredar nossos interlocutores em uma cadeia dedutiva, cujo primeiro elo está preso a sua concepção de bem e da qual eles só podem se libertar ao preço de serem legitimamente rotulados de "irracionais", para mostrar que, por baixo da interpretação de sua concepção, uma aceitação do pluralismo pode seguir de tal forma que, ao renegá-lo, eles não são mais capazes de, em algum sentido, pensar em si mesmos como a pessoa que gostariam de ser. Os esboços de argumentos oferecidos nas próximas três seções são, de fato, *exemplos* do núcleo de tais *argumentos conjecturais*. Eu os chamo de conjecturais porque, embora dois deles sejam apresentados por "*insiders*" das tradições abrangentes em questão – e, portanto, aderindo estritamente à terminologia de Rawls, pertenceriam ao gênero de "declarações" –, nesse contexto eles são parte de um argumento filosófico pós-secular que dirijo àqueles, dentro das tradições cristã e judaica, que desconfiam do pluralismo liberal.

Começarei com um exemplo mais pessoal, da cristandade, depois me aventurarei na reconstrução de Walzer de uma fonte profética para o pluralismo dentro da tradição judaica e, por fim, no argumento conjectural de Andrew March sobre islamismo e pluralismo. Minha esperança é que a abordagem nos termos do pluralismo reflexivo se prove inspiradora para os outros e que exercícios semelhantes sejam conduzidos com referência a muitas outras tradições e culturas religiosas.

3.3 - Cristandade e pluralismo: Robert Bellah sobre sentir-se (não totalmente) em casa na igreja

A cristandade, é claro, tem uma longa história que precede a tolerância: as Cruzadas e a Contrarreforma não deixam dúvidas quanto a essa afirmação. No que diz respeito à variedade católica, só na década de 1960 ocorreu a plena aceitação dos princípios da democracia liberal, no contexto do Concílio Vaticano II. Meio século depois, no entanto, as correntes "integralistas" do catolicismo rejeitam o pluralismo de forma tão veemente quanto ele é rejeitado por certas seitas fundamentalistas de ascendência protestante. Assim, não surpreende que, também no que se refere à cristandade – que de certa forma é a semente religiosa de muitas ideias liberais seculares, a começar pela noção de dignidade da pessoa –,[12] necessitamos de uma linha de argumentação para o pluralismo e a tolerância que vá além do mero aspecto prudencial de evitar conflitos e evite a referência a uma "autonomia individual" que, pelo menos nos meios católicos, continua sendo rejeitada por várias cartas encíclicas, incluindo a encíclica de 1993 *Veritatis Splendor* por João Paulo II, que ainda é considerada por Bento XVI, em sua encíclica *Spe Salvi* de 2007, a base de um "relativismo" ameaçador. Para um cidadão que abraça as visões do fundamentalismo protestante ou do integralismo católico, pode-se apontar que uma religião que indica que Deus se encarna em forma humana para oferecer salvação à humanidade certamente tem os recursos para resistir e opor-se a todas as tentações de divinizar o humano, a todas as tentações de postular os valores humanos como interpretações do absoluto e do transcendente. Idolatria é o nome de tal pecado.

No entanto, esse é um ponto muito geral. Uma proposta sugestiva para conciliar o anseio universalista e o particularismo da doutrina e uma base convincente para um argumento conjectural – conjectural, se articulado do ponto de vista, aqui assumido, de consciência pós-secular – que deriva da tolerância de uma perspectiva cristã abrangente vem do esclarecedor artigo de Robert Bellah "Em casa, mas não em casa: pluralismo religioso e verdade religiosa".[13] Inspirando-se na obra de Richard Niebuhr, Ernst Troeltsch e Karl Barth, Bellah parte da premissa de que a vida, a morte e a ressurreição de Jesus Cristo só fazem sentido contra o pano de fundo constituído pela noção bíblica e "fundamentalmente judaica de um Deus criador que é Senhor de tudo e que porá fim ao mundo em um juízo final".[14] Se há essa falta de contextualização, como muitas vezes se experimenta na prática missionária, a adesão à cristandade corre o risco de se reduzir a uma crença superficial em Jesus como uma espécie de "espírito guardião". A verdadeira compreensão de Cristo, continua Bellah, requer, portanto, a plena adesão a uma cultura, a um vocabulário e a uma comunidade de adoração: a Igreja. E aqui surge a tensão que é relevante para o pluralismo. Nas palavras de Bellah, "se insistimos na particularidade histórica, linguística, cultural e social da fé cristã, como podemos proclamar sua universalidade?". Como podemos dizer que não há salvação em nome de outra pessoa senão em Jesus, "quando vivemos lado a lado com pessoas boas de outras religiões ou, pelo menos a seus próprios olhos, de nenhuma fé?".[15]

Bellah lembra a ampla gama de respostas que essa pergunta suscitou. Ele contrasta a posição *exclusivista*, segundo a qual não há salvação em outro nome senão o de Jesus, e a *inclusiva*, segundo a qual a linguagem de Pedro e Paulo deve ser abandonada em favor do reconhecimento de uma pluralidade de caminhos para a salvação. Em seguida, menciona a ideia de "salvação prospectiva" de George Sumner como "momento escatológico no fim dos tempos, em que todos terão a oportunidade de um encontro redentor com Jesus".[16] Bellah, no entanto, levanta uma sugestão interessante, neste ponto, que mostra como uma concepção religiosa "abrangente" pode permitir a plena aceitação do pluralismo sem, assim, transformar-se na versão liberal padrão da tolerância: ele nos adverte contra usar "linguagem profundamente contextual, ou seja, confessional [...] e transformá-lo em afirmações objetivas de forma quase científica e que nos dão informações sobre o destino eterno dos não cristãos".[17] A redenção, em outras palavras, é uma noção que só faz sentido no do vocabulário – ou na tradição – do que Bellah nomeia como "o sistema de cultura linguística cristã". Budistas ou confucionistas, a esse respeito, não estão dentro nem fora do círculo da salvação. Essa alternativa não se aplica a eles. Categorizá-los de forma estranha a seu próprio vocabulário significa não compreender tanto sua experiência de vida como a cristã.

Além disso, Bellah endossa a versão do próprio Herbert Fingarette desse *insight*, apresentada em *The Self in Transformation* [O eu em transformação], muito antes das últimas reflexões de Taylor:

> É o destino especial do homem moderno que ele tenha uma "escolha" de visões espirituais. O paradoxo é que, embora cada um exija um compromisso completo para uma validade completa, hoje podemos gerar um contexto no qual vemos que nenhum deles é a única visão. Pode-se ser um viajante sensível e experiente, à vontade em muitos lugares, mas é preciso ter um lar. Ainda assim, podemos ser íntimos daqueles que visitamos e, embora possamos ser apenas viajantes e hóspedes em alguns domínios, existem nossos anfitriões que estão realmente em casa. O lar é sempre o lar de alguém; mas não existe o Lar Absoluto.[18]

Entre os teólogos que ele considera inspiradores, Niebuhr, em particular, é mencionado como aquele que melhor articula um caminho possível para os cristãos manterem juntos o momento contextualmente limitado de sua religião e a aspiração a uma verdade transcendental. A ideia de Niebuhr de que a linha entre a Igreja e o mundo "passa por todas as almas, não entre as almas" significa que qualquer Igreja está sempre em risco de substituir a "doutrina correta sobre Deus pelo próprio Deus" e que, quando no credo o cristão expressa a fé em "Igreja una, santa, católica e apostólica", ele não se refere à Igreja concreta vivida no cotidiano, mas à ideia de uma comunidade santa ligada desde os tempos apostólicos e projetando-se até o fim dos dias. Em paralelo, o cristão niebuhiano está ciente de que a Igreja não é a única comunidade à qual pertence. Assim, a aceitação do pluralismo fora da Igreja começa e está enraizada na própria consciência do "pluralismo interno", por assim dizer. Como diz Bellah, "compreendemos o pluralismo de nosso contexto social em parte porque ele reflete a variedade de maneiras pelas quais entendemos nossas próprias experiências [...]. O pluralismo está dentro de nós e também fora de nós".[19]

Assim, conclui Bellah, a Igreja de certa forma "quebra a metáfora do lar", na medida em que "seu *telos* não está em si, mas além de si mesmo, na 'cidade fora de vista'".[20] A Igreja constitui a encarnação de "verdade e vida" para o cristão, mas também representa um lar histórico concreto e contextual no qual o fiel *não pode estar completamente em casa*: "Só Deus está em casa absolutamente",[21] não afirmado pelo próprio projeto de manter os outros cativos nele e pretender ser a real encarnação viva da comunidade universal. As considerações de Bellah, conforme reconstruídas aqui, sugerem como uma concepção cristã abrangente pode, de fato, incorporar uma aceitação forte e baseada em princípios não apenas prudenciais, do pluralismo, ao mesmo tempo que se mantém afastada da linha de argumentação liberal perfeccionista que gera a aceitação do pluralismo e da autonomia individual entendida como *capacidade sem limites*.

3.4 - Duas tradições proféticas no judaísmo antigo

Há um argumento que se desenvolve na mesma direção, que pode inspirar um apelo conjectural pela aceitação do pluralismo quando dirigido a cidadãos de fé, na discussão de Michael Walzer sobre duas principais correntes proféticas no judaísmo antigo. Deixarei de lado o viés metodológico que Walzer tenta enfatizar no ensaio *Dois tipos de universalismo*, no qual se encontra essa reconstrução – a saber, o contraste entre uma lei de cobertura e um universalismo reiterativo – e me concentrarei nos aspectos substantivos de sua reconstrução.

A primeira tradição "sustenta que, como há um Deus, há uma lei, uma justiça, uma compreensão correta da boa vida ou da boa sociedade ou do bom regime, uma salvação, um messias, um milênio para toda a humanidade".[22] Essa é a compreensão da salvação refletida na descrição do profeta Isaías de Israel como "uma luz para os gentios",[23] uma e a mesma luz para todas as nações, que se tornarão responsivas a ela e serão "iluminadas" em diferentes momentos. Walzer ilustra uma versão mais forte e uma mais fraca dessa compreensão antipluralista do próprio papel entre os povos do mundo. Na versão mais forte, o povo escolhido vence os demais. Nas mais fracas, os outros povos, culturas ou civilizações se juntam aos escolhidos, como quando Isaías escreve "e muitos irão e dirão: Vinde, e subamos ao monte do Senhor".[24] Até o dia da vitória final ou da unificação de todas as fés sob a verdadeira, o proselitismo missionário é o mandato que vem de Deus: até que "eles" aprendam a servir a Deus, nós, os iluminados, os escolhidos, devemos guiar os outros. "Os servos do Senhor estão no centro da história, constituem sua corrente principal, enquanto as trajetórias dos outros são crônicas da ignorância."[25] Habitar essa narrativa é o privilégio de viver agora de maneira que outros, em situação diferente, apenas imitarão mais tarde; uma maneira de ver as coisas que ocasionalmente ressurge em vocabulários totalmente diferentes, como a filosofia da história hegeliano-marxista e certas formas de entender a democracia – como o "fim da história", a síntese do "protestantismo radical", a ordem política que melhor realiza os "direitos naturais" – que atribuem aos ocidentais o privilégio de viver em arranjos políticos que, esperançosamente, um dia serão copiados por todas as sociedades do planeta.

A segunda tradição profética do judaísmo tem seu porta-voz no profeta Amós, e Walzer reconstrói essa visão a partir de um fragmento em que o profeta relata que Deus pergunta aos filhos de Israel: "Vocês não são como filhos dos etíopes para mim, ó, filhos de Israel...? Não tirei Israel da terra do Egito, e os filisteus de Caftor, e os sírios de Quir?".[26] Qual é o objetivo dessas perguntas? Como sugere Walzer, é "repreender o orgulho dos israelitas. Eles não são o único povo escolhido nem o único libertado".[27] E os momentos fundamentais de sua história – o êxodo do Egito, por exemplo – não se apresentam como algo de relevância imediata para todos, mas como momentos que têm um significado *exemplar*, ou seja, empreendimentos que "outras pessoas podem repetir à *sua própria* maneira".

Assim, "o êxodo do Egito liberta apenas Israel, apenas o povo que migrou, mas outras libertações são sempre possíveis. Nesta segunda visão, não há história universal, mas uma série de narrativas em que se pode encontrar valor".[28] Se chegarmos a alguma generalização, se tentarmos reconstruir uma visão geral sobre "libertação", isso se dará de baixo para cima, "por meio de um compromisso histórico com a alteridade", e esse modo de proceder sempre pressupõe certo "respeito para a particularidade", como coloca Walzer, ou uma abertura a "diferentes experiências de escravidão e dor, por pessoas diferentes, cuja libertação assume diferentes formas".[29]

Mesmo a noção normativa de delito pode ser redefinida como plural. Quando o profeta Jeremias leva Deus a dizer que uma nação "fará o mal sob minha visão", então Deus irá se arrepender do bem prometido a ela, a expressão "mal sob minha visão" não precisa ser tomada como apenas *um* conjunto de atos malignos.

> Se Deus compactua com cada nação ou se as abençoa de maneira diferente, então faria sentido sugerir que ele mantém cada uma delas em seu próprio padrão. Há um conjunto de atos malignos para cada nação, embora os diferentes conjuntos certamente se sobreponham. Ou, se houver apenas um conjunto de atos malignos (fixados por hierarquia: assassinato, traição, opressão e assim por diante), ainda pode ser o caso de o bem acontecer em vários conjuntos. É porque existem vários conjuntos, diferentes tipos de bens, que também deve haver várias bênçãos.[30]

Essa ideia de tensão entre regras gerais e uma adequação normativa que vai além de qualquer regra única também se reflete na relação de *halakha* e *agadá*, da tradição judaica. *Halakha* é o complexo de normas derivadas da interpretação do Talmud feita pelos rabinos ao longo dos séculos sobre assuntos como oração, conduta pessoal e traços de caráter, festividades, comida e afins. Embora a *halakha* dificilmente seja um complexo de interpretações unívocas livres de tensão, seu pluralismo interno é confrontado com o pluralismo mais pronunciado refletido na *agadá*. Esta, por sua vez, faz parte de uma camada "mais profunda" de ensinamentos, de acessibilidade restrita, em que os rabinos ilustram nuances de significado moral por meio de anedotas e paradoxos que às vezes apresentam implicações intrigantes que não devem ser tomadas ao pé da letra. Assim, a própria textura da interpretação talmúdica é atravessada pela tensão dessas duas formas de pluralidade.

3.5 - Islã, liberalismo e pluralismo: uma abordagem conjectural

No que diz respeito ao Islã, diferentemente dos dois estudos anteriores, que foram adaptações para fins conjecturais de reconstruções internas por parte de estudiosos enraizados na tradição cristã e hebraica, o estudo de March, *Islã e cidadania liberal*, é um esforço verdadeiramente conjectural baseado em uma aplicação metodológica consciente dos princípios do liberalismo político de Rawls.[31]

March parte de uma observação semelhante à que acabamos de apresentar a fim de provocar a transição do pluralismo liberal clássico para o pluralismo reflexivo:

> Quando os dois entram em conflito, a razão pública supera a razão religiosa. Mesmo que tente fazê-lo sem negar a religião, não permite que a verdade religiosa seja aplicada à sociedade em geral. Para muitos crentes, isso equivale a negar a religião. Para eles, não há espaço neutro, onde a religião não seja afirmada nem negada. Ao não a afirmar, ela é negada. E, no entanto, estamos pedindo uma justificação religiosa para esse estado de coisas. Como isso poderia acontecer?[32]

Em resposta a esse desafio, March desenvolve a noção rawlsiana de conjectura em uma "ética comparativa" que "trata tanto o liberalismo quanto o islamismo como tradições morais de primeira ordem, que fornecem razões justificadoras para seus adeptos e que, presume-se, têm a capacidade de entrar em conflito e se sobrepor".[33]

Em que sentido a fé no Islã opõe os deveres cívicos de um cidadão liberal e os deveres religiosos de um crente? De fato, tensões ferozes podem surgir *prima facie* quando os deveres da cidadania colidem com proibições de longa data contra "submeter-se à autoridade de Estados não muçulmanos, servir em seus exércitos, contribuir para sua força ou seu bem-estar, participar de seus sistemas políticos", mesmo residindo neles[34] e estendendo as relações de solidariedade social e política para além do círculo dos muçulmanos.

Para começar, as interpretações mais estritas do Alcorão até proíbem a residência em país não muçulmano, exceto quando fisicamente impossível, não apenas inconveniente – no entendimento de que residir voluntariamente em um país governado por infiéis implica que o crente será exposto e incapaz de reagir à humilhação pública ou ao desprezo ativo da única religião verdadeira. Essa interpretação de uma "hégira" obrigatória ou migração de países onde o pleno reconhecimento do Islã se dá por sua hegemonia (algo que a mera tolerância não pode garantir) não pode ocorrer em países onde o Islã é predominante e publicamente honrado, mas longe de ser contestado, e March recolhe opiniões de muitos juristas que contextualizam o dever da hégira para o período anterior à conquista de Meca, ou questionam a autenticidade das interpretações pró-hégira, ou explicam a hégira com a circunstância específica de uma guerra existente entre o Estado anfitrião e a comunidade muçulmana, ou apontam para a indisponibilidade prática de um Estado islâmico que aceitasse e integrasse todos os muçulmanos migrantes.[35] No contexto europeu, Tariq Ramadan foi além dessas posições e sustentou que a residência de muçulmanos em países não islâmicos oferece a oportunidade de testemunhar os valores do Islã, espalhar sua influência e ganhar aceitação de outras pessoas. Os países não islâmicos são, para os muçulmanos, o "espaço do testemunho" (*dar al-shahada*).[36]

Desde que a residência em um Estado não islâmico possa ser entendida como não proibida, March oferece, ao fim de um capítulo intitulado "Objeções islâmicas à cidadania em sociedades liberais não muçulmanas", uma síntese de cinco obstáculos que um cidadão muçulmano residente em um Estado liberal pode encontrar a sua formação religiosa:

1. Um muçulmano nunca pode combater outro muçulmano a serviço de infiéis, independentemente da causa.
2. Uma guerra com o único propósito de expandir o espaço governado pelo Islã e pela lei islâmica é uma guerra justa, uma forma legítima de *jihad*.
3. Seria dever de cada indivíduo muçulmano, mesmo daqueles que residem fora da política islâmica, contribuir para uma *jihad* legítima, se assim for chamada por um imã legítimo.
4. Um muçulmano não pode promover a causa dos infiéis nem defender decisões não islâmicas e reivindicações da verdade.
5. Um muçulmano não pode se sacrificar por outras causas que não sejam certas, entre as quais defender uma sociedade não muçulmana.[37]

Como um argumento conjectural pode ajudar o muçulmano que deseja ser um cidadão liberal leal? Surge aqui a distinção entre as exigências da justiça (a mera observância de leis justas) e as exigências mais exigentes da cidadania ("dar certos tipos de razões para não infringir leis, bem como afirmar o compromisso com determinada sociedade e sistema político").[38] Com base no trabalho de teólogos e estudiosos que questionam a qualidade obrigatória da hégira, March passa, então, a explorar as expectativas normativas que cercam a relação do crente muçulmano com a sociedade anfitriã em que tem permissão para viver e praticar sua religião.

A principal força normativa a motivar o crente muçulmano a uma adesão leal a um Estado democrático laico é o dever de cumprir as obrigações contratuais, fortemente enfatizado tanto pelo texto do Alcorão quanto pelas interpretações dominantes dele ao longo do tempo.[39] Além disso, de acordo com a tradição jurisprudencial sunita, como aponta March, nenhuma vinculação diferencial caracteriza os contratos estipulados entre muçulmanos e entre muçulmanos e não muçulmanos – enquadra-se neste último caso a obrigação contratual chamada *aman*, que regula a proteção estendida por um Estado não muçulmano para com seus membros muçulmanos em troca de sua lealdade e seu compromisso com sua defesa em caso de ameaça externa.[40] Esse quadro normativo geral, argumenta March, pode sustentar uma forma de cidadania leal quando combinado com a rejeição da interpretação unilateral da *jihad* como, em princípio, sempre justificada. Uma interpretação progressiva do Alcorão pode, de acordo com essa reconstrução que estamos analisando, dar suporte a uma doutrina revisada da *jihad*, que a considere plenamente legítima "apenas em autodefesa ou para combater a agressão e não para facilitar a propagação do Islã ou mudar o governo de um Estado em que os muçulmanos não são oprimidos",[41] o princípio de que "em conflitos entre um Estado não muçulmano em que vivem muçulmanos e uma força muçulmana, um muçulmano pode renunciar a qualquer ajuda ativa à força muçulmana e prometer se envolver em atividades não violentas contra seu Estado não muçulmano".[42] Dessa forma, os impedimentos 2 e 3 seriam removidos. No entanto, se o Estado não muçulmano onde vive um cidadão muçulmano se envolver em uma guerra injusta contra um Estado muçulmano, certamente esse cidadão deve ter a mesma margem de manobra para a desobediência civil e o "testemunho" rawlsiano – incluindo descumprimento de obrigações tidas como injustas – concedidos a qualquer outro cidadão.

O desafio mais difícil para um muçulmano dentro de uma política liberal-democrática é, no entanto, a proibição de lutar contra outros muçulmanos "a serviço dos incrédulos", mesmo que o Estado de que faz parte esteja se defendendo de uma agressão externa perpetrada por um Estado islâmico. Não há como contornar a definição do Alcorão de um muçulmano matar outro muçulmano como pecado, em todas as circunstâncias. Mesmo nesse caso difícil, de acordo com March, um argumento conjectural poderia ser desenvolvido, no sentido de que um cidadão muçulmano que deseja não ser desleal ao Estado liberal--democrático do qual recebeu segurança, liberdade de religião e tratamento justo sob a lei poderia equilibrar os deveres religiosos e cívicos da seguinte maneira: abstendo-se de se juntar às forças do exército muçulmano invasor e, ao mesmo tempo, abstendo-se de qualquer ato de "sabotagem ou obstrução dos esforços do Estado não muçulmano de se defender".[43]

Além disso, as proibições de motivação religiosa resumidas nos pontos 4 e 5 podem ser interpretadas pela maioria dos imãs conservadores como intimidação do crente muçulmano a não participar de uma guerra justa travada pelo Estado democrático-liberal contra outro estado igualmente não islâmico, porque o Alcorão obriga os crentes a não promover a causa da descrença de forma nenhuma e a não se expor ao risco de perder a vida, que é considerada um dom divino, para outros propósitos além de alguns específicos, entre os quais certamente não está incluído o apoio a fins políticos não islâmicos e interesses seculares. Também nesse caso, uma possível reinterpretação dos termos da cidadania liberal – a própria proposta de March para renovar o liberalismo político – forneceria a base para equilibrar as razões de fé e as demandas da cidadania. Mais que uma conjectura, repensar a ideia de lealdade democrática, reformulada como a proibição de trair os termos da cooperação leal, e ao mesmo tempo proteger a integridade da crença religiosa ao permitir que os cidadãos muçulmanos, neste caso, contribuam para a defesa militar de seu Estado não muçulmano em atuação não combatente.[44] Esses pontos de vista parecem ser apoiados por uma reconstrução detalhada do trabalho de estudiosos islâmicos realizada por March no capítulo 6 de seu *Islam and Liberal Citizenship* [O Islã e a cidadania liberal]. Entre as fontes citadas, há a interessante *fatwa* de 1907 de Rashid Rida em favor dos muçulmanos russos que participavam da guerra russo-japonesa: um muçulmano tem razão para servir a um exército não muçulmano na medida em que o serviço pode contar "como algo que dá aos muçulmanos tratamento igual em uma democracia não muçulmana, como forma de adquirir o conhecimento militar que o Islã prescreve e como caminho para a força e o orgulho comunitários".[45]

Finalmente, esse argumento complexo leva a uma conjectura completa sobre a aceitação de um pluralismo razoável por parte de um crente no Islã. Na literatura interpretativa de tendência progressiva, essa aceitação ocorre em duas etapas. Em primeiro lugar, as passagens do Alcorão que proíbem a lealdade aos infiéis e às instituições políticas não baseadas na fé são mostradas como abordando o contexto específico do período de Medina, quando o profeta e o muçulmano enfrentaram o desafio de lutar pela sobrevivência da comunidade islâmica sob ataque dos pagãos e o desafio de consolidar essa comunidade em contexto tão instável. Considerar traição a lealdade a não muçulmanos fazia sentido quando a sobrevivência de uma comunidade islâmica estava em jogo, mas não antes – durante o período de Meca da profecia de Maomé – e não mais no contexto moderno. Essa interpretação, que gira em torno da chamada "segunda mensagem do Islã" e sobre a qual mais será dito no capítulo 5, foi originalmente desenvolvida pelo líder religioso sudanês Mahmoud Mohammed Taha,[46] executado em 1985 pelo governo sudanês por apostasia, e agora foi expandida em uma direção liberal-democrática por dois estudiosos inspirados nos ensinamentos de Taha, Abdullahi An-Na'im e Mohamed Khalil.[47] Independentemente dos ensinamentos de Taha, o influente teólogo egípcio Yusuf Al-Qaradawi, figura inspiradora para todo o mundo islâmico sunita e que retornou ao Egito durante a Primavera Árabe,[48] também argumentou que a Meca, em oposição à Medina posterior, e partes do Alcorão oferecem a compreensão mais abrangente e aberta da relação adequada do Islã com outras religiões e, portanto, que a proibição da lealdade aos infiéis não deve ser obrigatória em todos os tempos e circunstâncias.

Dessa interpretação da relação adequada entre crentes do Islã e crentes de outras religiões, Al-Qaradawi, entre outros, extrai consequências de longo alcance sobre o pluralismo. Por exemplo, o fato de que "o muçulmano considera as diferenças entre as pessoas na religião de acordo com a vontade de Deus todo-poderoso, que concedeu à sua criação essa forma de liberdade e escolha em ação e omissão" e de que, se assumimos a "bondade e sabedoria da vontade de Deus", então os muçulmanos não devem "pensar por um único dia que podem obrigar as pessoas a se tornarem muçulmanas, assim como Deus (Seja Exaltado) disse a Seu mensageiro: 'Se tivesse sido a vontade do Senhor, então todos na Terra teriam acreditado. Você vai, por isso, compeli-los até que eles creiam?'".[49]

Como vimos com a reconstrução de Bellah de uma Igreja inclusiva e pluralista, em dívida com as visões de Fingarette e Niebuhr sobre "em casa", e com a reconstrução de Walzer do pluralismo inerente à profecia de Amós, a teologia de Al-Qaradawi, reconstruída por March, permite um endosso semelhante ao pluralismo, baseado na ideia de que "quem quisesse agrupar toda a humanidade em uma religião ou uma seita estaria se opondo à vontade divina" e de que "o Islã se interessa por todas as pessoas sem respeito à sua religião, qualquer que seja".[50] Não apenas por essa visão o pluralismo moral e de valores é entendido como normal e não deve ser eliminado com o uso da força, como, no contexto das sociedades não muçulmanas, a aceitação do pluralismo deve levar o muçulmano comprometido a entender o dever religioso da *da'wa*, ou conversão dos infiéis, como ligado à conduta exemplar – a vida em contexto contemporâneo não muçulmano como um "espaço de testemunho" para o crente –, mais que à busca de uma posição de hegemonia e consequente efetivação de sua fé.

3.6 - Conclusão

Para concluir, acredito que exercícios conjecturais semelhantes podem e devem ser repetidos com o budismo, o confucionismo, o hinduísmo, a cristandade ortodoxa e muitas outras visões abrangentes, religiosas ou seculares; no fim, haverá uma melhor justificativa para aceitar o pluralismo e abster-se de impor suas verdades reputadas aos outros pela lei.[51] Uma vez realizada essa tarefa, o programa original do "liberalismo político" de Rawls será expandido na direção de uma "virada conjectural" que complementa a ênfase original na razão pública com nova ênfase na conjectura. A razão pública e a conjectura constituem, então, nessa versão renovada do liberalismo político, dois *loci* de manifestação do *razoável*, entendidos como o padrão para chegar e avaliar o acordo entre opções expressas em vocabulários diversos ou concepções abrangentes – respectivamente, quando uma plataforma sólida de instalações compartilhadas está disponível e quando parece fora de alcance.

A única tradição abrangente (principalmente secular) que menos necessita de tal argumento conjectural para a aceitação do pluralismo é, obviamente, o liberalismo. Pois este, em sua versão perfeccionista, produziu o relato mais sofisticado de por que um corpo político de cidadãos autônomos livres e iguais deve se abster de impor normas contestadas via coerção. O único detalhe do qual muitos liberais e democratas ainda precisam estar plenamente conscientes é que sua defesa do pluralismo é apenas *uma* entre uma "pluralidade de pluralismos", não é a única doutrina que as outras culturas políticas do planeta ignoram por sua conta e risco.[52] Parafraseando Rawls, em certo sentido, a tarefa de aplicar a aceitação do pluralismo à sua própria concepção de pluralismo ainda vem antes da teoria política liberal. Sem a consciência – intrínseca a *O direito dos povos* de Rawls e ao ensaio *Governing the Globe* [Governando o globo] de Walzer[53] – de que não há nada mais antiliberal que a ideia de que o mundo só será justo quando todos forem liberais, um "monopluralismo" liberal (de tipo pragmático ou neokantiano) corre o risco de se acumular na já longa lista de ideologias ocidentais (como "secularização" antes do ressurgimento da religião e da consciência pós-secular ou "modernização" antes de "múltiplas modernidades") e corre o risco de perder a chance de fornecer um vocabulário adequado para a transição de outras culturas políticas do planeta a uma aceitação plena do pluralismo e da tolerância. O monopluralismo liberal, de fato, corre o risco de induzir aqueles que desconfiam da ideia de autonomia individual, ou de sua independência das estruturas culturais compartilhadas no Ocidente, a também e desnecessariamente desconfiar do pluralismo e da tolerância na medida em que suspeitam dessas noções. É o cavalo de Troia do individualismo ocidental.

Apenas uma visão liberal não perfeccionista do pluralismo que se torne *reflexiva* e incorpore a ideia de que pode haver tantas justificativas *distintas e válidas* para aceitar o pluralismo quanto há visões abrangentes, porque a justificação só procede imanentemente como elaboração exemplar do potencial hermenêutico inerente ao pluralismo, pode estar à altura dessa tarefa urgente hoje.

Notas

[1] Berger (ed.), 1999; Casanova, 1994; Seligman, 2000. Ver também Bruce (ed.), 1992, e Seligman *et al.*, 2008.
[2] Taylor, 2007, p. 3.
[3] Sobre a noção de "moldura imanente", ver *idem*, pp. 539-593.
[4] Habermas, 2008 [2006], pp. 114-147. Ver Habermas, 2001, e "Sobre a relação entre o Estado liberal secular e a religião", em De Vries & Sullivan (ed.), 2006, pp. 251-260. Para um debate direto entre Habermas e Taylor sobre "pós-secularismo" e sua relação com a religião, ver Habermas, "The Political: The Rational Meaning of a Questionable Inheritance of Political Theology", em Mendieta & Vanantwerpen (ed.), 2011, pp. 15-33; e Taylor, 2007, pp. 34-59 e 60-69.
[5] A compreensão do liberalismo político aqui proposta responde a uma agenda filosófica oposta àquela endossada por Quong, 2011, que argumenta que uma agenda adequada de liberalismo político inclui uma tarefa modesta: "Entender que tipos de argumentos, se houver cidadãos já comprometidos com certas normas liberais básicas, podem legitimamente oferecer uns aos outros. O liberalismo político, na minha opinião, é, portanto, uma teoria que explica como a justificação pública do poder político é possível entre um eleitorado idealizado de pessoas comprometidas com certos valores liberais fundamentais, mas bastante abstratos". Na posição de Quong, é o sentido em que os liberais (presumivelmente hegemônicos na política), ao usar a força coercitiva da lei em apoio a visões éticas (digamos sobre aborto, casamento entre pessoas do mesmo sexo, uso de células-tronco, eutanásia, exibição de símbolos religiosos em prédios públicos etc.) que eles não justificam para não liberais, também não os estariam oprimindo. A razão pela qual os liberais políticos devem querer justificar o pluralismo e os elementos centrais da teoria para os não liberais é que os liberais, políticos ou fiéis ao termo, devem se comprometer com uma política livre de opressão para qualquer um, não apenas aquela em que não sejam oprimidos por fundamentalistas religiosos, nazistas, stalinistas e afins – em que opressão significa ser forçado a obedecer a leis que não cumprem o teste do princípio liberal de legitimidade. Essas pessoas, se lermos *O liberalismo político* da maneira que Quong sugere, não são "forçadas a ser razoáveis"? Sobre dúvidas sobre a interpretação "externa" de *O liberalismo político*, ver também Gaus, 1996, pp. 288-292.
[6] * *"And we are here as on a darkling plain/ Swept with confused alarms of struggle and flight,/ Where ignorant armies clash by night"* [E aqui estamos, como numa planície sombria/ Varridos aos alarmes confusos da luta e fuga,/ Onde exércitos ignorantes se chocam à noite]. (N. T.)
[7] Rawls, 2005 [1993], p. 147.
[8] Ver *idem*, p. 154.
[9] Ver *idem*, pp. 54-58.
[10] "Conjectura" constitui para Rawls uma das formas de argumentação, diferente da razão pública, que ocorre no espaço público. Enquanto a razão pública visa a conclusões vinculantes a partir de premissas compartilhadas, argumentos conjecturais (como "declarações" e "testemunho") não pressupõem que as premissas sejam compartilhadas. Os argumentos conjecturais contribuem para fortalecer a razão pública na medida em que podem atrair mais cidadãos para participar de seu processo, mas isso é verdade, como nos lembra Rawls, apenas na medida em que são "sinceros e não manipuladores". Rawls, 1999, p. 156.
[11] Ver Ferrara, 1999, pp. 178-201, e 2008, pp. 42-61.
[12] Assim têm argumentado muitos tribunais, constitucionais e ordinários, em vários países, ao abordar a permissibilidade da exibição de símbolos religiosos em prédios públicos. Para os Estados Unidos, ver parecer 545 da Suprema Corte (2005), em County, Kentucky *et al.* vs União Americana das Liberdades Civis de Kentucky *et al.*
[13] Bellah, 19 abr. 1995, pp. 423-428.

14 *Idem*, p. 423.
15 *Idem*, p. 424.
16 *Idem*, p. 425.
17 *Idem*, p. 426.
18 Fingarette, "The Self in Transformation" [1963], em Bellah, 1995, p. 427. Ver também o argumento de Bellah para distinguir essa posição do relativismo e inseri-la em uma compreensão da normatividade ligada à identidade e sua realização exemplar em Bellah, 2011, pp. 604-605. Ao encerrar suas considerações, Bellah inclui entre os ensinamentos colhidos de sua investigação da era axial a percepção de que "o avanço teórico em cada caso axial levou à possibilidade de uma ética universal, a reafirmação da igualdade humana fundamental e a necessidade de respeito por todos os humanos, na verdade por todos os seres sencientes. E, no entanto, em cada caso, as afirmações vieram de comunidades vivas cujas práticas religiosas definiam quem eles eram e cujas histórias eram essenciais para suas identidades". *Idem*, p. 606.
19 *Idem*, p. 428.
20 *Idem, ibidem*.
21 *Idem, ibidem*.
22 Walzer, 1990, p. 510, e 2012, cap. 5, pp. 72-88.
23 Is. 49:6, KJV.
24 Walzer, 1990, p. 511. Is. 2,3.
25 *Idem*, p. 512.
26 Am. 9:7. Citado em *idem*, p. 513.
27 *Idem*, p. 514.
28 *Idem, ibidem*.
29 *Idem*, p. 515. Sobre o *status* de princípios e generalizações como extraindo sua normatividade de experiências históricas exemplares, ver Ferrara, 2008, pp. 34-41. Ver também Benhabib, 2006, pp. 45-50.
30 Walzer, 1990, p. 516.
31 Ver March, 2009.
32 *Idem*, p. 10.
33 *Idem*, p. 13.
34 *Idem*, p. 103.
35 *Idem*, pp. 166-167.
36 Ramadan, 1999, p. 150.
37 *Idem*, p. 127. Para todo o capítulo, pp. 103-133.
38 *Idem*, p. 136.
39 "Não é justiça virar o rosto para o Oriente ou para o Ocidente, justiça é cumprir os contratos que você faz." Alcorão, em March, 2009, p. 181.
40 Ver *idem*, pp. 185-186.
41 *Idem*, p. 141.
42 *Idem*, p. 142.
43 *Idem*, p. 148.
44 Ver *idem*, p. 151. "O cidadão muçulmano cuja única razão para se recusar a lutar é sua crença de que Deus não permitiu que ele morresse por esse motivo está se aproximando dos motivos tradicionais de recusa apresentados por quacres ou outros pacifistas cristãos." Nesse caso, sugere March, "podemos julgar que [o envolvimento ativo não combatente] representa uma doutrina compatível com o liberalismo político, mas cria uma doutrina híbrida cidadão-alienado", uma forma de expandir o liberalismo político próxima ao que será proposto no próximo capítulo sob o título de "política democrática multivariada".
45 *Idem*, p. 192.
46 Para um relato da interpretação de Taha, ver Mahmoud, "Mahmud Muhammad Taha's Second Message of Islam", em Cooper, Nettler & Mahmoud (ed.), 1998, pp. 105-128.

[47] Ver An-Na'im, 1990, e Khalil, 1992.
[48] Chamado de "o mufti global" por sua influência em um livro dedicado à exegese de seu pensamento –Gräf & Skovgaard (ed.), 2010 –, Al-Qaradawi é autor de mais de cem livros, entre os quais *The Lawful and the Prohibited in Islam*, de 1997.
[49] 10:99. Citado em March, 2009, p. 214.
[50] Citado em *idem*, p. 213.
[51] Sobre o confucionismo, ver Tan, 2004. Sobre o budismo, ver Sivaraksa, 1992. Sobre a tradição ortodoxa cristã, ver Stöckl, 2008. Mais sobre a aceitação do pluralismo em outras culturas religiosas será dito no cap. 5 deste volume.
[52] Para reflexão semelhante sobre os limites de um "liberalismo abrangente que é de alguma forma secreto ou inconsciente de sua concepção", ver a proposta de liberalismo político "de consciência" apresentada por Swaine, 2006, p. 149.
[53] Ver Rawls, 1999, pp. 1-128, e Walzer, 2004 [2000], pp. 171-191.

4

O *hiperpluralismo* e a polis *democrática multivariada*

Neste capítulo, aprofundaremos considerações já feitas sobre a transformação do pluralismo em pluralismo reflexivo, em resposta à percepção de que a democracia tem uma chance maior – quando comparada com o valor da autonomia individual – de um apelo genuinamente universal. Mas, e se argumentos conjecturais para endossar a tolerância e o pluralismo, ao fim, não convencerem os interlocutores? A essência da solução aqui proposta como expansão do liberalismo político é não sermos forçados a recorrer à opressão majoritária – mesmo uma maioria liberal pode exercer a tirania, e nenhuma maioria opressora deve ser absolvida da culpa de endossar alguma forma de liberalismo – nem a desistir de um consenso sobreposto, retrocedendo a um *modus vivendi*. Nós, democratas deliberativos, podemos responder a essa situação infeliz, mas bem plausível, defendendo uma transformação da política democrática, quando necessário, em uma política multivariada.

Vivemos em sociedades bem diferentes daquelas que a teoria liberal imaginava. São sociedades em que a imigração massiva de todas as regiões do mundo, o dinamismo intrínseco da sociedade civil e da esfera pública e a evolução religiosa criaram a condição de existência do termo "hiperpluralismo". Os grupos religiosos e étnicos estão sob a atenção do público, que resiste à integração deles na principal corrente da sociedade. França, Alemanha e, mais recentemente, Itália e Espanha mostram evidências desse fenômeno. Ao mesmo tempo, a cultura democrática dominante no longo prazo passou de ideais que meramente assimilam os fenômenos –

transformar imigrantes em membros da cultura hegemônica – para permitir uma integração mais flexível, com disposições multiculturais de escopo diverso. Isso é verdade, embora nos últimos tempos os primeiros-ministros de alguns desses países tenham dado sinais de pleitear a "morte do multiculturalismo" e um retorno a uma ênfase primitiva no comunal, isto é, no *mainstream*, na cultura e no simbólico.

No entanto, essa situação de certa forma nova deve levar a uma reflexão diferente no campo teórico da democracia. Se "integração" é entendida como "viver junto", na mesma política, como "livres e iguais", então ela nunca será um processo de mão única de adaptação de uma ou mais "minorias" à hegemonia cultural da maioria, sem se transformar em opressão. Além disso, a integração não pode ser apenas uma questão de disposições legais e sua relação com o Estado de direito existente. Pressupõe um quadro mais amplo para compreender a função e a legitimidade das ferramentas legais destinadas a acomodar a diversidade num âmbito democrático.

As considerações aqui apresentadas pretendem contribuir para a transformação do panorama do liberalismo político. Novamente, como afirmado no capítulo 3 sobre argumentos conjecturais para a aceitação do pluralismo dentro das tradições cristã, judaica e islâmica, o argumento começará de perto – neste caso – da estrutura da teoria liberal-democrática que forma a espinha dorsal das políticas ocidentais. Essa perspectiva pretende transmitir uma postura de humildade e se abster de qualquer atitude paternalista. Antes de afirmar o que seria melhor fazer ou não fazer, a tarefa da filosofia política deve ser oferecer uma reflexão crítica sobre o que nós – querendo dizer, com esse pronome, aqueles que já se identificam com a prática da democracia sustentada pelo espírito democrático – podemos fazer para alterar a visão recebida do liberalismo político em vista do *hiperpluralismo*. Não se trata de um desafio filosófico apenas. É também uma contribuição que a filosofia política oferece para evitar que o abismo entre as culturas políticas existentes e dominantes nas sociedades europeias e as culturas de imigrantes e residentes estrangeiros resulte em uma espiral de ressentimento de ambos os lados – um ressentimento dirigido contra os símbolos de uma diversidade que se recusa a fundir-se no *mainstream* (seja o xador que se revela tão ofensivo à sensibilidade republicana francesa, seja a visão dos imponentes minaretes na paisagem urbana suíça) e contra a pressão para assimilar hábitos da maioria. Uma das muitas maneiras de contribuir para esse objetivo é direcionar a imaginação político-filosófica para examinar criticamente uma das pressuposições ainda não examinadas que compartilhamos sobre o que um legítimo Estado de direito democrático faz.

4.1 - O QUE É HIPERPLURALISMO?

Minha análise parte de um terreno familiar – a noção de regime liberal-democrático como delineado por John Rawls em *O liberalismo político* – para, depois, mostrar em que aspecto o que chamo de "hiperpluralismo" representa um desafio para esse regime. *O liberalismo político* com frequência é apresentado – ainda mais por aqueles intérpretes de Rawls que tendem a ver nele uma perda de "força normativa", se comparado com *Uma teoria da justiça* – como um livro que investiga as condições para a estabilidade de um consenso em torno de uma política concepção de justiça. Alternativamente, outros intérpretes veem nele uma excessiva preocupação com a contenção e a domesticação da diferença sob a égide de uma normatização do consenso sobreposto. Nenhum desses dois grupos de intérpretes percebe o alto grau de idealização normativa ainda presente no livro nem, ao mesmo tempo, o elemento de contingência que Rawls associou à normatividade.

No primeiro parágrafo do capítulo "Ideias fundamentais", Rawls apresenta a observação de que "não há, atualmente, nenhum acordo sobre a forma como as instituições básicas de uma democracia constitucional devem ser organizadas".[1] A contestação diz respeito a "como os valores de liberdade e igualdade são melhor expressos nos direitos básicos e nas liberdades dos cidadãos" e, se queremos associar nomes às alternativas em disputa, continua Rawls,

> podemos pensar nesse desacordo como um conflito [...] entre a tradição associada a Locke, que dá maior peso ao que Constant chamou de "as liberdades dos modernos", liberdade de pensamento e consciência, certos direitos básicos da pessoa e de propriedade, e o Estado de direito, e a tradição associada a Rousseau, que dá maior peso ao que Constant chamou de "as liberdades dos antigos", as liberdades políticas iguais e os valores da vida pública.[2]

Com esse diagnóstico em mente, Rawls entende, então, sua própria proposta de concepção política de justiça – chamada "justiça como equidade" – como tentativa de "julgar entre essas tradições antagônicas", de reuni-las, de reconciliá-las sob dois princípios que podem "servir como diretrizes de como as instituições básicas devem realizar os valores de liberdade e igualdade".[3] Além disso, visa a constituir o núcleo de um consenso sobreposto que, por sua vez, é capaz de garantir a durabilidade de uma sociedade justa com cidadãos livres e iguais ao longo do tempo.

A idealização contida nessa construção reside no fato de que em pouquíssimos lugares do mundo encontra-se uma política em que essas duas concepções sejam abraçadas pela maioria dos cidadãos. O que Rawls chama de pluralismo *razoável* – a presença simultânea, no espaço público, de uma sociedade liberal-democrática, de uma pluralidade de concepções abrangentes *razoáveis* – parece basear-se, se analisarmos com atenção, em uma imagem altamente estereotipada, ainda mais quando seu trabalho seminal serve de inspiração em outras partes do mundo que não nos Estados Unidos. Nas sociedades em que vivemos, em particular na Europa, grandes parcelas da população aderem ao catolicismo romano, ao islamismo, ao cristianismo ortodoxo, ao marxismo, ao hinduísmo, ao confucionismo, mas é claro que tais religiões também estão presentes nos Estados Unidos, juntamente com o judaísmo ortodoxo e o fundamentalismo evangélico. A filiação religiosa não constitui em si e por si nenhum impedimento óbvio para abraçar as visões lockeana e rousseauniana, mas pode-se facilmente imaginar que, na origem de algumas dessas visões abrangentes, um ou outro fundamento constitucional básico – igualdade entre todos os cidadãos, igualdade de gênero, o cidadão como fonte autoautenticada de reivindicações válidas, liberdade de consciência, a consequente proibição da apostasia etc. – pode se tornar problemático, ao menos para alguns dos cidadãos mais tradicionais.

Essa é a condição geral para a qual sugiro o nome de "hiperpluralismo". Tal situação nos obriga a modificar a famosa pergunta inicial de Rawls em *O liberalismo político* nos seguintes termos:

> Como é possível existir, ao longo do tempo, uma sociedade justa e estável, com cidadãos livres e iguais, que permaneçam profundamente divididos por doutrinas religiosas, filosóficas e morais, algumas das quais razoáveis

e suscetíveis de dar origem a um consenso sobreposto e outras apenas parcialmente razoáveis, que exibem uma aceitação incompleta dos ônus do julgamento e não podem ser levadas a endossar todos dos fundamentos constitucionais?

Sem dúvida, não era intenção de Rawls explorar o potencial da "justiça como equidade" para constituir o ponto focal de um consenso sobreposto sob condições tão extremas, mas podemos nos inspirar em seu trabalho e expandir a estrutura do liberalismo político para investigar a noção de justiça em sociedades distintas daquela que ele considerava. Ao fazê-lo, no entanto, devemos ficar longe de uma solução fácil e depreciativa: de acordo com uma visão tão pessimista, sob o hiperpluralismo não há chance de um consenso sobreposto robusto o suficiente para sustentar e legitimar a estrutura básica e os fundamentos constitucionais; portanto, as únicas opções para tal sociedade são "estabilidade pelas razões erradas" ou apenas um *modus vivendi*. Acredito que a filosofia política de Rawls é rica o bastante para nos oferecer uma saída alternativa menos sombria.

A primeira opção a ser rejeitada – que chamei de "estabilidade pelas razões erradas" – é aquela em que o núcleo democrático-liberal da política em questão, ou seja, os cidadãos capazes de convergir para uma concepção política da justiça, basicamente impõe essa visão e os fundamentos constitucionais e a visão da estrutura básica nela contida ao resto dos cidadãos – pela força, pela ameaça do uso da força coercitiva da lei ou por meios como o desconhecimento sistemático da lei ou o desconhecimento sistemático de todas as alternativas culturais, ou propaganda, doutrinação e similares. Tal opção é pouco atraente em princípio, porque de imediato transforma a concepção "política para o *mainstream*" de justiça em uma concepção abrangente, quando se considera *toda a sociedade*; além disso, é claro, mobilizar a força coercitiva da lei a fim de afirmar uma concepção abrangente, mesmo que a substância de tal concepção seja algum tipo de liberalismo, é uma forma de opressão. Tal opção é também de eficácia duvidosa, pois a estabilidade pelas razões erradas logo se transforma em *instabilidade*, como testemunham inúmeros episódios de agitação, rebelião ou revolução por motivos religiosos.

A segunda opção a ser rejeitada é supor que, quando o hiperpluralismo impede a obtenção das condições pressupostas pelo modelo rawlsiano de sobreposição de consenso ou faz com que uma dessas condições satisfeitas não mais ocorra – ou seja, quando nenhuma maioria real dos cidadãos aceita os ônus de julgamento, o padrão de razoabilidade, ou confere prioridade aos valores políticos sobre os não políticos –, toda a política em questão está fadada a regredir, por assim dizer, a uma forma de integração do *modus vivendi*. A razão pela qual essa opção pode ser rejeitada é que não há argumento fornecido por Rawls, nem nenhuma necessidade conceitual decorrente de sua linha de raciocínio, para a suposição de que uma política deve evoluir de um estágio, digamos, de religião, luta e conflito para o estágio seguinte do *modus vivendi*, depois para um consenso constitucional e, então, para um consenso sobreposto. A impressão de que tal evolução homogênea é a norma pode ser efeito do caso histórico em cuja base Rawls construiu sua teoria: os Estados Unidos (e, até certo ponto, algumas sociedades europeias envolvidas em guerras religiosas no século XVII).

4.2 - Interpretações agonísticas do hiperpluralismo e seus limites

Todas as formas de liberalismo – em especial o liberalismo político – são projetadas com o propósito de lidar com a diversidade e gerar concepções de justiça, democracia e liberdade que não tomem a diversidade como obstáculo ao governo legítimo. No entanto, visões agonísticas e radicais da democracia – redigidas em termos republicanos, expressivistas ou pós-estruturalistas – trazem à tona o liberalismo por domesticar a diversidade, ou seja, por introduzir uma distinção dúbia entre "diversidade aceitável", que oferece ao liberalismo um caso de fachada para se apresentar como epítome da tolerância, e "diversidade indisciplinada", a ser contida e excluída em sã consciência. O liberalismo político de Rawls, segundo essa interpretação, não é exceção. Ele é acusado por agonistas de excluir preventivamente as instâncias problemáticas de diversidade e imunizar o consenso sobreposto sobre uma concepção política de justiça de sérios desafios por meio de sua distinção de "pluralismo razoável" e pluralismo como tal. Nesta seção, abordo essa crítica do liberalismo político antes de discutir, na próxima, a maneira adequada de acomodar o hiperpluralismo como fenômeno com implicações aparentemente semelhantes, mas, em última análise, capaz de ser tratado por um liberalismo político expandido. Nas palavras de um defensor do "pluralismo agonístico",

> há apenas uma multiplicidade de identidades sem denominador comum, e é impossível distinguir entre diferenças que existem, mas não deveriam existir, e diferenças que não existem, mas deveriam existir. O que esse pluralismo [liberal] perde é a dimensão do político. As relações de poder e antagonismo são apagadas, e ficamos com a típica ilusão liberal de um pluralismo sem antagonismo.[4]

Isso é verdade, segundo Chantal Mouffe, para todos os tipos de liberalismo, e o liberalismo político não está imune. Supõe-se que o pluralismo razoável, distinto do pluralismo como tal,

> assegura o caráter moral do consenso sobre a justiça que impede que se faça um compromisso com visões "irracionais"; isto é, aqueles que se oporiam aos princípios básicos da moralidade política. Mas, na verdade, permite que Rawls apresente como exigência moral o que é uma decisão política.[5]

Rawls, na reconstrução de Mouffe, usa sua noção de pessoa razoável (como ator dotado dos dois poderes morais e disposto a entrar em termos justos de cooperação com os outros) para excluir todas as concepções abrangentes; as concepções razoáveis, que serão admitidas a concorrer ao consenso sobreposto e ao "pluralismo legítimo", são aquelas endossadas por pessoas que, por serem razoáveis, já adotaram uma visão liberal. O argumento de Mouffe, então, passa por uma nova reviravolta. Depois de equiparar a pessoa razoável à pessoa liberal, ela afirma que são admitidos no espaço do pluralismo legítimo apenas aquelas concepções abrangentes que não questionam os princípios liberais.[6] Mouffe não questiona a substância dessa opção, mas sua "moralização". Em vez de reconhecer devidamente que se trata de uma decisão "política" – política no sentido do "político" ou como "parte da gramática de um regime liberal"[7]–, Rawls, que não tem lugar em sua teoria para o papel constitutivo do "político", esconde essa seletividade contingente e "infundada" sob um verniz de universalismo moral, como se a exclusão de doutrinas e pessoas irracionais fosse mandatada por alguma intuição moral externa à política. Efetua-se, assim, o milagre, para "negar o fato de que, como qualquer outro regime, a democracia pluralista moderna constitui um sistema de relações de poder e para tornar ilegítima a contestação democrática dessas formas de poder"; no fim, portanto, o liberalismo, inclusive o liberalismo político, consegue excluir seus adversários da arena enquanto continua a aparecer como se estivesse em terreno neutro.[8]

Além desse lado crítico, a visão agonística da democracia defendida por Mouffe vale-se do pós-estruturalismo e da ideia de diferença – "a diferença como condição para constituir unidade e totalidade ao mesmo tempo que fornece seus limites essenciais". A alteridade baseada na diferença "não pode ser eliminada", "torna-se irredutível" e nos leva a abandonar o sonho de sua completa "reabsorção na unidade e na harmonia". A democracia plural agonística, na visão de Mouffe, "rejeita a própria possibilidade de uma esfera pública não exclusiva de argumentação racional em que um consenso não coercitivo seria alcançado" para "proteger a democracia pluralista contra qualquer tentativa de fechamento" e, assim, garantir que "a dinâmica do processo democrático seja mantida viva".[9]

Três falhas afetam a crítica agonística de Mouffe a Rawls. Primeiro, ela iguala pessoas razoáveis a liberais e, com base nisso, acusa Rawls de embaralhar as cartas como lhe convém: razoáveis – e, como tal, admitidas ao consenso sobreposto – são apenas aquelas doutrinas, endossadas por pessoas razoáveis, que já são liberais. Nenhuma passagem de *O liberalismo político*, no entanto, permite ao leitor inferir que a razoabilidade é uma virtude apenas de pessoas inclinadas ao liberalismo. Os ingredientes da razoabilidade são a aceitação dos ônus do julgamento e a disposição a uma cooperação com os outros "em termos que *todos* possam aceitar",[10] duas qualidades que pessoas com todas as concepções abrangentes, religiosas e seculares, podem abraçar. Se a "humildade epistêmica" e uma disposição para a reciprocidade fossem possíveis apenas para quem se move dentro do círculo do liberalismo, todo o objetivo de passar das versões abrangentes do liberalismo (Kant, Mill, Constant) ao liberalismo político iria se tornar obscuro. Se há uma prestidigitação argumentativa em curso, Mouffe faz isso ao restringir indevidamente a frase rawlsiana "em termos que todos podem aceitar" para "em termos que todos e somente aqueles que já são liberais podem aceitar".

Em segundo lugar, a ideia de "moralização" da exclusão do irracional do consenso sobreposto – como se tal exclusão fosse mandatada por uma intuição moral externa à política – vai contra a distinção, traçada por Rawls, entre construtivismo moral e político e de sua ideia de autonomizar a política de posições "metafísicas".

Terceiro, ao rejeitar "a própria possibilidade de uma esfera pública não exclusiva de argumentação racional na qual um consenso não coercitivo poderia ser alcançado", presumivelmente porque tal projeto incluiria um anseio por "unicidade" e reconciliação, Mouffe perde a oportunidade de diferenciar formas coercitivas e não coercitivas de ordem política e, consequentemente, fica sem chance de identificar qualquer ponto de apoio para uma crítica sobre práticas e vocabulários políticos hegemônicos existentes e padrões existentes de exclusão, que se apoiam na justificativa de ser algo que não uma forma – possivelmente ainda mais opressiva – de hegemonia.

Quando consideramos o agonismo de William Connolly, encontramos uma tonalidade voltada ao enriquecimento do liberalismo político, não a descartá-lo como mais uma reinstauração de fechamento. Connolly clama por um novo tipo de liberalismo agonístico "que se baseie em uma gama de fontes além daquelas mais familiares na filosofia anglo-americana". Esse liberalismo "será exploratório em suas práticas e compensará o declínio na orientação fornecida por suas concepções recebidas de argumento, princípio, tolerância e contrato com o cultivo de nobres e presumíveis sensibilidades generosas".[11] Essa mudança de perspectiva levará a uma formação rizomática, na qual várias minorias carregam dificuldades e orientações contingentes para a construção de uma estrutura institucional compartilhada e práticas de governança, em vez de orbitar um mesmo núcleo de fundamentos constitucionais.[12]

Da mesma forma, no agonismo constitucional de James Tully encontramos um equilíbrio entre a diferença e a normatividade consensual. A liberdade política participa de ambos. Com base em Arendt, Wittgenstein, Foucault e Skinner, Tully argumenta que, se

> Foucault, Wittgenstein e Skinner estão certos em acreditar que nenhum jogo é completamente circunscrito por regras, se é sempre possível prosseguir de forma diferente, se um consenso sobre as regras tem um elemento de "não consensualidade", então um aspecto importante da concreta liberdade humana reside em "testar" as regras e as supostas metarregras do jogo atual, garantindo que elas estejam abertas a questionamentos e desafios

com o mínimo de rigidez ou dominação possível e experimentando suas modificações na prática, para que os humanos sejam capazes de pensar e agir de forma diferente.[13]

Esse elemento de "não consensualidade" inerente à liberdade democrática se reflete na forma como a cidadania deve ser entendida. Novamente, tanto o momento da normatividade quanto a crítica ou a resistência são necessários. Ingredientes como direitos e deveres iguais, princípios fundamentais de justiça, os "fundamentos constitucionais" de Rawls, procedimentos compartilhados de validação de reivindicações e autorizações políticas, um senso de identidade política ou do "nós" somos, de acordo com a versão de agonismo de Tully, não devem ser negligenciados, mas complementados. Em um movimento devedor de Arendt, no qual se percebe um eco da distinção de *langue* e *parole* de Saussure, Tully chama esses elementos de

> o "quadro elaborado", não a atividade, da cidadania, de ser um povo livre. Concentrar-se neles é confundir o cenário com a peça. Mais importante, os cidadãos (e os teóricos) discordam sobre eles. Eles estão sempre abertos a questionamentos, desacordos, contestações, deliberações, negociações e mudanças no curso da participação cidadã, desde a discussão de um estatuto municipal até a revolução. Princípios, direitos, bens e identidades são, portanto, constituintes da "estrutura", em um sentido especial. A política é um jogo cuja estrutura – as regras – pode ser deliberada e alterada no decorrer da partida. A qualquer momento, alguns constituintes são mantidos firmes e fornecem o terreno para questionar outros, mas variam os elementos que constituem o "fundo" compartilhado suficiente para a política emergir e os que constituem o "primeiro plano" disputado. Não há distinção entre os dois que fique fora do jogo, inquestionável para todos os tempos. Consequentemente, o que os cidadãos compartilham é nada mais nada menos que estar nos diálogos sobre como e por quem o poder é exercido, os quais ocorrem tanto dentro como sobre as regras dos diálogos.[14]

Lembrei-me da distinção saussuriana de *langue* e *parole* para dar sentido à variedade de agonismo de Tully porque ajuda a entender a forte complementaridade de normatividade e contestação ou crítica, a qual, de alguma forma, é obscurecida em formas de agonismo – exemplificadas por Mouffe – que tendem a denunciar a normatividade como intrinsecamente ilusória e mascarada de relações de poder. A *parole* não existiria sem a normatividade da *langue*, mas a *langue* não pode extrair sua dimensão normativa de outra fonte que não a *parole*. Mais uma vez, nas palavras de Tully,

> o acordo, quando ocorre, sempre é, até certo ponto, não consensual. Na melhor das hipóteses, indivíduos e grupos livres estabelecem certo consenso provisório sobreposto como resultado de um diálogo crítico dentro e sobre o campo espaço-temporal do poder e das normas em que se encontram. Mas, por várias razões, o melhor dos acordos permanece potencialmente aberto a discordâncias e dissidências razoáveis.[15]

Para antecipar um ponto do capítulo 8, a normatividade do "melhor dos acordos" sobre direitos e outros fundamentos constitucionais não precisa receber *status* mais essencialista que aquele das peças do navio que não estão sendo movidas em nossa reconstrução em andamento no mar. A observação de Tully, no entanto, destaca e nos oferece a possibilidade de corrigir um ponto cego da visão de Rawls sobre consenso sobreposto. A transição de um *modus vivendi* para um consenso constitucional, quando os cidadãos compartilham certa compreensão dos direitos, mas discutem sobre a aplicação e as implicações desses direitos, para um consenso sobreposto, quando presumivelmente existe amplo acordo sobre as implicações práticas de direitos e da concepção política de justiça, parece ser linear e unidirecional. O que é controverso em diferentes concepções abrangentes pode, em certa conjuntura – com todos os elementos de contingência histórica associados a tal processo –, tornar-se "político" por meio do trabalho da razão pública e da construção de confiança de um debate democrático sob a égide do princípio da civilidade. Mas permanece bastante obscuro, em *O liberalismo político*, como disposições constitucionais, valores e orientações públicas, bem como interpretações de direitos que antes eram "políticos" e, portanto, parte integrante do consenso sobreposto, podem, ao longo do tempo, cruzar a fronteira em sentido contrário e voltar a ser controversos. Encontra-se um sintoma dessa visão linear no argumento de Rawls a favor do "entrincheiramento estrutural", com base em uma visão progressista da expansão dos direitos. Nesse ponto cego, detecta-se um reflexo residual da visão iluminista da cumulatividade do conhecimento e da história como progresso, na obra de um filósofo político que certamente se empenhou em distanciar sua filosofia política normativa dos elementos ideológicos do Iluminismo.[16]

Esse resíduo da visão cumulativa do Iluminismo sobre história, conhecimento e progresso moral também pode ser visto em ação na concepção de Rawls de "entrincheiramento estrutural". No capítulo dedicado à "Ideia de razão pública", ele discute "se uma emenda para revogar a Primeira Emenda e tornar uma religião a religião do Estado com todas as consequências disso ou revogar a Décima Quarta Emenda com sua igual proteção às leis deve ser validada pela corte".[17] Sua resposta é negativa: a Primeira Emenda está entre os fundamentos constitucionais "estruturalmente arraigados". Revelar, no entanto, é o argumento de apoio. Partindo da premissa de que "uma emenda não é meramente uma mudança", Rawls observa que as emendas que fazem parte da Constituição dos Estados Unidos podem ser agrupadas em duas grandes classes: 1) emendas cujo objetivo é "ajustar valores constitucionais básicos à mudança das circunstâncias políticas e sociais ou incorporar na Constituição uma compreensão mais ampla e inclusiva desses valores"; 2) emendas de valor funcional, cujo objetivo é "adaptar as instituições básicas para remover as fraquezas que vêm à luz na prática constitucional subsequente".[18] Deixando de lado as emendas "tipo 2", irrelevantes aqui, Rawls chama atenção para o fato de que historicamente as emendas "tipo 1" – incluindo as três relacionadas à guerra civil, a Décima Nona Emenda, que concede o direito de voto às mulheres, e a malfadada Emenda de Direitos Iguais da década de 1970 – foram todas destinadas a fazer "a Constituição mais de acordo com sua promessa original". A Suprema Corte deve, então, rejeitar a emenda formalmente aprovada que estabelece a inconstitucionalidade da religião, pois os direitos (no caso, a liberdade religiosa) "estão entrincheirados no sentido de serem *validados por longa prática histórica*", prática que faz da sua hipotética revogação de acordo com procedimentos uma "ruptura constitucional, ou revolução no sentido próprio, uma emenda não válida da constituição".[19] A sentença subsequente e conclusiva evidencia os aspectos problemáticos dessa defesa do entrincheiramento estrutural: "A prática bem-sucedida de suas ideias e dos princípios [da Constituição] ao longo de dois séculos impõe [sic] restrições ao que agora pode contar como emenda, *independentemente do que fosse verdade no início*".[20] Muitos problemas são levantados por essa defesa do entrincheiramento estrutural. Primeiro, quanto tempo é suficiente? Como entender a linha temporal que divide uma prática constitucional consolidada, que impõe restrições legítimas a emendas capazes derrubar o espírito de uma constituição, de uma prática constitucional florescente em que uma multiplicidade de opções ainda é equipossível? Em segundo lugar, a própria "promessa original" da Constituição poderia ser um conceito contestado, dando origem a uma pluralidade de formas legítimas e razoáveis de entender o que contribui para ela e o que a prejudica. Terceiro, em que sentido a estratégia de justificar o entrincheiramento com base em uma filosofia da história de orientação vetorial, com sua dimensão concomitante de progresso ou regressão substantiva, é consistente com o projeto de um liberalismo não perfeccionista, *político*?[21]

Por fim, passando a posições ainda mais simpáticas à ideia de renovar o liberalismo político de Rawls na direção de um "liberalismo agonístico", Ed Wingenbach sugere que o liberalismo agonístico é possível e "situa-se explicitamente dentro das formas institucionais existentes, não fora delas". Teóricos agonistas como ele "propõem não uma revolução, mas uma reforma, pedindo que os recursos democráticos existentes sejam fortalecidos; os valores democráticos, reinterpretados; e as estruturas hegemônicas, expostas e contestadas". Na medida em que seu liberalismo agonístico "é transformador, é transformador de dentro do horizonte da política da qual emerge".[22] Segundo Wingenbach,

> afirmar que o liberalismo em sua variante rawlsiana representa o melhor caminho para o agonismo não é uma capitulação às narrativas do liberalismo e suas inevitáveis injustiças nem um endosso do conservadorismo castigado sobre a mudança social. É reconhecer que a política transformadora começa com a política existente e que uma estratégia eficaz deve identificar as estruturas mais receptivas a esse projeto.[23]

Quando passamos dessas afirmações gerais sobre liberalismo e agonismo para uma proposta concreta de renovação do projeto rawlsiano, porém, encontramos pouco mais que a sugestão de que "a concepção política [de justiça] também pode ser entendida como *modus vivendi*, sujeita ao debate quando invocada para resolver o conflito".[24] Conectado a essa visão de que o *modus vivendi* é tudo o que podemos esperar, na versão de agonismo de Wingenbach encontramos a ideia de que "nenhuma instituição democrática pode reivindicar legitimidade substantiva para seu uso do poder" e, como consequência, "qualquer ato de governo é um ato de identidade ou interesse particular agindo sobre (não implementando) o coletivo"; a estrutura institucional geral desse liberalismo agonístico se assemelha à poliarquia de Dahl, na qual "as minorias governam e a liberdade é preservada assegurando que nenhuma minoria venha a dominar em nome de uma sociedade com identidade popular[25] ficcionalizada".

Enquanto parece surgir uma tensão entre essa interpretação da poliarquia de Dahl combinada com o chamado governo da minoria, por um lado, e a visão mais deliberativa de Rawls do fórum público democrático-liberal, por outro, a "institucionalização" do agonismo reivindicado por Wingenbach, no fim, resume-se a uma reconsideração da ideia de sobreposição de consenso e da "estabilidade pelas razões certas". Tal reconsideração assume a forma de uma extensão da contestação e do conflito admissíveis também para a área central dos "princípios básicos", ou seja, a concepção política de justiça. Teóricos agonistas, de acordo com Wingenbach, veem o conflito sobre princípios básicos não como um risco para a democracia, mas como "a expressão fundamental da ordem democrática". Conforme o argumento,

> se o liberalismo político pode ser interpretado para acomodar essa contestação mais extensa, pode fornecer uma estrutura valiosa dentro da qual um *éthos* agonístico pode operar. [...] Estender os limites do conflito para incluir a contestação da interpretação de valores compartilhados e relaxar a suposição de que o pluralismo é sempre razoável não prejudica a contextualização do liberalismo que Rawls buscava; eles simplesmente tornam sua estabilidade em longo prazo menos certa.[26]

Por mais sugestiva que essa versão de agonismo favorável ao liberalismo pareça à primeira vista, em uma análise mais detalhada surgem várias dificuldades não resolvidas. Primeiro, não está claro o que a expressão "conflito sobre princípios básicos" significa. Poderia ser tomada como equivalente a "contestação da interpretação" de certos valores políticos – por exemplo, uma contestação do que o ideal de tolerância realmente nos ordena a tolerar, diferentes versões do "dever de civilidade", uma visão de razoabilidade diferentemente matizada; nesse caso, estaria dentro dos limites da versão de Rawls do liberalismo político. Alternativamente, "conflito sobre princípios básicos" pode significar uma contestação sobre a aplicação de qualquer um dos dois princípios de justiça como equidade à configuração política em questão, com prováveis repercussões severas no consenso sobre os fundamentos constitucionais. Além disso, "conflito sobre princípios básicos" poderia significar uma discordância generalizada sobre a substância dos dois princípios de justiça ou sobre qualquer outra concepção supostamente política de justiça, com o consequente desaparecimento de todas as perspectivas de superação do conflito na direção de uma cooperação justa de cidadãos livres e iguais. Não está claro qual é a alegação de Wingenbach.

Outro problema com a proposta de Wingenbach para reconciliar o agonismo e o liberalismo político é a falha em distinguir casos em que cidadãos que abraçam concepções abrangentes rivais extraem de sua discordância sobre a aplicação de princípios básicos e fundamentos constitucionais a motivação para se opor ativa e publicamente e se recusar a obedecer aos princípios rejeitados e às políticas que os implementam a partir dos casos em que, por sua vez, os cidadãos dissidentes cumprem princípios e políticas rejeitados. Consequências completamente diferentes seguem para a estabilidade de uma ordem democrática dessas duas dificuldades.

Por fim, a revisitação de Wingenbach, assim como a de outros autores citados, do liberalismo político a partir de uma perspectiva agonística continua a operar sob o feitiço de uma suposição não examinada (e injustificada) – a saber, a ideia de que consenso e *modus vivendi* sobrepostos são concorrentes, mutuamente exclusivos, modos holísticos da estabilidade de uma política liberal-democrática. Em vez disso, o questionamento dessa suposição está no centro de minha sugestão para repensar o liberalismo político a fim de melhor equipá-lo para enfrentar o desafio do hiperpluralismo. Essa proposta de renovação do liberalismo político é abordada na seção final deste capítulo.

4.3 - Estratégias "*passe-partout* conjectural" e de "posição original" para abordar o hiperpluralismo

O "fato do hiperpluralismo", definido como a presença no terreno de diferenças culturais que ultrapassam o leque de tradições que Rawls procurou reconciliar em *O liberalismo político* e de concepções abrangentes que são apenas parcialmente razoáveis, exibindo uma aceitação parcial do ônus do julgamento ou fazendo seus adeptos endossarem um subconjunto dos fundamentos constitucionais, é o ponto de partida de alguns de meus próprios esforços de agonista e de repensar o liberalismo político. A diferença entre essas duas abordagens repousa, em parte, em uma questão de ênfase e urgência teórica percebida e, em parte, no questionamento da suposição implícita já mencionada.

A questão de ênfase se resume à urgência percebida, por parte dos agonistas, de salvaguardar espaços de dissensão sempre em risco em uma política que tem como premissa a homogeneidade que o poder e as elites tendem a produzir; e, na urgência oposta, percebida por democratas liberais, de abordar e possivelmente conciliar diferenças que, em uma sociedade complexa e culturalmente pluralista, tendem a comprometer qualquer consenso que o processo democrático possa, com dificuldade e esforço, alcançar. Da perspectiva agonística, a coesão é tida como certa, e a diferença precisa de proteção ativa. Da perspectiva aqui defendida, que julgo mais próxima do espírito do empreendimento rawlsiano, é a coesão da política que precisa ser atendida diante das forças centrífugas sempre presentes.

Com o objetivo de reconfigurar um liberalismo político que permaneça fiel à – em vez de desprezar a – distinção entre o exercício legítimo e arbitrário do poder político, é crucial responder ao desafio do hiperpluralismo construindo uma convergência que pode ter sucesso onde a razão pública talvez nos deixe em um atoleiro de dificuldades ou pode ficar ociosa inconclusivamente. A razão pública cria conclusões razoáveis, ou razoavelmente não rejeitáveis, de premissas compartilhadas. Não surpreende, então, que, sob o hiperpluralismo, a razão pública muitas vezes fique ociosa, em total impotência, por falta de "premissas compartilhadas". Simplesmente não alcança aqueles cidadãos cujas concepções abrangentes, por sua relevância no discurso público ou por seu grande número de adeptos, deveriam ser incluídas no consenso sobreposto, ou, se o fizer, a razão pública pode alcançá-los com premissas tão abstratas e tênues que não geram resultados relevantes. Como vimos no capítulo 3, a próxima melhor solução é recorrer ao *raciocínio conjectural*, explicitamente reconhecido por Rawls como forma aceitável de discurso público, junto com "declarar" e "testemunhar".

Enquanto no capítulo anterior esbocei como esse modo de proceder conjectural poderia funcionar para o caso específico de aceitar o pluralismo, o padrão de razoabilidade e os ônus do julgamento, ao abordarmos a condição de hiperpluralismo do ponto de vista da geração de critérios comuns de legitimidade, o argumento deve ser ampliado. De fato, ao usarmos argumentos conjecturais, não argumentos da razão pública, não nos afastamos – como os agonistas criticam o liberalismo político de fazer –, mas engajamos diretamente a concepção abrangente de nosso interlocutor. Já esboçamos como um argumento conjectural para a aceitação do pluralismo e os ônus do julgamento correria do ponto de vista da tradição cristã, judaica e islâmica.[27] A estratégia conjectural ali defendida pertence a uma família de tentativas recentes de repensar o modelo d'*O liberalismo político* de maneira que, diferentemente das posições agonísticas discutidas, permaneça fiel à distinção entre exercício legítimo e exercício arbitrário do poder e simplesmente tente fazer tal distinção aplicável a contextos em que a maioria dos cidadãos não subscreve valores políticos ou em que a área de sobreposição entre as muitas concepções concorrentes do bem é muito pequena para sustentar um consenso sobreposto viável acerca de fundamentos constitucionais suficientes.

A estratégia conjectural visa a uma concepção abrangente de cada vez e é projetada para explorar todos os recursos hermenêuticos de uma concepção abrangente religiosa (ou secular, nesse caso), que, óbvio, nunca é apenas de uma mente. Idealmente deveria haver formas de argumentos conjecturais dirigidos a crentes católicos, judeus, muçulmanos, budistas, confucionistas, hindus, taoístas. Cada argumento conjectural deve, então, diferenciar-se em linhas específicas que abordam os principais blocos de construção da ordem liberal-democrática. Enquanto no capítulo 3 examinamos conjecturas em apoio à aceitação do pluralismo, mais conjecturas são necessárias para justificar o valor do Estado de direito e a igualdade dos cidadãos em linhas religiosas, étnicas e de gênero para justificar os direitos ou suas funções funcionais equivalentes, a ideia do devido processo legal, e assim por diante.

Nesse sentido, o uso de argumentos conjecturais sugeridos no capítulo 3 e neste faz parte de uma estratégia diferente não apenas daquela perseguida pelos agonistas simpatizantes do liberalismo político, mas também da interessante tentativa desenvolvida por Lucas Swaine em *The Liberal Conscience* [A consciência liberal]. Swaine parte de um diagnóstico das deficiências do liberalismo contemporâneo que gira em torno do desafio do hiperpluralismo. As visões liberais dirigem-se principalmente àqueles que já estão convencidos e, em geral, falham em conquistar eleitores que se identificam com a direita religiosa e a maioria dos crentes de mentalidade ortodoxa de muitas das religiões do mundo – e falham nisso porque, apesar da época, marcando o distanciamento rawlsiano do eu atomista, o liberalismo não mostra como as visões não individualistas e de mentalidade comunitária do tecido social, com ênfase nos deveres sobre os direitos, na mediação sobre o litígio, na tradição sobre a inovação, podem ter razão para juntar-se ao discurso da razão pública.[28]

A solução defendida por Swaine, no entanto, em vez de visar à resistência ao pluralismo enraizado em fontes culturais específicas, vai no sentido de elaborar um único e mesmo argumento mestre para uma categoria geralmente construída dos "teocratas", isto é, não liberais de mente religiosa de todas as denominações. A estratégia dele é cavar conceitualmente até o alicerce de todas as crenças religiosas e identificar "três princípios normativos da liberdade de consciência", em última análise irrefutáveis, independentemente do ponto de partida hermenêutico: 1) *o princípio da rejeição*, no sentido de que "a consciência deve ser livre para rejeitar doutrinas religiosas menores e concepções do bem"; 2) *o princípio da afirmação*, no sentido de que "a consciência deve ser livre para aceitar o bem"; e 3) *o princípio da distinção*, no sentido de que "a consciência deve ser livre para distinguir entre boas e más doutrinas e concepções do bem".[29] Como um elemento de conjectura permanece, embora embutido na tentativa de encontrar um argumento mestre genérico válido para todas as concepções religiosas abrangentes, chamo a abordagem de Swaine de *passe-partout* conjectural. Não me parece plausível, no entanto, que um argumento que carece de especificidade se mostre mais convincente que um formulado em seu próprio vocabulário compartilhado para o cidadão religioso que se encontra em uma densa rede de relações, às vezes hierarquizada, com seus correligionários, imerso na tradição e nas memórias dessa congregação e que muitas vezes desconfia de um mundo público externo percebido como o lócus de formas de razão insensíveis a seus valores.

Isso não quer dizer que tentativas como as de Swaine sejam inúteis: elas certamente podem lançar luz sobre o "fundo da razão pública" e corrigir a impressão tendenciosa, em muitos círculos atribuída ao relato original rawlsiano, de que a razão pública só funciona em contexto democrático. Sob certa leitura, a razão pública certamente equivale a ser o órgão de deliberação no fórum público de uma *polis* democrática, mas, em sentido mais amplo, entende-se a razão pública – de acordo com a noção aristotélica de uma argumentação dialética procedente da *endoxa*, ou da verdade compartilhada – como a forma de razão que em *todos os contextos* nos permite coordenar ações, abordar divergências, construir consensos justificados e tomar decisões vinculativas em divisões profundas e persistentes. Explorar as profundezas normativas, onde a razão pública atravessa concepções ou formas de consciência liberais e não liberais, certamente ajuda a lidar com o hiperpluralismo. Contudo, se as verdades gerais sobre os requisitos da liberdade de consciência de fato levam alguém do campo "teocrático" a cruzar a linha e se juntar às fileiras dos "pluralistas razoáveis"... essa é outra questão.

Inspiração semelhante sustenta a proposta original de Mark Rosen de ampliar a abrangência do liberalismo político de Rawls para adaptá-lo a uma condição de hiperpluralismo.[30] Além disso, Rosen se preocupa com "grupos religiosos perfeccionistas" que sofreriam exclusão por abraçar visões densas e religiosamente fundamentadas de quem os impede de abraçar a "concepção política da pessoa" rawlsiana e, consequentemente, os desqualifica para participar da posição original. A estratégia de Rosen para repensar o liberalismo político não gira em torno de conjecturas e, portanto, do padrão de razoabilidade, mas sim, do próprio núcleo normativo da justiça como equidade. Em viés mais crítico que o de "conjecturalistas" como Swaine, March ou eu, ele afirma que a exclusão dos perfeccionistas da posição original é normativamente infundada e pode ser explicada apenas pela tentativa de Rawls de fazer um caso plausível para o apoio unânime dos dois princípios. De fato, como ele mesmo admite, subjacente a sua posição original reformada e mais inclusiva, está a suposição de que os participantes, mesmo que o véu da ignorância os impeça de saber se na sociedade futura adotarão uma concepção perfeccionista ou não perfeccionista da pessoa, ainda "achariam justo criar uma estrutura política básica consistente com o primeiro princípio de justiça de Rawls".[31] A base para tal afirmação é que criar uma estrutura básica que apenas não perfeccionistas tenham a oportunidade de "autoatualizar de acordo com seus pontos de vista, mas que não oferece a mesma oportunidade aos perfeccionistas, na medida em que isso é possível, violam o primeiro princípio de justiça".[32] A expressão "na medida em que isso é possível" é crucial, e Rosen propõe uma distinção entre perfeccionistas que podem ser acomodados e perfeccionistas que ainda não podem, mesmo dentro do modelo mais inclusivo. O requisito de inclusão abarca "ter uma disposição pacífica", por parte dos perfeccionistas, em relação a concidadãos não perfeccionistas e conceder aos integrantes do grupo um "direito de *cair fora*" "significativo e real, não meramente teórico".[33] Isso deixa como candidatos à inclusão na política liberal--democrática apenas aqueles "perfeccionistas localistas", como Rosen os chama, que desistem de forçar outros a se juntarem a suas fileiras e, em vez disso, optam por um isolamento voluntário ou pretendem exercer influência sobre outros ou na sociedade mais ampla apenas dando exemplo.

Mais uma vez, também a estratégia "não específica da cultura" de Rosen centrada em uma modificação da posição original vai até certo ponto no sentido de repensar o liberalismo em uma direção mais inclusiva, mas, suspeito, o rearranjo das credenciais para participar da posição original não é provável para impressionar os destinatários da reforma – os perfeccionistas de mentalidade religiosa – e convencê-los a abraçar os fundamentos de uma política liberal-democrática.

As propostas de Swaine e Rosen, no entanto, contêm, em minha opinião, um *insight* que adquire toda a importância no estágio da argumentação, quando temos que considerar as alternativas deixadas em aberto por um possível fracasso da estratégia conjectural ou da estratégia de posição original. Ambos defendem um arranjo multijurisdicional que acomode sub-unidades da política que funcionam de acordo com princípios mais diversos que qualquer versão padrão do liberalismo, incluindo o liberalismo político, permitiria até agora.[34] Na próxima seção, elaborarei esse *insight* e oferecerei um relato de como o liberalismo político poderia enfrentar o desafio do hiperpluralismo livrando-se de suposições injustificadas, muitas vezes lidas com ele por seus críticos agonísticos e conjecturalistas, bem como por seus críticos mais adeptos do senso comum – movimento que se mostra promissor principalmente quando os argumentos conjecturais falham (ocorrência bem no campo do possível), e desejamos responder a essa falha com recursos conceituais alinhados, que não estejam em desacordo com um princípio reformulado de legitimidade liberal.

4.4 - Uma suposição desnecessária, o ensino do direito dos povos e a *polis* democrática multivariada

A proposta a seguir, de reconfigurar o liberalismo político, é projetada para acomodar o hiperpluralismo quando a resposta que acabei de descrever – complementando a razão pública com uma reflexão mais elaborada de uso, estrutura, *design* e ética dos discursos conjecturais – não gera resultado positivo. Se não apenas a razão pública falhar, mas também os argumentos conjecturais, se uma sociedade liberal-democrática ao longo do tempo tiver uma maioria de minorias abraçando concepções abrangentes que se sobrepõem apenas em parte a certos fundamentos constitucionais, mas não a todos os fundamentos constitucionais da mesma forma, seremos lançados de volta à sombria alternativa de endossar o que pode equivaler à "opressão liberal" de algumas das minorias, com o padrão resultante de ressentimento duplo entre os grupos dominantes e dominados, ou fazer toda a política regredir a um padrão *modus vivendi* de integração política?

Acho que a única razão pela qual parecemos presos a essa alternativa desconfortável é uma espécie de cãibra mental – uma espécie de pressuposição não escrutinada e de fato sem suporte que parecemos ler implícita, mas desnecessariamente, em *O liberalismo político* de Rawls. Nem os críticos agonistas do liberalismo político que sugerem estender a contestação esperada aos princípios básicos, nem os liberais políticos que abordam o hiperpluralismo em termos de *passe-partout* conjecturalismo perceberam essa suposição desnecessária que eles consideram natural.[35] Lemos irrefletidamente o argumento de Rawls em seu livro como se partisse do pressuposto de que uma política se move de forma homogênea e como um todo por uma sequência predeterminada de estágios: do conflito (principalmente religioso) ao *modus vivendi*, do *modus vivendi* ao consenso constitucional e, finalmente, ao consenso sobreposto.

Para compreender a dispensabilidade dessa suposição implícita e as novas possibilidades que se abrem para o liberalismo político, uma vez que libertamos de seu feitiço nossa compreensão de um regime democrático liberal legítimo, precisamos deixar de lado por um momento *O liberalismo político* e considerar *O direito dos povos*. Poderíamos, assim, nos inspirar em uma imagem completamente diferente.

Consideremos "o mundo" enquanto entidade política, como entende Rawls. Para ele o mundo como objeto político é constituído por um número finito de povos, entendidos como *demoi*, não *ethnoi* – digamos, 193. Desses 193 povos, dois grupos – o dos liberais e o dos povos decentes – constituem presumivelmente a maioria e, juntos, podem dar origem a uma sociedade de povos em que as relações entre estes são orientadas por oito princípios destinados a capturar uma ideia normativa de justiça nas relações internacionais.[36]

Os povos, ou *demoi*, da sociedade dos povos, no entanto, não esgotam a totalidade dos povos do planeta e devem relacionar-se individual e conjuntamente com três outros tipos de povos: aqueles governados por déspotas benevolentes, as sociedades sobrecarregadas por condições desfavoráveis e os Estados fora da lei.[37] De que forma os povos da sociedade dos povos se relacionam com esses outros? Rawls não escreve palavra sobre essa questão. Só podemos pressupor. Em todo caso, fica em aberto se a relação entre o grupo composto de povos reunidos na sociedade dos povos e esses outros três grupos deve ser entendida em termos de um estado de natureza, de um estado de natureza mitigado por uma proibição na agressão ou de uma espécie de *modus vivendi*. O mais plausível seria dizer que faz sentido conceber tal relação como um *modus vivendi* no que diz respeito a sociedades sobrecarregadas e povos governados por déspotas benevolentes e como um estado de natureza (mitigado pela proibição de guerras agressivas e, consequentemente, também em ataques preventivos) no que diz respeito às relações entre os povos incluídos na sociedade dos povos e os Estados fora da lei.

O que parece não estar em aberto é que, para Rawls, o mundo enquanto entidade política não exibe uma estrutura unitária, mas *multivariada*: a maior parte dele é composta de povos que se relacionam por princípios de justiça uns com os outros, outra parte é composta pelos mesmos povos que se relacionam com outros tipos de povos em uma mistura de considerações de justiça e de prudência sobre o uso da força, sem mencionar o fato de que também os três tipos de povos não incluídos na sociedade dos povos interagem uns com os outros em alguma base ainda a ser determinada.

Além disso, os povos liberal-democráticos e decentes incluídos na sociedade dos povos constroem uma relação entre si que certamente não pode ser entendida como *modus vivendi*. Em vez disso, eles se relacionam com base em uma ideia de justiça que deve ser *mais limitada* que a concepção política plena de justiça no centro das políticas liberal-democráticas: de fato, tal noção de justiça nas relações internacionais inclui apenas uma versão reduzida do segundo princípio, sem a premissa da plena igualdade dos cidadãos. Essa premissa só é compartilhada por povos liberal-democráticos; além disso, se fosse compartilhada por povos liberais e decentes, esse fato tornaria ininteligível a razão de ter duas execuções separadas e subsequentes da posição original para delinear termos justos de cooperação.[38]

Voltemos ao cenário doméstico de nossas sociedades hiperpluralistas com essa imagem rawlsiana do mundo como entidade política em mente. Poderíamos, então, aplicar o que aprendemos com *O direito dos povos* e conceber uma *polis* multivariada em que uma maioria de cidadãos, ou mesmo uma minoria considerável, abraça concepções abrangentes do bem que permitem a formação de um consenso sobreposto sobre a estrutura básica e todos os fundamentos constitucionais (digamos, cidadãos que aderem às tradições lockeana e rousseauniana reconciliadas em *O liberalismo político*); ao mesmo tempo, esses cidadãos podem se relacionar em um *modus vivendi* com uma ou mais minorias cujas concepções abrangentes se sobrepõem em menor grau com as totalmente razoáveis e lhes permitem endossar apenas um subconjunto dos fundamentos constitucionais.

É assim que *O direito dos povos* é capaz de, "em retrospecto", por assim dizer, modificar nossa compreensão de *O liberalismo político* e indicar um caminho mais frutífero que aquele centrado na razão pública para acomodar culturas perfeccionistas, de variedade religiosa ou laica, no quadro doméstico de uma política integrada por meio de um liberalismo "político". De certa forma, encontramos aqui outra faceta desse rearranjo profundo das categorias políticas, a qual decorre da ascensão do novo horizonte global de que somos testemunhas. Por muito tempo pensamos que a partir da noção de uma sociedade justa em escala nacional teríamos indícios do que poderia significar para o mundo ser justo no sentido político, mas no mundo globalizado e na condição de hiperpluralismo ocorre o inverso: da nossa noção, ainda não totalmente explorada, do que pode ser um mundo justo, conseguimos extrair sugestões para pensar a sociedade justa.

Para concluir, mesmo quando os argumentos conjecturais não conseguem remediar as deficiências da razão pública, ainda há um último recurso para lidar com o desafio do hiperpluralismo e evitar ficar encurralado entre o diabo da opressão liberal e o abismo da regressão total ao *modus vivendi*. Este último recurso consiste em conceber a *polis* democrática como unidade multivariada que inclui *tanto as relações do tipo consenso sobreposto como as do tipo modus vivendi* entre os cidadãos que participam do consenso sobreposto sobre a concepção política de justiça e sobre os fundamentos constitucionais, bem como outros grupos de cidadãos que adotam uma concepção abrangente parcialmente razoável.

Essa política liberal-democrática multivariada incluiria, então, três tipos de cidadãos: 1) os que abraçam *todos* os fundamentos constitucionais à luz de princípios enraizados em suas concepções morais abrangentes (lockeanos e rousseaunianos); 2) os que abraçam *alguns* dos fundamentos constitucionais à luz de princípios enraizados em suas concepções morais abrangentes e outros fundamentos constitucionais (por exemplo, o livre exercício da religião) por razões meramente prudenciais; e 3) os que abraçam *todos* os fundamentos constitucionais por razões prudenciais.[39] Poderia permanecer em aberto se a *polis* democrática multivariada se mantém na trilha do monismo jurídico ou incorpora vários graus de pluralismo jurídico. Ambas as soluções parecem estar ao alcance de um liberalismo político renovado. No primeiro caso, continuariam a existir apenas um centro simbólico e uma fonte jurídica de direito válido e legítimo, com os quais diferentes grupos de cidadãos se relacionam com base em diferentes atitudes: alguns endossam plenamente os fundamentos constitucionais e sua visão subjacente de justiça "à luz dos princípios"; outros, à luz de uma mistura de razões de princípio e prudenciais; outros, inteiramente numa base prudencial.

No segundo caso, são estabelecidos arranjos que permitem aos cidadãos que não podem endossar os fundamentos constitucionais centrais por razões "de princípio" regular áreas da vida e da cultura compartilhadas como quiserem, desde que as normas produzidas por meio de processos autônomos não entrem em conflito direto com os fundamentos constitucionais centrais.

Essa *polis democrática multivariada* poderia, se não nos emancipar da armadilha do ressentimento mútuo em que maiorias e minorias podem cair, pelo menos mitigar seus efeitos e seu impacto sobre a condição de hiperpluralismo sob a qual as democracias contemporâneas devem funcionar. A *polis* democrática multivariada constitui a melhor resposta à fragilidade do consenso e à onipresença da dissidência que o liberalismo político oferece, de acordo com a premissa (muitas vezes negligenciada ou contrariada pela maioria de seus intérpretes agonísticos) de uma relevância duradoura da distinção entre coerção legítima e opressão arbitrária.

Notas

1. Rawls, 2005 [1993], p. 4.
2. *Idem*, p. 5.
3. *Idem, ibidem.*
4. Mouffe, 2000, p. 20.
5. *Idem*, p. 24.
6. *Idem*, p. 25.
7. *Idem*, p. 26.
8. *Idem*, pp. 31-32.
9. Ver *idem*, p. 33.
10. Rawls, 2005 [1993], p. 50.
11. Connolly, 2008, p. 326.
12. Connolly, 1995.
13. Tully, 2008, vol. 1, p. 144.
14. *Idem*, pp. 146-147.
15. *Idem*, p. 147 (grifo meu).
16. Esse ponto é abordado em Ferrara, 1999, pp. 155-156.
17. Rawls, 2005 [1993], p. 238.
18. *Idem, ibidem.*
19. *Idem*, pp. 238-239.
20. *Idem*, p. 239 (grifo meu).
21. Sobre este ponto, ver também Ferrara, 2011, vol. 17, pp. 377-383.
22. Ver Wingenbach, 2011, p. 192.
23. *Idem*, p. 193.
24. *Idem, ibidem.*
25. *Idem*, p. 194.
26. *Idem*, p. 173.
27. Para uma definição de conjectura como "raciocínio a partir de premissas que não se aceitam" e dos requisitos éticos do raciocínio conjectural aceitável (o "princípio da divulgação total", em oposição à "alavancagem por razões"), ver Schwartzman , 2012, vol. 9, n. 4, pp. 521-544. Para uma discussão sobre a ética do raciocínio conjectural, também é muito esclarecedor o debate sobre a ética da argumentação na razão pública, especificamente sobre a condição de sinceridade para endossar razões e sobre o modelo de "consenso" *versus* o modelo de "convergência" na razão pública. Para uma forte posição "consensualista" que interpreta a condição de sinceridade como exigindo aceitação "pelas mesmas razões", ver Quong, 2011, pp. 265-275. Para uma resposta que incorpora uma visão do pluralismo como baseada na "convergência" e mais próxima do pluralismo reflexivo, ver Gaus, 2011, pp. 288-292.
28. Entre os "fracassos morais do liberalismo", Swaine menciona a falta de um "esquema bem elaborado e justificável para tratar os teocratas residentes em democracias liberais", a falta de "fundamentos adequados e identificáveis à mão para governar os teocratas", motivações

muitas vezes errôneas para vereditos legais e opiniões que impõem costumes convencionais (por exemplo, a proibição da poligamia aos mórmons) e, finalmente, a falta de justificativas irrefutáveis para a aplicação de leis que não atendem ao consenso de certos cidadãos de mentalidade religiosa. Ver Swaine, 2006, pp. 16-19.

[29] Ver *idem*, p. 49.
[30] Ver Rosen, 2012, vol. 1, pp. 10-29.
[31] *Idem*, p. 18
[32] *Idem*, p. 19.
[33] *Idem*, p. 26.
[34] Ver *idem*, pp. 19-20, e Swaine, 2006.
[35] Rosen, para seu crédito, aborda uma versão da questão ao questionar o monismo jurídico pressuposto por Rawls, mas não se concentra nas diferentes motivações que podem levar cidadãos de diferentes origens culturais a se relacionarem com os fundamentos constitucionais de maneira distinta. Ver Rosen, 2012, p. 20.
[36] Ver Rawls, 1999, pp. 35-38.
[37] Ver *idem*, pp. 4-5.
[38] *Idem*, pp. 32-34 e 39-42.
[39] Esse grupo de cidadãos pode se aproximar da posição, abaixo até mesmo de uma "concepção mínima de cidadania", que March chama de "alienação residente". Ver March, 2009, p. 227.

5

Cuius religio, eius res publica
Sobre democracias múltiplas

Junto com a teoria da "secularização", a visão padrão da "modernização" foi exposta como subproduto ideológico da visão linear iluminista da história. Com base no trabalho comparativo de Max Weber e Alfred Weber e na noção de Karl Jaspers sobre a era axial, Shmuel Eisenstadt, Johan Arnason, Jan Assman, Björn Wittrock e vários outros teóricos sociais recentemente apresentaram, para dar sentido à história global, um novo paradigma, conhecido como "múltiplas modernidades". O que aprendemos com esse esforço criativo para repensar o "espírito da democracia"? Podemos separar o "espírito da democracia" de suas raízes originais na cultura do protestantismo radical e vislumbrar uma pluralidade de "culturas da democracia" ancoradas em vários alicerces civilizacionais? São "múltiplas democracias" versões genuinamente viáveis do mesmo modelo de ordem política ou são estações de passagem para a forma ocidental moderna de democracia liberal?

Nas duas primeiras seções serão reconstruídas as principais linhas do paradigma das "múltiplas modernidades" e sua relação com a noção de era axial; na segunda serão destacadas as questões que tal programa de pesquisa deixa sem resposta. Nas restantes seções, partindo de pressupostos básicos do programa das "múltiplas modernidades", será abordada uma possível multiplicidade de "culturas democráticas" ou espíritos – primeiro do ponto de vista dos elementos de convergência através de uma pluralidade de origens religiosas, depois do ponto de vista das diferenças persistentes. Para concluir, será oferecida uma tipologia provisória de culturas democráticas ou "espíritos da democracia".

5.1 - Da "ascensão do racionalismo moderno" a "modernidades múltiplas" através da redescoberta da idade axial

Para a noção de modernidades múltiplas e sua ênfase polêmica contra a teoria linear da modernização, geralmente cita-se Shmuel Eisenstadt, cuja obra abrange a transição de uma versão comparativa do paradigma da modernização para o novo paradigma das modernidades múltiplas. Baseando-se na tese de Weber sobre a contribuição do calvinismo para o desenvolvimento de uma sociedade capitalista moderna, na década de 1960, Eisenstadt editou um volume influente em que a agenda era o rastreamento de "equivalentes funcionais" do puritanismo em contextos não ocidentais – a religião Tokugawa no Japão Meiji, certas subtradições do Islã no norte da África, a versão do hinduísmo de Gandhi, os *santris* de Java oriental e tantas outras.[1] A ênfase ainda estava em explicar por que alguns países foram mais longe e mais rápido no caminho de um nexo moderno "economia e sociedade". A explicação foi buscada em termos do potencial transformador inerente à "ética econômica" (*Wirtschaftsethik*) veiculada por várias vertentes da religiosidade. Nesse estágio inicial, Eisenstadt ainda investigava as causas da modernização "mais rápida" e "mais lenta".

Bastante reveladora do espírito de seu programa de pesquisa é a comparação dos contextos católico e protestante na Europa. As sementes do que Polanyi chamaria de "a grande transformação" existiam "na maioria dos países" da Europa; no entanto, argumenta Eisenstadt, "nos países católicos – Espanha, França e ainda mais cedo nos Estados italianos do Renascimento onde o aparato estatal moderno se desenvolveu pela primeira vez – essas tendências potencialmente diversificantes foram sufocadas".[2] Por quê? Porque características inovadoras como o papel emergente do empresário capitalista, o novo tipo de trabalho assalariado, o sistema bancário, ainda que esporadicamente presentes, nos países católicos não poderiam "se libertar de sua dependência, tanto em termos de orientação para objetivos quanto de legitimação, no centro político".[3] Nessa comparação, as culturas religiosas são examinadas em termos de potencial de produzir resultados semelhantes aos atribuídos à influência do puritanismo; ou seja, seu potencial de levar a uma racionalização da cultura, da vida social e da conduta de vida do ator.[4]

Quarenta anos depois, durante a década de 2000, o programa de pesquisa de "modernização comparativa" passou por uma mudança radical. A atenção se voltou não tanto à convergência de padrões institucionais, econômicos, sociais e culturais a uma forma de vida moderna originada e simbolizada pelo Ocidente, mas aos caminhos específicos e *alternativos* seguidos por sociedades enraizadas em diferentes culturas e civilizações – contextos religiosos. O foco estava em como as sociedades não ocidentais negociavam sua própria versão de *diferenciação* estrutural, urbanização, autonomização do mercado, substituição de *status* por contrato e de atribuição por realização, reflexividade cultural e institucional – padrões agora tomados como descritivos de uma forma de vida moderna não mais equiparada de modo prejudicial à sua versão ocidental. Subjacente ao paradigma das *múltiplas modernidades* está a ideia inovadora de que tornar-se moderno e tornar-se ocidentalizado são duas coisas diferentes, que não precisam coincidir.[5]

Como Eisenstadt, Riedel e Sachsenmaier apontam, as abordagens anteriores da modernidade e da modernização incorporaram a forte suposição de que as transformações estruturais distintivas de uma sociedade moderna (novamente, a urbanização, a ascensão de uma economia de mercado baseada no trabalho assalariado e separada do Estado, reflexividade) espontaneamente daria origem a um "Estado secular e racional" e a um individualismo atomístico generalizado.[6] Como na reconstrução de Walzer do universalismo da "lei de cobertura" enraizado na voz profética de Isaías, de acordo com os teóricos da modernização, as sociedades modernas ocidentais têm o privilégio de viver sob padrões que outros, na melhor das hipóteses, um dia vão imitar. As abordagens atuais assentadas no paradigma das modernidades múltiplas, em vez disso, renunciam a essa perspectiva, desconstroem a unidade "ideologicamente premissa" da própria forma ocidental de modernidade, apontando para a variabilidade dos padrões modernos através do oceano Atlântico e entre o norte e o sul da Europa, e sobretudo enfatizam que, como diz Fukuyama, "embora a modernidade tenha se espalhado por grande parte do mundo, ela não deu origem a um *único padrão institucional ou a uma única civilização moderna*".[7] Ela "influenciou o desenvolvimento de várias civilizações modernas ou, pelo menos, padrões civilizacionais; isto é, de sociedades que compartilham características, mas desenvolveram dinâmicas ideológicas e institucionais diferentes".[8]

Essa reorientação pode ser entendida em função tanto da dinâmica cultural associada ao descentramento da razão, típico da alta cultura ocidental após a virada linguística do início do século XX, quanto da globalização. De fato, o alcance ubíquo dos processos econômicos de investimento de capital e economia de mercado gerou processos sociais semelhantes de diferenciação, urbanização e reflexivização que impactam de maneiras muito diversas em sociedades distintas, gerando uma pluralidade de versões de modernidade ancoradas a essas culturas e, em última análise, características ligadas à religião. O que esteve na mira do ataque entre 2000 e 2010 foi a própria ideia de que, concebendo e institucionalizando padrões modernos de vida social e política, o Ocidente pode legitimamente "nutrir-se de seus recursos internos, enquanto os outros devem contar apenas com recursos de fora".[9]

A tentativa de desocidentalizar a noção de modernidade e torná-la hospitaleira para versões diversas e legítimas levou a um ressurgimento do interesse pela noção de uma *era axial*. O termo, cunhado por Jaspers, refere-se a um salto quântico relativamente concentrado no tempo quando comparado com o ritmo da evolução das espécies e que ocorre simultaneamente em vários contextos civilizacionais distintos, na *reflexividade* da organização social – aumento da reflexividade que consiste em uma "abertura de perspectivas potencialmente universais, em contraste com o particularismo de modos de pensamento mais arcaicos", numa "distinção ontológica entre níveis superiores e inferiores de realidade, e uma subordinação normativa do nível inferior ao superior".[10] Esse aumento da reflexividade – a consciência de que as coisas podem não ser como parecem –, por sua vez, gera uma nova dimensão de agência, uma percepção de historicidade, bem como um senso de responsabilidade humana por ações e instituições.[11]

Max Weber foi o primeiro a notar, em seus ensaios sobre hinduísmo e budismo e em sua investigação sobre a sociologia da religião, que se desenvolveu na Índia, no século VII a.C., uma reflexão filosófica sobre natureza e religião, a ser acompanhada em curto intervalo de tempo pelo surgimento do confucionismo, da filosofia grega e da profecia judaica. Embora causalmente desconectados, esses avanços na evolução cultural prepararam o cenário para a superação das visões de mundo mágicas e mitológicas antes predominantes por caminhos diversos, mas convergentes, para uma vida social mais diferenciada e reflexiva. Enquanto o desenvolvimento da racionalização cultural de Weber, tal como reconstruído por Wolfgang Schluchter, começou com visões de mundo mágicas e éticas – o mundo do "jardim encantado"[12] – e, então, pela criação de um panteão de deuses funcionais passou para um ética da lei ou das normas e acabou desembarcando na visão de mundo desencantada do puritanismo moderno e sua inerente "ética de princípio",[13] só bem mais de meio século depois, com os estudos de Merlin Donald sobre a evolução da mente humana e de Robert Bellah sobre a evolução religiosa, o quadro das culturas arcaicas agrupadas por Weber na categoria de religiosidade mágica deu lugar a uma sequência diferenciada: a) objetivações culturais pré-linguísticas episódicas, b) gestos e arquétipos miméticos e c) culturas míticas com transmissão oral de narrativas e legitimação da governança.[14] Em geral, o quadro weberiano da racionalização das culturas religiosas permaneceu bem dentro dos limites da famosa pergunta inicial da Einleitung – "a que combinação de circunstâncias deve ser atribuído o fato de que apenas na civilização ocidental apareceram fenômenos culturais que, como gostamos de pensar, situam-se em uma linha de desenvolvimento de significado e valor universal?"[15] – e questionou as formas não ocidentais de religiosidade apenas do ponto de vista de seu potencial intrínseco para a racionalização da ação. Esse ponto de vista, embora não muito distante do padrão de "aumento da reflexividade, historicidade e agencialidade" adotado pelos teóricos da era axial, direcionou a investigação de Weber a se concentrar nos ingredientes culturais que poderiam ser entendidos como preparações para o desenvolvimento de equivalentes funcionais do impulso racionalizador das formas ocidentais de religiosidade.

Uma compreensão verdadeiramente descentrada e não ocidental da transformação cultural que afeta as sociedades arcaicas só surgiu com a ideia de Karl Jaspers de era axial como um "fenômeno espiritual total".[16] Se, para Hegel, tinha se centrado "em um eixo de progresso cristão ou pós-cristão", Jaspers concebeu o "processo espiritual" da era axial como o surgimento de uma "estrutura comum de autocompreensão histórica para todos os povos".[17] O "quadro comum" é constituído por uma consciência compartilhada, por parte do sujeito humano, "do ser como um todo, de si mesmo e de suas limitações", bem como por uma experiência de absolutismo "nas profundezas da individualidade e na lucidez da transcendência".[18] Ao mesmo tempo, a narrativa multifocal da era axial é de diversidade. Como no tipo reiterativo de universalismo que Walzer entende como originário da profecia de Amós, toda e qualquer ruptura axial gera um caminho histórico próprio: portanto, a idade axial constitui o paradigma para pensar uma multiplicidade de caminhos de desenvolvimento que levam à modernidade, um para cada uma das principais civilizações onde ocorreu o avanço axial.[19]

Somente com Eisenstadt e com a obra de Eric Voegelin,[20] no entanto, a era axial foi colocada em relação sistemática com uma teoria da modernidade. A axialidade, como aponta Arnason, introduz um dinamismo sem precedentes no equilíbrio das forças simbólicas "mantedoras da ordem" e "transformadoras da ordem" dentro de cada uma das civilizações axiais, levando a uma prevalência de transformação no longo prazo, embora com ritmo histórico diferente em contextos distintos. Desta forma,

> paradoxalmente, os episódios mais inovadores da transformação moderna aparecem como os sintomas mais reveladores da dependência das fontes tradicionais. As ideologias revolucionárias estão enraizadas em tradições axiais, direta ou indiretamente, e essa conexão se torna o ponto de partida para uma investigação mais geral sobre as relações entre os legados civilizacionais e os múltiplos padrões de modernidade.[21]

Nessa perspectiva, as consequências da ruptura axial na textura das sociedades miméticas e mitológicas continuam a afetar, de uma forma ou de outra, a ruptura que por muito tempo foi entendida como a transformação total paradigmática – a saber, a ascensão da modernidade. A esse nexo, crucial para repensar a democracia e seu *éthos*, voltaremos agora nossa atenção.

5.2 - A AXIALIDADE DA IDADE AXIAL E SUAS DIFICULDADES: UMA REFORMULAÇÃO

Para entender a relação da era axial com o programa de pesquisa de "múltiplas modernidades" e mais especificamente de suas "múltiplas democracias", precisamos de uma compreensão adequada da afirmação de Eisenstadt no sentido de que no cerne da Idade Axial estão a ascensão e, sobretudo, a institucionalização de "uma tensão básica entre as ordens *transcendental* e *mundana*".[22] Como vimos, não só se observou que no contexto judaico antigo a fratura axial ocorreu nesses termos precisos, como também duas interpretações possíveis dessa tensão devem ser distinguidas. Em uma delas, compatível com alguns dos cinco caminhos axiais analisados por Wittrock, "transcendental" e "mundano" não precisam significar "de outro mundo" e "este mundano". Pode-se entender a distinção a partir do modelo durkheimiano de oposição do *sagrado* ao *profano*, em que o sagrado não precisa ser "sobrenatural" ou transcendente no sentido de "sobrenatural". O transcendental e o mundano são então definidos não por referência ao conteúdo, mas por sua oposição irredutível. Na prática, o dinamismo axial, relativo à fixidez pré-axial, consiste no potencial transformador inerente ao contato – muitas vezes choque – das duas ordens, como quando "a pólis como comunidade de cidadãos", a pólis vislumbrada por Platão em A *República* ou a *koinonia* abordada por Aristóteles no Livro III de *Política*, opera como visão transcendental que se choca com "as ordens mundanas das pólis realmente existentes".[23]

Na outra interpretação, mesmo a religiosidade mágica do "jardim encantado" ou das culturas miméticas e depois míticas tinha seu "mundo dos espíritos" por trás do mundo das aparências – e às vezes em tensão com ele –, sem falar na "morada dos mortos", intrinsecamente separada do mundo dos humanos vivos e presente em todas as culturas pré-axiais. Se tomarmos essa segunda via interpretativa, a axialidade da era axial é inerente não tanto ao mundo transcendente *per se*, que pode continuar a ser vislumbrado em termos mais ou menos tradicionais, mas na nova qualidade "desencantada" do total e na *representação abrangente que engloba ambos*.

Para ficar com o exemplo da Grécia clássica, a axialidade da ruptura axial repousa não tanto na ascensão do Panteão dos deuses gregos, em oposição ao mundo humano, mas na visão de um lógos, uma ordem do cosmos independente de homens e deuses. A essência da axialidade está, mais uma vez, não tanto na cisão entre ordens superiores e inferiores da realidade, nem na *diferença radical entre as duas* – que naturalmente assume contornos culturais específicos no grego, no confucionista, no judaico ou no caso hindu[24] –, mas na ascensão de um ponto de vista metateórico que tematiza o todo do Ser e é capaz de incluir os dois reinos.

O que permanece comum aos diversos contextos axiais é a ocorrência, por volta dos séculos centrais do primeiro milênio a.C., de: a) um aumento da "reflexividade humana e da consciência reflexiva" ou uma capacidade crescente, por parte da razão, "de transcender o imediatamente dado";[25] b) "uma consciência histórica crescente" resultando em um "senso de contingência relativa"; c) "uma consciência crescente da *maleabilidade* da existência humana, dos potenciais da ação humana e da agência humana"; d) a emergência de cosmologias mais reflexivas ligadas à separação do mundano e do transcendente; e) uma articulação de tais cosmologias na forma de "inscrições textuais", cuja interpretação é, por sua vez, regulada pelas autoridades.[26]

Duas questões principais para uma consideração mais aprofundada emergem dessa reconstrução. Em primeiro lugar, parece existir uma tensão entre dois entendimentos distintos do fenômeno da Idade Axial e, consequentemente, uma necessidade de avaliar seus méritos. Em segundo lugar, nada nas definições de axialidade encontradas até agora nos impede de considerar o surgimento de *novas* eras axiais em épocas subsequentes: assim, o *status* da modernidade e possivelmente o da pós-modernidade como candidatas a eras axiais subsequentes à primeira precisa ser considerado.

O paradigma weberiano inicial dos ensaios comparativos em sociologia da religião focalizava as religiões do ponto de vista de seu potencial de racionalização da sociedade e da ação. Weber introduziu uma distinção crucial entre as religiões que *afirmam o mundo*, para as quais a ordem mundana não representa uma ameaça à vida espiritual do crente, e aquelas que *rejeitam o mundo*, para as quais a ordem mundana representa uma ameaça mortal à vida espiritual do crente.[27] O confucionismo e a religiosidade da Grécia clássica pertencem à variedade de afirmação do mundo, caracterizada por um menor potencial de racionalização da ação e da sociedade.[28] As outras religiões da era axial, como o budismo e o judaísmo, estão localizadas no campo oposto, entre as formas de religiosidade que rejeitam o mundo. Por sua vez, essas religiões que rejeitam o mundo podem ser ainda distinguidas, de acordo com Weber, em termos de sua concepção da divindade, de sua relação com o fiel e, consequentemente, em termos do tipo de caminho para a salvação que eles incitam. Formas *místicas* de religiosidade, como o hinduísmo e o budismo, concebem Deus como um princípio de perfeição e o fiel como um *recipiente* que pode ser, em menor ou maior grau, preenchido com o princípio divino. Como consequência, eles concebem a salvação como alcançável principalmente por meio da *fuga do mundo*, para que o fiel possa receber o divino em um completo êxtase. Como formas de religiosidade que rejeitam o mundo, o hinduísmo e o budismo têm um potencial maior para a racionalização da ação que aquelas religiões que não veem oposição alguma entre a ordem do mundo e a ordem religiosa da transcendência.

O *maior* potencial de racionalização, no entanto, encontra-se naquelas religiões que rejeitam o mundo e encaram Deus como legislador ético e o crente como *instrumento* a implementar de forma mais ou menos eficaz o desígnio de Deus: consequentemente, concebem a salvação de forma não *mística*, mas *ascética*, como um *envolvimento ativo* do crente na ordem mundana com o propósito de trazê-la de volta à vontade de Deus. Por isso, a religiosidade ascética – que prevaleceu no Ocidente – é mais propícia à racionalização da cultura, da sociedade e da vida cotidiana e, portanto, também representa o canteiro em que, com a contribuição de muitas outras variáveis, a modernidade floresceu primeiro.

Mesmo esse resumo estilizado das teses de Weber mostra como é difícil ignorar uma tensão básica que se opõe a sua abordagem à ideia de Jaspers de semelhança dos traços *compartilhados* pelas religiões da era axial. Nenhum argumento convincente pode ser encontrado entre os defensores da abordagem da era axial para encobrir ou descartar as distinções entre religiões que *afirmam o mundo versus* religiões que *rejeitam o mundo*, por um lado, e caminhos de salvação *místicos versus* caminhos de salvação *ascéticos*, por outro – duas distinções que opõem culturas religiosas que, em vez disso, são indiscriminadamente agrupadas sob o título de seu caráter axial.

As consequências das abordagens de Weber e Jaspers não poderiam ser mais diversas. Para a abordagem comparativa weberiana, *a modernidade é resultado de uma e apenas uma linha de desenvolvimento*, e "o restante" das civilizações permanece estacionado em vários estágios, dependendo do potencial de racionalização inerente a suas culturas religiosas subjacentes. Podemos, então, explicar a modernização do "restante", sempre que ocorre, pela presença de "equivalentes" daquelas configurações culturais – a ética puritana – que liberaram o maior potencial de racionalização no Ocidente ou pela resposta adaptativa à hegemonia de um mundo ocidental já modernizado. De ambas as perspectivas, certamente podemos falar em multiplicidade de modernidades e usar a expressão definidora do programa "múltiplas modernidades", que se refere a duas realidades diferentes. De um ângulo neoweberiano, "modernidades múltiplas" incorporam uma hierarquia: processos originais de modernização autopropulsada em primeiro lugar (como na Inglaterra, na Holanda, nos Estados Unidos); processos desencadeados por locais equivalentes (e possivelmente imperfeitos) em segundo lugar (como na França, na Alemanha, no Japão e nos países escandinavos); e processos de adaptação a padrões modernos exógenos em terceiro lugar (por exemplo, na Itália, na Espanha, em Portugal, na Grécia etc.).

Seguindo outra interpretação, mais alinhada à de Jaspers, assim como a era axial inclui uma série de caminhos para a axialidade que são equivalentes e ordenados não hierarquicamente, a expressão "modernidades múltiplas" refere-se a uma multiplicidade de caminhos igualmente legítimos – com a possível consequência contraintuitiva de que a vida cotidiana na China ou na Índia do século XVIII teria que ser considerada tão moderna quanto a da Inglaterra do século XVIII, apesar das vastas diferenças nos eixos de diferenciação social, cultural e política e de anomalias macroscópicas relativas ao significado evolucionário da axialidade (por exemplo, o fato de que o Japão não axial se modernizou muito antes da China axial teria que ser levado em conta).[29] Vou deixar esses problemas de lado para focar as segundas questões: dada a ausência de qualquer argumento convincente, na literatura sobre a era axial, para excluir que *novos* saltos quânticos nas dimensões de historicidade, agencialidade e reflexividade tenham ocorrido em épocas subsequentes em diferentes lugares, podemos considerar a modernidade uma segunda era axial?

Como diz a narrativa padrão da modernização, no século XVII o aumento da reflexividade ligada à transição do mito ao lógos na Grécia Antiga e à ideia de descobrir a ordem das coisas (humanas e naturais) apenas pela força da razão, no Ocidente, começou a se cristalizar em uma *forma de vida*: somente com a modernidade o aumento da reflexividade originado na era axial se expandiu para além do círculo de literatos e filósofos. Toda a sociedade se diferencia em uma esfera econômica, uma esfera política, uma série de esferas espirituais ou de valores com princípios distintos e mutuamente irredutíveis e passa a ser permeada por uma cultura desencantada que leva a um clímax sem precedentes o eixo original, distanciando-se da compreensão mágica do mundo como um jardim encantado. A menos que a expressão "Idade Axial", como "Idade Média", seja um *nome próprio*, referindo-se a um – apenas um – tempo histórico, esse surgimento de uma nova configuração que faz da reflexividade, da historicidade e da agencialidade uma forma de vida deveria contar *prima facie* como um segundo momento da axialidade, que também produziu sua própria legião de intérpretes, de Weber a Parsons, de Koselleck a Blumenberg, a Elias e Habermas.[30]

Enquanto os primeiros sociólogos da modernização entendiam a modernidade como algo distintamente ocidental, ocorrendo na Inglaterra, na Holanda e nos Estados Unidos e depois se espalhando para o resto do Ocidente e além, nas asas da hegemonia econômica e política, não há necessidade de abraçar essa visão reducionista. A lição da era axial poderia de fato inspirar uma visão diferente. Tomando como típica a perspectiva de longo prazo, a narrativa da modernidade poderia ser reformulada da seguinte maneira: durante os três últimos séculos do segundo milênio e o primeiro do terceiro milênio, no Ocidente, na Europa oriental, no Japão, na China, na Índia e na América Latina, surgiu uma forma de vida que incorpora evidências de um novo salto quântico nas três dimensões axiais de agente, historicidade e reflexividade. De fato, nesta *segunda era axial*, podemos observar o seguinte:

a) No nível da agência, o surgimento e a difusão, por meio da educação, de um indivíduo capaz de, com autonomia, implementar um princípio, religioso ou secular; agir em contexto e em concerto; e escolher entre princípios alternativos que moldam grandes porções de conduta e possivelmente toda a vida do ator.

b) No nível da historicidade, a ascensão e a difusão da consciência de estar situado num *continuum* temporal linear, em oposição ao cíclico, com um futuro em aberto que – em algumas versões dessa segunda era axial – pode funcionar como uma fonte futurizada de normatividade, religiosa (a Segunda Vinda, o Juízo Final, o Novo Messias) ou secular (o Conhecimento Absoluto, a sociedade comunista etc.).

c) No nível da reflexividade, observamos a diferenciação de uma cultura moral abrangente, ancorada no transcendente, em esferas de valor especializadas, cada uma respondendo a um princípio distinto de validade e fundamentando esferas de ação, e observamos o surgimento de uma forma de integração social via interdependência funcional ao lado do consenso, bem como um aumento dramático na divisão do trabalho com suas instituições religiosamente neutras, a evolução do Estado de direito de formas absolutistas para liberais e democráticas, o nascimento e a subsequente transformação de uma esfera pública.

Encontra-se, em Jaspers, uma objeção contra essa extensão da perspectiva da era axial além da primeira ruptura. Como ele coloca, a diferença entre a transformação axial original e a moderna é "considerável":

> A pureza e a clareza, a ingenuidade e o frescor dos mundos do primeiro eixo [antigo] não se repetem. Tudo fica à sombra de tradições exigentes e segue caminhos falsos; é como se, apesar dessas falsas direções, as grandes figuras, as solitárias, encontrassem o caminho para os sucessos mais milagrosos. Ao mesmo tempo, abrem-se possibilidades para o segundo eixo [moderno] as quais eram desconhecidas para o primeiro. Por ser capaz de assumir experiências e ideias apropriadas, possuía desde o início tanto mais significados quanto mais riqueza interior. Sua própria fragmentação fez com que se manifestassem profundidades da natureza humana que antes não eram perceptíveis. Por essa razão, pode-se dar primazia ao segundo eixo [moderno], porque, ao mesmo tempo que oferece uma contribuição original à continuidade da cultura ocidental e goza de uma visão mais abrangente por sua posição sobre os ombros de seus predecessores, *alcança maior amplitude e maior profundidade*.[31]

O que, no entanto, nos impede de considerar a modernidade uma segunda era axial, segundo Jaspers, é um conjunto de fatores: a) ela "não viveu inteiramente de seus próprios recursos"; b) ela "sofreu e foi conivente com extraordinárias distorções e aberrações"; c) ainda está muito próxima de nós, de modo que "não podemos olhá-la da mesma perspectiva com que vemos o primeiro eixo", mas, ainda mais fundamentalmente, a modernidade "é um fenômeno puramente europeu e só por isso não tem direito ao título de segundo eixo".[32] De modo geral, apesar da ressonância intuitiva de algumas dessas observações, é difícil achá-las inteiramente convincentes. Também a era axial se baseou em materiais simbólicos sedimentados nas culturas miméticas e míticas preexistentes e muitas vezes os teceu em novas configurações culturais. "Nada nunca está perdido" é um ditado que se aplica a *todas* as grandes transições culturais: assim como as narrativas míticas sobreviveram na era teórica, as configurações pré-modernas continuaram a influenciar a cultura moderna.[33] Além disso, "distorções e aberrações" atormentavam as novas objetivações culturais axiais e interpunham grande distância entre os ideais e a realidade: não temos motivo para supor que a vida política prática em Atenas estivesse mais próxima de *seu* ideal filosófico de uma *koinonia* dedicada à obtenção da vida boa que a vida democrática moderna está para os ideais, por exemplo, da democracia deliberativa. Em terceiro lugar, a observação indiscutível de que estamos a uma distância temporal muito menor da modernidade (e, para antecipar o próximo ponto, podemos até ser testemunhas diretas de uma ruptura pós-moderna) parece constituir mais um argumento contra tomar como certas nossas ideias sobre a magnitude da transformação do que contra as que tangem a importância intrínseca da modernidade. Precisamos equilibrá-lo com o fato igualmente provável de que nossa consciência da primeira era axial pode ter desencadeado um aprendizado que nos permitiu, enquanto habitantes da modernidade, um olhar mais aguçado para reconhecer as transformações culturais que resultaram em grandes mudanças civilizacionais. Por fim, quando abordada do ponto de vista do mundo global do século XXI e à luz da visão da era axial inspirada, entre outras fontes, também nas reflexões de Jaspers, a modernidade não pode ser limitada a um "fenômeno europeu", embora parcialmente transferido para "América e Rússia".[34]

Na verdade, um dos ensinamentos mais valiosos da teoria da era axial consiste em privilegiar narrativas centenárias em detrimento de interpretações historicamente mais limitadas. Na escala de quatro séculos – de 1600 a hoje –, pode-se afirmar que processos de "modernização" ocorreram em muitas partes do mundo e deram origem a uma "sociedade mundial" imersa em uma economia global. A principal diferença com a primeira e clássica era axial não está tanto no escopo da mudança social – a modernidade é uma ruptura tão abrangente e radical com o passado "pré-moderno" quanto a era axial foi com as culturas míticas –, mas mais na dinâmica de sua tomada de posse. Enquanto as cinco transições axiais ocorreram mais ou menos simultaneamente em diferentes partes do mundo sem nenhum nexo causal demonstrável entre si, processos de modernização em diferentes partes do mundo fora do Ocidente *estão* causalmente ligados a fenômenos de influência colonial, política e econômica posterior. A modernidade pode muito bem ter se espalhado por todos os continentes por meio das potências coloniais e imperiais ocidentais, mas, ao fazê-lo, diferenciou-se em uma "multiplicidade" de direções em reação não apenas às culturas morais locais de base religiosa, mas também em resposta a uma crítica de sua natureza no próprio Ocidente, onde nunca houve uma "concepção homogênea de modernidade" ou "homogeneidade de instituições sociais, mesmo no cenário europeu mais restrito".³⁵ Assim como o Estado-nação – elemento por excelência da política moderna – originou-se na Europa, foi imposto em outros lugares pelo colonialismo, mas, no fim do século XX, tornou-se a estrutura apolítica, imbuída de diferentes conteúdos, a que movimentos de libertação, vanguardas e insurgentes independentistas aspiravam para todas as partes do mundo, de modo que a forma de vida moderna e a democracia representativa moderna podem ser entendidas como formas de vida social e de governança política nascidas na Europa, exportadas por influência colonial e imperialismo, mas eventualmente gerando novas formas criativas pela interação dos elementos iterados e do fundo civilizacional autóctone. Consequentemente, faz sentido falar em modernidade como segunda era axial na origem dessas novas transformações e das múltiplas modernidades como formações socioculturais responsivas à diversidade de raízes civilizacionais – perspectiva que revela sua fecundidade ao abordar a unidade e a diversidade do *éthos* democrático.

Por fim, não há razão para excluir a hipótese de estarmos à beira de uma *terceira Idade Axial*, que data da virada linguística de início a meados do século XX – uma transformação que, novamente, teve origem em um contexto ocidental, mas ainda não projetou sua qualidade axial e provou ser mais que um episódio na história da cultura. A explicação da axialidade não estará completa a menos que aborde, de alguma forma, o potencial da modernidade "tardia" ou "pós" como mais um salto quântico nas dimensões de *agencialidade, historicidade* e *reflexividade*. As razões que sugerem levar essa hipótese em consideração apontam para as seguintes tendências observáveis na cultura de sociedades *já modernizadas*:

a) No que diz respeito à *agencialidade*, o ator racional, enquanto sucessor moderno do ator tradicional, dá lugar ao surgimento do ator *razoável*, dotado de humildade epistêmica e prática, capaz de reconhecer que outros atores podem legitimamente seguir diferentes princípios de conduta, capazes não apenas de autonomia, mas também de *autenticidade*, conscientes da normatividade da identidade;³⁶ além disso, observa-se o surgimento de uma compreensão intersubjetiva da constituição da subjetividade e sua institucionalização na forma de "sociedade como união das uniões sociais",³⁷ da ideia multicultural de igual dignidade de todas as *culturas*, ao lado da noção dos primeiros tempos modernos com igual dignidade a todos os indivíduos.

b) No que diz respeito à *historicidade*, emerge uma consciência da temporalidade da razão, pelo menos em seu modo deliberativo, em oposição ao especulativo, e do nexo inextirpável de temporalidade e validade. Essa consciência recebe institucionalização na forma inédita de "leis de caducidade", acompanhadas de caducidade automática, e enseja a adoção de uma perspectiva intergeracional com ênfase normativa nos direitos das gerações futuras.

c) No nível da *reflexividade*, o descentramento da razão assume uma forma peculiar. Na primeira metade do século XX, houve um questionamento sobre a dependência da razão e do sujeito em processos intersubjetivos de criação de sentido (jogos de linguagem, culturas, paradigmas, mundos da vida, tradições e muitos outros), que sempre vem no plural e resiste à *reductio ad unum* ou à comensuração perfeita.

Entre os sinais dessa nova ruptura, podem ser citadas a noção de razão comunicativa de Habermas e a noção de razão pública de Rawls, juntamente com o questionamento de Putnam da distinção moderna de fatos e valores. Essas noções são mais que invenções conceituais de filósofos criativos; equivalem a sinais do surgimento de uma diferenciação da noção moderna de razão (a herdeira da noção axial de lógos), em *especulativa* e *deliberativa*, uma espécie de razão em contexto, intersubjetiva, orientada para o padrão da *razoabilidade* e que incorpora a percepção de que a intersubjetividade contextualizada possui uma validade peculiar. O aumento da reflexividade se origina no fato de que a postulação de uma distinção entre a razão especulativa e a deliberativa é, ela mesma, produto da razão especulativa e, mais especificamente, um novo capítulo na narrativa da reflexão da razão especulativa sobre suas próprias limitações. Depois de descobrir, com Kant, que seu alcance não se estende além dos fenômenos, e que está além de seus poderes justificar a moralidade a seres não morais, a razão especulativa é, agora, após a virada linguística, confrontada com sua incapacidade de justificar e *coordenar* diretamente a ação humana em contextos variados. Uma consciência crescente está se espalhando, no sentido de que a razão especulativa pode coordenar a ação apenas por inspiração da razão deliberativa. A razão deliberativa, por sua vez, deve sua existência a essa realização e à busca irrenunciável de melhores formas de negociar o mundo, mantendo a consciência da pluralidade de formas de entendê-lo.

Em suma, para quem considera bizarra a hipótese de uma terceira era axial iniciada com a virada linguística e encabeçada pelo pós-modernismo, um motivo para reconsiderar poderia vir da constatação de que nosso próprio interesse, desde o início do século XXI, na era axial decorre dessa nova constelação. Nosso interesse no paradigma das modernidades múltiplas deriva não tanto de compartilharmos o projeto original weberiano de avaliação comparativa dos potenciais de racionalização específicos da religião, mas de um senso de igual dignidade dos quadros de significado que moldam nossa compreensão de mundo, um sentido enraizado na sensibilidade pós-virada linguística e totalmente desconhecido das duas idades axiais anteriores.

Nós nos preocupamos com as múltiplas modernidades *porque estamos além do horizonte moderno*, em uma condição de reflexividade ainda maior. Ninguém que tivesse permanecido no horizonte da Idade Axial original (em que os habitantes de quadros de significados que não o próprio eram "bárbaros"), ou mesmo dentro da sensibilidade da Idade Axial Moderna (que considerava "selvagens" ou "tradicionais atrasados" os habitantes de estruturas de significado não modernas), iria se preocupar com "múltiplas modernidades", muito menos com "múltiplas democracias".

Uma resposta detalhada a "quando podemos falar legitimamente de uma era axial?" e a "que limiar justifica qualificarmos certa transformação cultural como axial?" exigiria um livro que se dedicasse integralmente ao assunto. A ideia central apresentada aqui é que tal limiar é alcançado quando: a) há um avanço significativo nas três dimensões de índice – agentes, historicidade e reflexividade; b) tal avanço incorpora o potencial para uma transformação completa da estrutura básica da sociedade.

5.3 - Uma multiplicidade de culturas democráticas

Essa perspectiva sobre a axialidade pode ser aplicada à democracia. Deixe-me começar reformulando a narrativa da democracia na terminologia da era axial. Embora a democracia enquanto autogoverno tenha se originado na época da primeira era axial, na Grécia, o regime floresceu a níveis sem precedentes quando, durante a segunda era axial, combinou-se com a ideia de governo representativo e de direitos individuais, com a noção de constituição e constitucionalismo e com o Estado-nação moderno (em si uma combinação de um aparelho de Estado, Estado de direito, uma nação com uma história e memória comuns, uma economia de mercado delimitada territorialmente). Agora, no mundo global, a democracia tornou-se um horizonte geral e a forma legítima de governo por excelência.

Foi somente depois que a democracia se fundiu com o Estado-nação moderno, com o liberalismo e o constitucionalismo, que todos os principais avanços mencionados no capítulo 1 ocorreram, incluindo a separação de poderes, o sufrágio universal, os direitos sociais, a proteção da privacidade, o ideal de publicidade e transparência na gestão, igualdade de gênero, direitos culturais e multiculturalismo, direitos das gerações futuras. Esse processo, combinado com as possibilidades comunicativas abertas pelo processo de globalização e as pressões econômicas competitivas igualmente dele decorrentes, levou a uma série de ondas de democratização no último terço do século XX e no início do século XXI – primeiro alguns países do sul da Europa na década de 1970 (Espanha, Portugal, Grécia), depois a importante onda de democratização na Europa central e oriental após 1989, a democratização dos países da América Latina durante a década de 1990 e, agora, a Primavera Árabe de 2011.

No entanto, esse inegável sucesso contribuiu para o risco, à democracia, de se tornar apenas aquela palavra de ordem denunciada como vazia pelos teóricos da "crise da democracia" ou como elogio vago que todo regime do mundo tenta garantir pelas vantagens que obtém. No capítulo 2, foi oferecida uma saída a essa nova situação da democracia sob o pretexto de delinear uma distinção entre democracia em sentido genérico e democracia infundida "com um espírito de democracia" e, em seguida, reconstruir o "espírito da democracia" como infraestrutura afetiva que inclui a paixão pelo bem comum, pela igualdade, pela individualidade e por uma cultura pública de abertura. No entanto, ao considerar a democracia no mundo global de hoje, deve-se abordar a seguinte questão: o "espírito da democracia" assim concebido ressoa com uma – e apenas uma – versão específica da modernidade?

Podemos retomar a linha de investigação não desenvolvida no capítulo 2, depois de apontar para a qualidade problemática da observação de George Kateb de que o *éthos* da democracia "é a culminação do protestantismo radical". Existe chance não apenas de emular procedimentos democráticos, mas de viver em uma cultura plenamente democrática, para aqueles que, como disse Habermas, não estão "entre os afortunados herdeiros de Jefferson"?[38] Seguindo as pegadas dos teóricos da era axial e das modernidades múltiplas, nas próximas duas seções serão desenvolvidas considerações sobre como poderia ser uma multiplicidade de "espíritos da democracia" ou culturas democráticas.

A expressão "múltiplas democracias" requer esclarecimento. Entendo-a como um programa em filosofia política que nos guia para entender como os ingredientes do "espírito da democracia" – as disposições para atender ao bem comum, igualdade, individualidade e abertura – podem surgir e se desenvolver em contextos civilizacionais diferentes daqueles dos cristãos e dos protestantes. É irrealista, creio, entender democracias múltiplas como culturas democráticas que *não* cultivam o bem comum, a igualdade, a individualidade entendida como valor da pessoa e a abertura – em oposição à compreensão desses ingredientes do *éthos* democrático como sustentado por uma pluralidade de fontes. A democracia certamente pode ser definida de muitas maneiras, mas, se tomamos como central, constitutiva e ineliminável a ideia de certa equivalência entre os autores e os destinatários da lei, então trata-se de um regime que se originou no Ocidente, durante o primeiro avanço axial, foi submerso pelas potências imperiais (com o parêntese estendido da República romana celebrada por Maquiavel) e foi revivido no Ocidente nos estágios iniciais do segundo avanço axial, para se espalhar, então, em todo o mundo, devido à influência dos Estados democráticos ocidentais no século XX. Como apontei, em certo sentido essa trajetória se assemelha às vicissitudes de outra forma política moderna, o Estado-nação, que também surgiu no Ocidente em tempos pré-modernos tardios e durante os estágios iniciais da modernidade, mas em poucos séculos perdeu suas conotações ocidentalizantes. A democracia pode muito bem ser a próxima forma política a, embora nascida no Ocidente, tornar-se a aspiração de todos os povos.

Para facilitar esse processo, o que os filósofos políticos podem fazer é destrinchar não apenas o núcleo processual da democracia (eleições, princípio da maioria, "um homem, um voto", responsabilidade do governo, Estado de direito), mas também aspectos significativos do "espírito da democracia" da semente cultural original relacionada ao *éthos* puritano e elaborar versões dele que sejam compatíveis com outras configurações culturais e, ao mesmo tempo, sejam suscetíveis de ser conjecturalmente defendidas com sucesso.

As considerações a seguir constituem explorações preliminares e provisórias nessa direção. Vou dividir o raciocínio em dois. Em primeiro lugar, momentos de *convergência* que dizem respeito a pelo menos três subcomponentes do "espírito da democracia", ou *éthos* democrático: a orientação ao bem comum, à igualdade e ao valor intrínseco da individualidade. Farei isso olhando para diversas fontes culturais que poderiam sustentar essas orientações em uma extensão comparável, como tem sido o caso do protestantismo. Em segundo lugar, momentos de persistente *dissonância* entre os fundamentos da democracia, como entendidos e praticados nos países ocidentais, e as diversas culturas religiosas do mundo. A menos que cheguemos a um acordo com *consonâncias* e *dissonâncias*, não estaremos em condições de compreender como as modalidades alternativas do "espírito da democracia" ainda podem ser variantes *da mesma forma política*.

5.4 - Consonâncias na diversidade

Deixe-me começar com a orientação para o bem comum, ou a vontade de ceder ao interesse geral na deliberação. Indiscutivelmente, esse é o primeiro e mais importante traço distintivo atribuído à democracia. Sua origem remonta, como vimos, a *Do espírito das leis* de Montesquieu, e, alguns anos depois, Rousseau o transformou em um aspecto definidor da "vontade geral" distinta da "vontade de todos".

Ênfase equivalente na prioridade do bem comum encontra-se em uma pluralidade de culturas religiosas. Basta recordar a ideia confucionista de "harmonia" e do bem do povo como objeto do governo; a visão budista da comunidade e da "fraternidade"; os irmãos crentes a serviço do avanço do bem de uma sociedade mais ampla;[39] a ênfase contínua dos ulamas muçulmanos na promoção do bem comum como conceito juridicamente significativo;[40] na tradição hindu, pode-se encontrar referência oficial à noção abrangente do bem comum mesmo na obra de Kautilya (século III a.C.), Arthashastra e no Sexto Édito da Rocha do Rei Ashoka (onde se diz que o *dharma* é objeto de suas políticas porque leva ao bem comum),[41] para não mencionar os ensinamentos de Gandhi nos tempos modernos.

Talvez mais difícil, mas ao mesmo tempo crucial, seja encontrar equivalentes da noção de que cada indivíduo tem uma *voz igual* no que é o bem comum ou, em outras palavras, encontrar equivalentes da aceitação de pluralidade de visões legítimas, do direito igual de todos os cidadãos para tentar avançar sua visão do bem comum e do consentimento como padrão de legitimidade. A convergência de uma pluralidade de fontes religiosas deve, então, ser investigada em outros aspectos do espírito da democracia que estão de alguma forma relacionados com a ênfase do bem comum – a saber, uma convergência: a) em acomodar o pluralismo na concepção do bem; b) sobre o consentimento como *fundamento* do governo legítimo; c) sobre a aceitação da igualdade de todos os cidadãos (segundo componente do "espírito da democracia" no capítulo 2).

É relativamente fácil encontrar fontes para acomodar o pluralismo. O Islã, por exemplo, é citado pelo distinto estudioso Ali Ihsan Yitik por nunca ter incluído, muito menos como obrigatório, lema como *extra ecclesiam nulla salus* [fora da Igreja não há salvação], por sempre ter aceitado a possibilidade de salvação fora de seus limites.[42] Na tradição confucionista, há uma separação entre "concordar" e "harmonizar", na qual harmonizar significa um lugar central para o respeito à pluralidade.[43] Ao longo da história chinesa, embora *he* [harmonia] muitas vezes tenha resultado em mera *tong* [uniformidade], os recursos conceituais estão lá para sempre abordar essa degeneração e restaurar uma unidade que contém pluralidade.[44] A religiosidade hindu também inclui a aceitação do pluralismo como uma de suas noções centrais, conforme afirma com eloquência o famoso verso védico segundo o qual a verdade "é Uma, embora os sábios saibam variadamente" (*Ékam sat vipra bahuda vadanti*)[45] e reafirma o *Bhagavad Gita*, que diz que todos os caminhos levam a Deus, deixando espaço para a noção de outras religiões que incorporam aspectos específicos da verdade. Da mesma forma, o budismo incorpora em seu cerne uma combinação pluralista da "unidade do Ser Supremo com a liberdade de diferentes caminhos para realizá-lo".[46] Na tradição judaica, como vimos no capítulo 3, Walzer argumenta que a linha de profecia originária de Amós nega que haja um e apenas um povo escolhido e um caminho para a salvação e, até mesmo na profecia de Jeremias, que a frase "mal aos olhos de Deus" deveria ser interpretada como identificando apenas um conjunto de atos malignos.[47]

Passando para o segundo elemento, o consentimento como fundamento da legitimidade tem lugar de destaque no islamismo sunita – no islamismo xiita, não. Mais especificamente, os líderes (*imames*) da comunidade muçulmana são selecionados com base no consenso comunal e em méritos individuais; embora tenha sido apenas uma prática episódica durante a história, o princípio certamente está lá.[48] Com referência tanto para adjudicação quanto para deliberação, argumenta-se que "diversidade e diferenças entre os seres humanos são reivindicadas no discurso do Alcorão como dons divinos misericordiosos para a humanidade".[49]

Com referência ao antigo judaísmo, Robert Bellah interpretou a profecia de Amós e outros como evidência de luta entre reis e profetas sobre a relação entre Yahweh e o povo. Ao contrário do pensamento teológico arcaico, que sugeria que a relação de Deus com o povo "seja mediada pelo rei", profetas como Amós e outros criaram a ideia de que "Deus se relaciona diretamente com o povo" e desafiaram a noção de monopólio interpretativo do rei.[50]

Também no budismo há a noção de que a legitimidade dos reis deriva do consentimento geral das pessoas que eles governavam. Várias das histórias de Jakata no *Cânone Pali* sugerem que as pessoas tinham o direito de derrubar um rei que fosse cruel, injusto ou incompetente.[51]

Pode-se argumentar que o confucionismo inclui tanto uma noção de consentimento como fundamento de legitimidade quanto uma ideia *sui generis* de igualdade, que de certa forma antecipa nossa discussão sobre a terceira dimensão do "espírito da democracia", ou seja, a ênfase sobre a individualidade e a personalidade. Ao contrário da recebida noção de uma inclinação natural confucionista para o autoritarismo, tem-se argumentado que, subjacente à ideia confucionista de dedicação ao bem comum por parte do governante, há uma noção de igualdade como posse igual, por parte de todos os membros do povo, da capacidade moral de atingir a perfeição. Como Ranjoo Seodu Herr sugeriu,

> se o devido respeito ao povo não existir e os líderes negligenciarem ou viciarem o bem-estar do povo, então o povo terá o direito de reclamar, criticar, discordar e até mesmo depor os líderes, precisamente porque sua igual potencialidade moral lhes dá direito e as condições sociais mais adequadas para realizar tal potencialidade. Portanto, a igualdade entre as pessoas confucionistas é a ideia fundamental que sustenta e protege a política confucionista.[52]

A igualdade dos cidadãos constitui talvez a linha divisória mais importante entre uma política liberal-democrática completa e o que representa para Rawls uma "política decente".[53] O que faz de qualquer ordem política uma política decente é a presença de uma visão de bem comum esmagadoramente compartilhada, mas também questionada à margem, e a presença de uma "hierarquia de consulta decente" sempre que decisões importantes precisarem ser tomadas, o que permite pluralismo para encontrar expressão. O que, então, distingue uma política decente de uma política liberal-democrática é o direito não igual (ou igual) de cada cidadão expressar seus pontos de vista. Subjacente ao projeto de "múltiplas democracias" está a questão de saber se uma diversidade de caminhos de progressão "da decência à democracia" pode ser reconstruída com base nas diferentes origens religiosas e civilizacionais sobre as quais as políticas "decentes" repousam.

A esse respeito, enquanto a ideia lockeana e jeffersoniana de que "todos os homens são iguais porque foram criados iguais" não pode ser generalizada além das fronteiras do cristianismo, muito mais versátil é a ideia "político-liberal" de que o fundamento da igualdade reside na posse igual de "dois poderes morais" (uma capacidade de abraçar certa concepção do bem e um senso de justiça) por parte de todos os seres humanos e em seu potencial para constituir "fontes autoautenticáveis de reivindicações válidas". Além de uma política confucionista, igualitária e democrática,[54] casos semelhantes podem existir no hinduísmo, no islamismo e no budismo. No *Bhagavad Gita*, a mensagem de Krishna para seus seguidores é: "Estou igualmente disposta a todas as entidades amorosas; não há amigo nem inimigo para mim" (9, 29). No *Dhammapada* do cânone budista, tornar-se brâmane não é questão de nascimento ou disposição natural: somente aquele que se dedica a buscar a verdade, qualquer que seja sua posição na vida, pode ser um brâmane.[55] No que diz respeito ao Islã, na esteira da interpretação de seu mentor sudanês Ustadh Mahmoud Mohamed Taha do Alcorão como contemplando a igualdade de todos os seres humanos, An-Na'im sustentou que as partes do Alcorão relacionadas ao período de Meca da profecia de Maomé, em oposição ao período posterior de Medina (durante o qual as preocupações sobre conter tribos e populações poliétnicas inquietas inspiraram uma mensagem mais conservadora) constituem o cerne normativo dos ensinamentos do profeta e fundamentam a noção de *plena igualdade* de todos os incluídos na política, a ponto de lhes conceder liberdade religiosa e igualdade de gênero.⁵⁶ An-Na'im vai além da mera tese de compatibilidade e argumenta que a shura – prática de consulta não vinculativa em questões de tomada de decisão pública por parte dos governantes – poderia evoluir para uma prática de recorrer a "consultas institucionalizadas" que incluam a população em geral".⁵⁷ Dito isso, resta especificar como a igualdade dos cidadãos ganha um colorido quando se trata de linhas de gênero e de linhas de diversidade religiosa multiconfessional e como os conceitos da razão pública e da razoabilidade ressoam em contextos onde a cultura de fundo é significativamente diferente.⁵⁸

Passando para o terceiro aspecto do *éthos* democrático, encontramos convergência significativa também no valor da *individualidade*, aquele que no capítulo 2 vimos "individualistas democráticos" como Thoreau, Emerson, Whitman e mais tarde George Kateb identificarem como a quintessência para definir o espírito da democracia – e o mais difícil de separar do pano de fundo puritano. Por exemplo, no Islã os membros individuais da política compartilham a qualidade de serem "vice-gerentes" de Deus, ou "vice-gerentes" do Profeta. Tais linhas interpretativas incorporam a promessa de derivar dos argumentos do Alcorão levando a uma atitude menos suspeita em relação à noção ocidental de autonomia individual.⁵⁹

Por sua vez, o eu confucionista é um "ser reflexivo e incessantemente transformador"⁶⁰ e a capacidade de autorreflexão é o principal meio pelo qual o imperativo de autoperfeição se vê atendido.⁶¹ Apesar de não ser plausível equiparar autorreflexão em todos os aspectos à noção ocidental de autonomia individual, ela fornece muitos dos resultados associados à autonomia moral, notadamente com a capacidade de repensar a teia de relações sociais em que o "eu emerge e se desenvolve⁶²". Um dos *loci* em que se encontra um conceito confuciano de autonomia pessoal é a eloquente passagem dos *Analectos*, onde o mestre assinala que "o Senhor concorda com os outros sem ser um eco. O pequeno homem ecoa sem estar de acordo".⁶³

Mais complicado é descobrir o lócus da autonomia na "visão não eu do eu" característica do budismo. Para descobrir o momento de contato das concepções aparentemente opostas ocidental e budista, é preciso direcionar a atenção para a noção mais abrangente de *pessoa*. A pessoa iluminada que compreendeu a qualidade ilusória de *atman*, ou o eu unitário, volitivo, e aprendeu a atender ao vazio ou à falta de substância de qualquer suposto núcleo de identidade, certamente não o fez para se colocar à mercê de estímulos externos e impulsos internos desenfreados. Ao contrário, a pessoa se esforçou para atingir mais autocontrole e autoconsciência e transcender a particularidade dos apegos, a fim de expandir os limites de um eu insignificante para os ilimitados de um "grande eu".[64] O *arahant*, ou seja, a pessoa que pelo Nobre Caminho Óctuplo (*aryastangamarga*) levou seu desenvolvimento à perfeição e desenvolveu todos os bons aspectos da personalidade, é descrita como alguém que tem "a mente como um diamante" – assim como um diamante, a mente de tal pessoa pode "cortar" qualquer coisa, mas não pode ser lapidada.

5.5 - Dissonâncias persistentes: o "*éthos* da democracia" no plural

Depois de destacar a convergência de uma pluralidade de culturas religiosas em aspectos distintivos de uma *polis* democrática – orientação para o bem comum, aceitação do pluralismo, consentimento como fundamento do governo legítimo, igualdade de cidadãos, capacidade da pessoa de se pôr acima dos insumos culturais recebidos –, precisamos vislumbrar as *dissonâncias*, ou seja, pontos de atrito entre os fundamentos da democracia liberal moderna ocidental e as várias culturas religiosas. Ao focalizar as dissonâncias, é possível lançar a imaginação crítica muito além das formas existentes e é possível, para aqueles que habitam as políticas liberal-democráticas ocidentais, enriquecer sua autocompreensão crítica por meio da expressão feliz de Chakrabarty, de "provinciar" seus próprios caminhos, até agora convencionais.[65] Além disso, ao focar nas dissonâncias, podemos exercitar a imaginação política para vislumbrar caminhos diversos de progressão de uma política decente para uma política liberal-democrática completa, mas não necessariamente ocidentalizada.

Entre os pontos de dissonância que uma análise comparativa das culturas democráticas pode destacar, considero promissor partir de dois que à primeira vista parecem de crucial importância: 1) a prioridade dos direitos sobre os deveres e 2) o papel de conflito político numa *polis* democrática.

Em relação às ideias de uma necessária orientação para o bem comum, de uma pluralidade de versões legítimas do mesmo, de "governo por consentimento", da igualdade dos cidadãos e da pessoa como fonte independente de reivindicações válidas, muito mais intragáveis, as culturas ocidentais parecem ser a própria ideia de *direitos subjetivos*, enquanto prerrogativas do único indivíduo contra a autoridade e potencialmente contra toda a comunidade política. De certa forma, uma das principais características da forma ocidental moderna de associação política é a prioridade dos direitos, enquanto direitos subjetivos, sobre os deveres. Essa prioridade vai na contramão de todas as abordagens religiosamente estruturadas para a vida comunal. Como Abdulkarim Soroush colocou, muito eloquentemente, nas políticas modernas ocidentais,

> direitos são honrados sobre deveres. Um dos marcadores do mundo moderno – em contraposição ao tradicional – é o surgimento do ser humano "portador de direitos" em oposição ao ser humano "com dever". A linguagem da religião (em especial a do Islã como exemplificado pelo Alcorão e pela tradição) é a linguagem dos deveres, não dos direitos. Nesses textos, os seres humanos recebem mandamentos de uma autoridade supremamente soberana. A linguagem da *shariah* é a de comando, pois a imagem da humanidade no espelho da religião é a de uma criatura obediente. Os seres humanos são obrigados a acreditar, orar, dar esmola e se comportar em assuntos como matrimônio e herança de acordo com as diretrizes tradicionais. É claro que os textos religiosos ocasionalmente abordam os direitos dos humanos, mas tais passagens são raras, excepcionais.[66]

Isso é verdade para uma percepção muçulmana do "discurso de direitos" ocidental e também se aplica a muitas outras culturas religiosas.[67] No contexto muçulmano, os direitos são invocados apenas como conceito restaurativo – e como fundamento para compensação – após o dano ter sido infligido ou um delito ter sido perpetrado. O que permanece difícil de metabolizar é a ideia de direitos "em geral" como predestinados a qualquer ação legal e como prerrogativa incondicional dos indivíduos antes de se tornarem vítimas merecedoras de indenização.[68] Na tradição confucionista, novamente, o indivíduo não é portador de direitos, mas centro de uma rede de obrigações sociais que lhe conferem certa solidariedade, ajuda e reconhecimento, mas não um conjunto incondicional de direitos "abstratos" em relação à coletividade. A justiça é alcançada pela mediação interpessoal, mais que por procedimentos impessoais, e pela exigência de *benevolência* que (re)une os governantes e quem está em posição de dominaçãosocial. O dever de benevolência tem suas raízes nos *Analectos*, em cujo capítulo VIII Confúcio afirma que um cavalheiro "toma a benevolência como seu fardo".[69] É impossível rastrear aqui todas as várias epifanias dessa ideia básica de justiça social como rede harmoniosa de relações, distinta de sua base em procedimentos que asseguram o respeito aos direitos individuais, em outras culturas religiosas, como o budismo e o hinduísmo.[70]

A questão é que tais visões também estão bem representadas na cultura ocidental e formam a espinha dorsal da resistência indígena à modernidade protestante. Max Weber escreveu uma reconstrução memorável do choque entre a ética católica tradicional da fraternidade, centrada no cuidado recíproco dos vizinhos, sob o princípio "sua falta de hoje pode ser a minha de amanhã", que obviamente não implicava direitos individuais, mas apenas exigia benevolência.[71] Na esteira da Revolução Francesa, Edmund Burke, por um lado, e Joseph De Maistre, por outro, reagiram com repulsa à "abstração" dos direitos do homem como tal e à prioridade dos direitos sobre os deveres.[72] De Maistre falou notoriamente dos "direitos de Deus". Hegel também argumentou que a vida ética moderna é atravessada por uma ruptura trágica entre a moralidade "abstrata" do sujeito individual de tipo kantiano, que se coloca como tribunal de julgamento para o conjunto das práticas sociais em nome de uma lei formal, por um lado, e, por outro, os valores espessos embutidos na *Sittlichkeit*, ou seja, em práticas e costumes que contribuem para a coesão do tecido social e projetam uma normatividade própria concreta, situada, "racional". Por essa dupla linha de desenvolvimento, também no Ocidente, as tradições católica e hegeliana, e posteriormente a marxista, têm sido cautelosas em ancorar a justa política na observância e na aplicação de direitos individuais abstratos, e essa resistência se evidencia na desconfiança que as elites dos partidos democrata-cristão e comunista têm demonstrado em relação ao "discurso dos direitos".

Além disso, a ênfase em uma ordem nomocêntrica, baseada em uma concepção abrangente do bem de derivação religiosa ou secular e nos deveres, não nos direitos, que ela gera para seus adeptos continuou a inspirar uma crítica ao liberalismo na filosofia ocidental. Apenas recordemos a crítica comunitária ao liberalismo, notadamente a articulação de Taylor sobre "dever para com a sociedade",[73] da qual o "discurso de direitos" liberal se torna esquecido, a preocupação com o resultado anômico e a relação parasitária entre instituições liberais e reservatórios pré-liberais de significado de Durkheim a Böckenförde, e a oposição feminista de uma ética do *cuidado versus* uma centrada nos direitos.[74] A ênfase no dever também ganhou ampla aceitação, na última década, no cenário do direito internacional, por meio da aclamada doutrina da "responsabilidade de proteger", primeiro elaborada por uma comissão de intervenção e soberania do Estado e depois adotada pela ONU por iniciativa do secretário-geral Ban-Ki-Moon. No centro da responsabilidade de proteger não está mais um conflito de direitos – o direito dos Estados únicos à liberdade de interferência em sua soberania *versus* o direito da comunidade internacional de parar, se necessário por meio da força militar, todas as violações maciças e persistentes dos direitos humanos –, mas um (e o mesmo) "dever" (ou "responsabilidade") de proteger a vida humana, que é confiado principalmente aos Estados-nação, mas pode ser cumprido pela comunidade internacional se, por qualquer motivo, voluntário ou involuntário, os Estados não conseguirem.[75]

No entanto, a evidência mais decisiva contra a compreensão da prioridade dos direitos sobre os deveres como indicativo de uma divisória entre a visão de democracia do Ocidente e a do resto do mundo vem da própria corrente da filosofia moral anglo-americana – isto é, do utilitarismo. Embora o princípio de que moralmente mais louvável é a ação "que proporciona maior felicidade para os maiores números" tenha sido originalmente formulado por Francis Hutcheson em 1725[76] e defendido em termos teológicos sistemáticos por John Gay,[77] as formulações clássicas de Jeremy Bentham e John Stuart Mill[78] não deixam dúvidas quanto ao fato de que, de uma perspectiva utilitarista, os direitos (entendidos como regras gerais) não têm força normativa independentemente de sua "utilidade" ou capacidade de contribuir para o que um confucionista chamaria de "harmonia da sociedade". Mesmo os importantes desenvolvimentos de meados para o fim do século XX, que levaram à distinção entre o utilitarismo extremo ou de "ação" *versus* o utilitarismo restrito ou de "regra",[79] e o utilitarismo de "preferência",[80] não modificaram o quadro em relação ao que é relevante aqui. Houve muito esforço filosófico para demonstrar que o utilitarismo acomoda direitos, uma vez que são entendidos como regras universais que proíbem a violação de certas prerrogativas individuais, mas, ainda assim, a suposição crucial é que os direitos derivam sua força normativa da utilidade e podem ser classificados em termos de utilidade social. Apenas as consequências mais grosseiras e contraintuitivas do utilitarismo do ato foram evitadas – por exemplo, a implicação de que um aumento específico e marginal na utilidade social superaria o direito individual a direitos muito gerais –, mas certamente não a prioridade geral da utilidade social sobre os direitos que permanecem "noções derivadas", planetas que só podem refletir uma luz vinda de outro lugar.

O outro ponto de atrito entre a compreensão ocidental contemporânea da democracia centrada na direita e as várias versões nomocêntricas, abrangentes ou orientadas para o "dever", diz respeito ao papel do conflito social e político na vida democrática. Primeiro, o que se entende por conflito? As democracias centradas nos direitos expandem e institucionalizam uma noção que remonta às reflexões de Maquiavel sobre o papel positivo do conflito ou da "desunião" entre a nobreza e as pessoas comuns na República romana.[81] Um confronto vigoroso de interesses e valores conflitantes na arena pública é entendido como sinal de uma vida democrática saudável. Longe de pôr em perigo a coesão social e política, acredita-se que a contestação e o conflito político enraizados na diversidade social e cultural levam a uma melhor articulação de pontos de vista, a uma melhor escolha pública, a uma seleção de liderança mais eficaz, a uma comunidade política de iguais que determinam em conjunto os fundamentos de sua vida compartilhada.[82] Esse *insight* então se ramifica em uma pluralidade de implicações institucionais e suposições sobre uma infraestrutura democrática viável – como o pluralismo partidário, o governo da maioria dentro de um contexto seguro, uma esfera pública vibrante alimentada por uma imprensa independente, pluralidade de meios eletrônicos e, mais recentemente, uma internet de acesso aberto combinada com mídias sociais, a transparência na administração pública e de proteção da privacidade, a transparência no financiamento privado dos partidos políticos e também de um controle sobre o máximo nível de gastos em campanhas eleitorais. Também a separação de poderes, de Montesquieu à reconsideração recentemente oferecida por Bruce Ackerman, pode ser entendida como princípio fundamental que responde à ubiquidade factual e à conveniência normativa de fortes confrontos na arena pública de uma sociedade democrática.

Quando transplantada para ou emergindo de culturas políticas "nomocêntricas", abrangentes ou de outra forma centradas no dever, a democracia repousa e tem que enfrentar o desafio de um *éthos* democrático muito mais cauteloso com a "desarmonia" implícita no conflito, muito mais desconfiado do potencial de divisão desencadeado por uma pluralidade de organizações, partidos, associações, jornais, meios de comunicação, pelos padrões de transparência e de privacidade a serem impostos às respectivas atividades administrativas e áreas de interesse privado. Culturas políticas em contextos religiosos católicos, islâmicos, confucionistas, budistas e hindus, e sucessores secularizados, quando e onde eles valorizam o pluralismo, o governo da maioria e a separação de poderes, tudo isso injeta no espírito da democracia subjacente a suas instituições uma aversão instintiva ao conflito e confronto, ao voto e à formação de coalizões, assim como comparar constantemente os custos e os benefícios de viver com a injustiça *versus* a instabilidade produzida pela exposição da injustiça. O medo de divisões e conflitos muitas vezes paralisa as instituições democráticas implantadas nessas culturas. Para dar um exemplo, uma coisa é a regra da maioria operar em contextos em que a cultura política admite e até convida a confrontos frutíferos na arena pública, outra é a mesma regra processual operar em contextos em que maiorias de até 60% são indicativos de uma "divisão" perniciosa dentro do corpo deliberativo não totalmente legitimados na busca de seus objetivos.[83] Em alguns contextos, a unanimidade é suspeita, cheira a opressão ou suborno ocultos; em outros, a unanimidade é o sinal apreciado de uma "mediação" bem-sucedida. Assim, podemos ter uma distinção entre culturas democráticas tendencialmente consociacionistas e culturas democráticas que tendem a uma visão mais agonística do processo.[84]

5.6 - Conclusão

Para concluir a discussão sobre a possível extensão do programa de pesquisa "múltiplas modernidades" para uma reconstrução de "múltiplos" *éthos* democráticos, foram apresentadas várias teses. Em primeiro lugar, demonstrou-se a existência de uma tensão entre, por um lado, o programa original weberiano de compreensão da combinação única de fatores que levaram ao surgimento da modernidade no Ocidente e sua subsequente expansão em termos de busca comparativa de "fatores equivalentes" em outras civilizações e, por outro lado, a ênfase de Jaspers nos desenvolvimentos axiais simultâneos em uma pluralidade de civilizações. E as características comuns dos distintos contextos axiais precisam ser complementadas pela investigação de variáveis que expliquem por que algumas civilizações procederam a uma modernização precoce enquanto outras experimentaram a modernidade bem mais tarde e por que alguns países não axiais, como o Japão, desenvolveram uma forma de vida moderna própria antes das axiais.

Em segundo lugar, se a axialidade da era axial é entendida como um salto concentrado no tempo[85] e pronunciado ao longo das três dimensões de agente, historicidade e reflexividade, é difícil negar que um segundo grande salto quântico nas mesmas dimensões tenha ocorrido com a modernidade. Parece igualmente difícil negar a hipótese de uma *terceira era axial* ligada à ascensão da virada linguística e um horizonte da modernidade tardia ou pós-moderna (embora não necessariamente pós-modernista). A noção de era axial nos oferece, então, principalmente a consciência de quão extensa no tempo e pluralista nas formas seria a ascensão de um novo nível de agencialidade, historicidade e reflexividade. Tal consciência expõe como redutiva toda focalização na primeira onda de modernização e sua adoção como padrão universal: a ideia de "múltiplas modernidades" deve ao paradigma da era axial a noção de que o marco temporal relevante para uma mudança de horizontes de relevância axial pode se estender por séculos – na escala daquele tempo, de fato, China, Índia, Japão, Europa oriental e América Latina constituem versões de um processo de modernização que deve ser entendido no plural.

Em terceiro lugar, a ideia de uma *terceira era axial* que possivelmente nos projetará para além *da modernidade* é corroborada pelo fato de que a noção wittgensteiniana de pluralidade de jogos de linguagem e formas de vida cujas lacunas normativas se superam apenas parcialmente – ideia inaugurada pela virada linguística – e se encontram em inúmeras formas e domínios disciplinares, deve ser um pressuposto para que "múltiplas modernidades" faça sentido. O espírito da modernidade nunca poderia, por si só, engendrar interesse pelas "múltiplas modernidades": na verdade, gerou apenas as narrativas *geschichtsphilosophisch* de *modernização, secularização, emancipação*. A urgência de traçar uma cartografia das "múltiplas modernidades" só se percebe de um ponto de vista situado além da modernidade.

Desenvolvidas essas considerações, está delineado o quadro dentro do qual o programa de investigação de "democracias múltiplas" pode ser inserido. Depois de introduzir a distinção entre noção meramente processual de democracia e noção plena de democracia *com* "espírito de democracia", foi proposta uma quarta tese. De acordo com esta, encontram-se consonâncias adequadas em todas as religiões históricas para a maioria dos principais componentes do "espírito da democracia"; a saber, para uma orientação para o bem comum, para uma noção positiva de pluralismo, para uma noção de governo legítimo como baseado no consentimento dos governados, para a igualdade dos cidadãos e para uma avaliação positiva da individualidade.

Finalmente, uma quinta tese apresentada neste capítulo identificou a prioridade dos direitos sobre os deveres e a valorização da contestação, ou agonismo, na vida democrática como os dois componentes, dentro do "espírito da democracia", para os quais é mais problemático encontrar equivalentes em culturas não ocidentais e não protestantes. Provisoriamente, então, a diferenciação analítica do conceito de democracia deve partir daqui, da construção de quatro versões do espírito da democracia que representam caminhos de transição de uma "política decente" rawlsiana para uma "democracia liberal". O caminho que as teorias reducionistas da modernização tomaram como canônico combinou uma compreensão agonística e centrada nos direitos do processo democrático, combinação mais ressonante com a versão protestante e especialmente puritana do cristianismo, como observa Kateb. Mas existem outras possibilidades. O agonismo e a valorização da contestação poderiam se combinar com uma cultura política centrada no dever, que enfatiza a mediação social e política do conflito sobre a litigância jurisdicional baseada no "discurso-direito". É o que observamos em todas as formas de republicanismo forte, endossado por Maquiavel e Arendt, como Atenas e a República romana na Antiguidade, a Veneza de Harrington e a Florença de Maquiavel, antes de 1512, a República puritana de Cromwell, e, nos tempos modernos, é difícil encontrar, exceto em estágios transitórios da história, como a Comuna de Paris, o levante de Kronstadt e a República espanhola na guerra civil de 1936-1939.

No lado consociativista do espectro, culturas democráticas "consensualistas" podem existir e se desenvolver, combinando uma aversão instintiva ao conflito e à contestação com uma propensão para a centralidade dos deveres sobre os direitos, como pode ser o caso com a compreensão retributiva e restaurativa dos direitos do Islã, com a ênfase confucionista na harmonia e com o budismo. Podem-se citar como exemplo a forma de democracia da Malásia e a forma turca para o Islã, além da democracia budista da Tailândia e da cultura budista-taoísta de Taiwan. Este caminho também poderia ser possível para uma futura democracia confucionista chinesa. Por sua vez, existem regimes democráticos, ainda mais na Europa continental, que endossam e valorizam formalmente a prioridade dos direitos, mas o fazem com inclinação consociacionalista e forte aversão à contestação democrática: por exemplo, a antiga democracia cristã-democrata da Itália e a política monoconfessional, culturas políticas cristãs pluriconfessionais, como as encontradas na Bélgica e na Suíça, e a prática de concertação da Alemanha (ver Tabela 5.1).[86]

Tabela 5.1: Múltiplas democracias e seus éthos

	Prioridade de direitos	Prioridade de funções
Éthos agonístico	Democracia liberal, deliberativa (Estados Unidos, Reino Unido)	Forte republicanismo (Atenas, República romana, Veneza, República puritana de Cromwell, Comuna de Paris, República espanhola)
Éthos consociacionalista	Democracia consociacionalista ("Primeira República" italiana, Bélgica, Suíça)	Democracia consensualista (democracia da Malásia, democracia budista da Tailândia, democracia budista-taoísta de Taiwan, possível democracia confucionista)

Vale reiterar que essas são apenas distinções analíticas iniciais e provisórias, que devem dar lugar a uma tipologia mais detalhada de culturas políticas capazes de nos ajudar a identificar caminhos específicos de desenvolvimento da transição de políticas decentes para a democracia plena de maneiras civilizatórias distintas. À medida que se desenrola o século XXI, um velho ditado segue inspirador quando adequadamente reformulado: "*Cuius religio, eius res publica*" [De quem é a região, dele se siga a religião].

Notas

1. Ver Eisenstadt (ed.), 1968.
2. *Idem*, p. 12.
3. Sobre o aspecto crucial da relativa independência das elites inovadoras, religiosas ou seculares, dos centros de poder político para que seu potencial transformador seja plenamente realizado, ver, com referência mais à era axial que às conjunturas evolutivas subsequentes, Wittrock, "The Axial Age in Global History: Cultural Crystallizations and Societal Transformations", em Bellah & Joas (ed.), 2012, pp. 113-115.
4. Essa linha de pesquisa é exemplificada pela reconstrução que Wolfgang Schluchter faz da "história do desenvolvimento" de Weber e, particularmente, pela matriz implícita de indicadores de racionalização (extensão da classe de destinatários do imperativo moral, complexidade do objeto de regulação moral, reflexividade da consciência do ator moral, fonte de normatividade para comandos morais) que Schluchter traça sob a sucessão de Weber da ética mágica ainda encantada, ética das normas da era axial, ética moderna de princípios (o novo salto quântico na racionalização e que está sendo trazido pelo protestantismo), a ética da responsabilidade. Ver Schluchter, 1981, pp. 39-48.
5. Desnecessário dizer que a ideologia tem sua própria inércia. O impulso original centrado no Ocidente da teoria da modernização sobrevive nos anos 1980 e 1990 não apenas sob o título da abordagem do "fim da história" desenvolvida por Francis Fukuyama na esteira de 1989, na verdade, uma declaração de "missão cumprida" que defende o entrincheiramento final da única versão da modernidade sócio-política, mas também na ideia de Samuel Huntington de que tal triunfo não será isento de contestação e resultará num "choque de civilizações". Ver Fukuyama, 1992, e Huntington, 1997.
6. Ver Riedel, Sachsenmeier & Eisenstadt (ed.), 2002, pp. 3-4.
7. *Idem*, p. 4 (grifo meu).
8. *Idem, ibidem*. Além disso, a própria modernidade ocidental tem sido objeto de avaliações contestadas e conflitantes. Para certa linha de pensamento, isso equivale à experiência libertadora da diferenciação cultural, a institucionalização da liberdade individual, a individuação do indivíduo, a ideia de governo como legitimado pelo consentimento dos governados. Para outra, igualmente centrada no Ocidente, a modernidade implica a dolorosa renderização de comunidades antes integradas, o surgimento de abismos intransponíveis, ou *Entzweiungen*, entre valores, o surgimento de um politeísmo instável, a arregimentação racional a serviço de valores irracionais, o desenvolvimento tecnocientífico, a dominação sobre formas de vida que se desmembram, o surgimento de uma heteronomia orientada para o grupo de pares em lugar da autoridade. Assim, a modernidade ocidental atormentou a si mesma e ao resto do mundo com sua própria autointerpretação.
9. *Idem*, p. 58.
10. Ver Arnason, "The Axial Agenda and Its Interpreters", em Arnason, Eisenstadt & Wittrock (ed.), 2005, pp. 19-48.
11. Wittrock, em Bellah & Joas (ed.), 2012, p. 67. Wittrock leva crédito por uma análise esclarecedora de cinco caminhos distintos de axialidade (correspondentes a judaísmo, Grécia clássica, China, Índia e Império Aquemênida e seus sucessores helenísticos e iranianos), dentro dos quais apenas no judaísmo a distinção entre camadas inferiores e superiores da realidade reflete uma noção religiosamente infundida de transcendência. As demais vias, sem *status* normativo diferenciado, como especifica Wittrock, apresentam características diferentes. No "caminho filosófico-político do desenvolvimento" típico da Grécia Antiga, por exemplo, "não há cosmologia religiosa padronizada inscrita em textos codificados", mas sim, "a contestação é dialógica [...] e tem um caráter filosófico e amplamente pragmático no que diz respeito à vida política e moral de uma dada comunidade, uma pólis, como um ponto de referência

inevitável". *Idem*, p. 114. Essa explicação parece verdadeira para a versão sofística e aristotélica da axialidade, mas não para a visão platônica, para a qual o caminho filosófico-político não está menos sujeito que o "transcendental-interpretativo" à cisão entre um reino de aparências de caverna e um reino de essências objetivas fora da caverna. No caminho de Platão para a axialidade, a *doxa* está para a episteme mais ou menos como a fé idólatra no falso profeta está para a fé de Moisés em Yahweh. Por sua vez, mais plausível parece a afirmação de Wittrock no sentido de que, no caminho "universal inclusivo" da China, o confucionismo e o taoísmo "têm pouca ou nenhuma preocupação com a distinção entre esferas transcendentais e mundanas". *Idem*, p. 115.

12 Ver Weber, 1993, pp. 1-31.

13 As expressões "ética das normas" e "ética dos princípios" receberam significado sistematicamente distinto em Schluchter, 1981, pp. 43-48.

14 Ver Donald, 1991, pp. 148-268, e 2001. Sobre a sucessão de culturas episódicas, miméticas e míticas, ver também Bellah, 2011, pp. 117-264.

15 Weber, 1958, p. 13. A introdução, incluída por Parsons no volume sobre a ética protestante, contém a principal questão de pesquisa subjacente a toda a *Aufsätze für Religionssoziologie* de Weber.

16 Ver Jaspers, 1953, p. 18.

17 *Idem*, p. 1.

18 *Idem*, p. 2.

19 Novamente, ver a análise dos cinco caminhos axiais por Wittrock, em Bellah & Joas (ed.), 2012, pp. 113-119.

20 Ver Voegelin, 1957, vol. 2, e 1974, vol. 4. Para um comentário interessante, ver Thomassen, 2010, vol. 10, n. 4, pp. 328-330.

21 Arnason, em Arnason, Eisenstadt & Wittrock (ed.), 2005, p. 38.

22 Eisenstadt, 1986, p. 1. Na mesma linha, ver Dalferth, "The Idea of Transcendence", em Bellah & Joas (ed.), 2012, pp. 146-188. Para uma interpretação da axialidade como triplo desencaixe do indivíduo em relação à sociedade, da sociedade ao cosmos e do cosmos ao divino, ver Taylor, "What Was the Axial Revolution?", em *idem*, pp. 30-46.

23 Arnason, em Arnason, Eisenstadt & Wittrock (ed.), 2005, p. 39.

24 Um padrão de semelhança e diferença entre contextos axiais diz respeito às circunstâncias históricas que conduzem a um avanço axial. Em todos os casos relevantes, este foi precedido por "crises que enfraqueceram ou destruíram centros civilizacionais e perturbaram o equilíbrio de poder entre centros e periferias". *Idem*, p. 43. Crise política, invasão de forças externas, ruptura da ordem consuetudinária desencadearam uma reconsideração da relação entre a ordem política mundana e a ordem transcendental superior. Como diz Eisenstadt, "o deus-rei, a personificação da ordem cósmica e terrena, desapareceu, e um governante secular, em princípio responsável por alguma ordem superior, apareceu". Eisenstadt, 1986, p. 8. Como observa Arnason, os novos recursos simbólicos das concepções axiais permitiram tanto a legitimação de "estruturas de poder mais complexas e expansivas" quanto, ao mesmo tempo, um novo nível de responsabilização dos poderes constituídos, bem como um potencial de contestação e radicalismo transformador no âmbito político. Arnason, em Arnason, Eisenstadt & Wittrock (ed.), 2005, p. 47.

25 É essa ambição de transcender a particularidade do contexto que caracteriza a axialidade em oposição à responsividade ao contexto, mas também ao contexto do mito. Não há como questionar a verdade de uma narrativa mítica a partir de uma perspectiva mitológica, apenas de uma perspectiva teórica possibilitada pela axialidade. Ver Jaspers, 1953, pp. 3-4, e Wittrock, em Bellah & Joas (ed.), 2012, pp. 106-107.

26 Ver *idem*, p. 66.

27   Ver Weber, "The Social Psychology of the World Religions", em Gerth & Wright-Mills (ed.), 1975, pp. 292-294, e "Religious Rejections of the World and Their Directions" (1915), *idem*, pp. 324-326. Ver também Weber, 1964, pp. 228-231.
28   Como disse Weber, "o confucionista desejava 'salvação' apenas da bárbara falta de educação. Como recompensa da virtude, ele esperava apenas vida longa, saúde e riqueza neste mundo e, além da morte, a manutenção de seu bom nome. Como para o homem verdadeiramente helênico, toda ancoragem transcendental da ética, toda tensão entre os imperativos de um deus supramundano e um mundo criado, toda orientação para um objetivo no além e toda concepção de mal radical estavam ausentes". Weber, 1964, p. 228.
29   Sobre a modernização do Japão, ver Bellah, 1957, e Storr, 1984 [1960]. Sobre a não axialidade do Japão, ver Eisenstadt, 1996, p. 14.
30   Ver Habermas, 1990 [1985]; Koselleck, 1985; Blumenberg, 1985; Elias, 1982 [1939], vol. 2.
31   Jaspers, 1953, p. 76 (grifo meu).
32   *Idem, ibidem.*
33   Ver Bellah, 2005, vol. 46, n. 1, pp. 69-87.
34   *Idem*, p. 76.
35   Sobre este ponto, ver Wittrock, 2000, n. 129, pp. 58-59.
36   Pois a normatividade do ator razoável deriva principalmente da determinação de permanecermos quem decidimos ser, uma construção fundamentada, mas não redutível a quem somos, e expressa com eloquência pela seguinte frase de Lutero: "Aqui estou, não posso ser outro". Ver Korsgaard, 1996 e 2009; Larmore, 2004; Frankfurt, 2007; Ferrara, 1998, e "Authenticity without a True Self", em Vannini & Williams (ed.), 2009, pp. 21-36.
37   Rawls, 1999 [1971], § 79, p. 527.
38   Habermas, 1996 [1992], pp. 62-63. Para uma forma semelhante de enquadrar o problema sobre qual forma a democracia com o "espírito da democracia" pode assumir em um contexto não protestante ou "pós-protestante", ver Rosati, 2009, pp. 112-115.
39   Ver "The Teaching of Buddha", Mahaparinirvana-sutra, AN 3-118, p. 242.
40   Ver Zaman, "The Ulama of Contemporary Islam and Their Conception of the Common Good", em Salvatore & Eickelman (ed.), 2006, pp. 130-139.
41   Ver Boesche, 2002, p. 14.
42   Ver Yitik, 2004, n. 68, p. 1. Na mesma linha, escreve o falecido Nasr Abû Zayd: "O Alcorão é a 'fala de Deus'; não há controvérsia sobre esta doutrina, mas a estrutura discursiva do Alcorão revela multiplicidade de vozes, não apenas uma. Como discurso, o Alcorão é polifônico, não monofônico; há tantas vozes em que o falante do 'eu' e/ou 'nós' nem sempre é a voz divina". Zayd, 2004, p. 19. Além disso: "Não há um único verso no Alcorão estipulando punição mundial, ou penalidade legal, para apostasia"; a liberdade de religião na forma de "sem coerção" é amplamente citada até mesmo pelos tradicionais "ulamã". *Idem*, p. 27. Ver também El Fadl, Cohen & Lague (ed.), 2002. Sob o título de "humildade epistêmica", a aceitação islâmica do pluralismo é discutida em Rosati, 2009, pp. 124-126. Ver também Rasmussen, 2008, pp. 65-82.
43   Uma famosa passagem dos comentários tradicionais aos analectos de Confúcio ilustra o ponto. À pergunta do marquês de Qi "existe diferença entre concordar e harmonizar?", mestre Yan respondeu: "Há uma diferença. Harmonizar é como cozinhar. Você tem água, fogo, vinagre, picles, sal e ameixas para cozinhar peixe e carne. Aquece-se com lenha e depois o cozinheiro harmoniza os ingredientes, equilibrando os sabores, reforçando o que falta e amenizando o excesso". O contraste com "concordar" não poderia ser mais nítido – e é ilustrado pelo mestre pelo exemplo negativo de Ran Qiu, a quem hoje chamaríamos de sim-homem: "O que seu senhor declara aceitável, ele também declara aceitável; o que seu senhor declara errado, ele também declara errado. Isso é como tentar temperar a água com mais água. Quem estaria disposto a comê-la? É como tocar nada além de uma única nota em sua cítara. Quem gostaria de ouvir?". Confúcio, 2003, p. 150.

44 Ver Wei-ming Tu, 2009, p. 55.
45 Veda, 1896.
46 Ver Murti, 1980 [1955]. Para uma visão diferente, ver Hayes, 1991, n. 1, pp. 72-77.
47 Ver Walzer, 1990, p. 516. Para uma discussão sobre o espaço para o pluralismo na tradição judaica, ver também Seligman, 2000, pp. 139-140.
48 Ver Hallaq, 1986, n. 18, pp. 427-454. Abû Zayd, por sua vez, sublinha o momento servidor na doutrina sunita do consenso (embora tal doutrina fosse certamente menos autocrática do que a ênfase xiita na sucessão hereditária) e observa que os reformistas muçulmanos tiveram que "romper o princípio do consenso, invocando novamente o princípio do raciocínio racional, *ijtihâd*. Ao minar o princípio do 'consenso', eles puderam navegar pelos volumes do direito, *fiqh*, sem se limitar a seguir uma escola específica, o que lhes deu mais liberdade para escolher opiniões e construir silogismos jurídicos". Zayd, 2004, p. 48.
49 El Fadl, 2006, n. 11.
50 Veja Bellah, 2011, pp. 303-304.
51 Jataka, 1895.
52 Herr, 2010, vol. 20, n. 3, pp. 261-282.
53 Para a definição de política "decente", em oposição à política liberal-democrática, ver Rawls, 1999, pp. 59-60.
54 Ver Herr, 2010, pp. 269-280. Ver também a discussão de Tan sobre a única passagem de fundamentação da igualdade dos Analectos (17.2), em que Confúcio sustenta que "os homens são próximos uns dos outros por natureza; eles divergem como resultado da prática repetida". Tan, 2004, pp. 101-103. Ver também a interessante coleção editada por Chang & Kalmanson (ed.), 2010.
55 "Por nascimento não se é brâmane, por família, austeridade. Em quem está a verdade e o Dhamma muito puro, ele é um brâmane." *Dhammapada*, vol. 26, p. 393.
56 Ver An-Naim, 2008, pp. 54-62 e pp. 106-108. Ver também An-Na'im, 1990, e Taha, 1987. El Fadl, 2006, pp. 3-4, argumentou que uma ideia fundamental do Alcorão é que Deus investiu toda a humanidade com um tipo de divindade, tornando todos os seres humanos os vice-reis de Deus nesta terra: "Lembre-se, quando seu Senhor disse aos anjos 'eu tenho que colocar um vice-regente na Terra', eles disseram: 'Você colocará alguém lá que criará desordem e derramará sangue, enquanto entoamos Suas ladainhas e santificamos Seu nome?'. E Deus disse: 'Eu sei o que você não sabe'" (2:30). Em particular, os seres humanos são responsáveis, como vice-regentes de Deus, por tornar o mundo mais justo. Ao atribuir direitos políticos iguais a todos os adultos, a democracia expressa esse *status* especial dos seres humanos na criação de Deus e os capacita a cumprir essa responsabilidade.
57 Ver An-Na'im, 2008, p. 108. Ver também a interessante reconstrução de El Fadl da *shura* como potencial "símbolo que significa política participativa e legitimidade", em *idem*, pp. 8-9.
58 An-Naim, 2008, pp. 97-101, dá alguns passos para repensar a razão pública em um contexto não liberal, com seu conceito de "razão cívica".
59 Ver El Fadl, 2006, e, de um ponto de vista conjectural, March, 2009.
60 Ver Wei-ming Tu, 1989, p. 45.
61 Cheng, "A Theory of Confucian Selfhood: Self-Cultivation and Free Will in Confucian Philosophy", em Shun & Wong (ed.), 2004, pp. 124-135.
62 Kupperman, "Tradition and Community in the Formation of Character", em Shun & Wong (ed.), 2004, pp. 103-123.
63 Confúcio, Analectos, XIII, p. 23.
64 Curiosamente, tem-se visto argumento de que a ideia budista do eu como composto de um núcleo vazio e camadas dispensáveis de autoimagens ilusórias, bem como a compreensão subjacente do Absoluto como vazio, leva a uma receptividade à abertura, para a qual um paralelo pode ser encontrado na rejeição judaica de todas as imagens do absoluto e de Deus como idolatria: "O ensino da vacuidade não significa que tudo é nada. O vazio tem a sensação

de que algo tem um interior aberto, um interior livre. Pode-se traduzir o vazio como liberdade, de modo que tudo esteja livre de ser preso pelo que uma pessoa ou um grupo ou uma comunidade pensa que é [...]. Na antiga tradição hebraica, o fato de não incluírem vogais no nome de Deus para torná-lo humanamente impronunciável está na mesma direção do que chamaríamos de vacuidade ou liberdade". Thurman, 1997, vol. 34, n. 3, p. 394. Ver também Burton, 2004, pp. 55-78.

65 Chakrabarty, 2007.
66 Soroush, 2002, pp. 61-62.
67 Ver também Seligman, 2000, p. 130.
68 Um dos caminhos possíveis para a transformação desse quadro é apontado por Abou El Fadl. Podem-se considerar "prévios", "abstratos" ou "imutáveis" aqueles direitos que "são necessários para alcançar uma sociedade justa" de acordo com a visão islâmica e para aplicar os princípios do Islã com a virtude da "misericórdia". Eles podem coincidir com os cinco valores mencionados por El Fadl como aqueles que enunciam as necessidades (*daruriyyat*) constitutivas (junto com necessidades ou luxos ou *kamaliyyat*) do bem para os cidadãos: religião, vida, intelecto, linhagem ou honra e propriedade. Ver Abou El Fadl, 2006, p. 13.
69 Para uma discussão sobre confucionismo e direitos, ver Bary & Weiming (ed.), 1998.
70 Para uma análise esclarecedora do contexto democrático indiano, ver Bhargava, 2010.
71 Weber, "Rejeições religiosas do mundo e suas direções", em Gerth & Wright-Mills (ed.), 1975, p. 329.
72 Para reflexões interessantes em linhas semelhantes, ver Cotesta, 2012, pp. 152-153.
73 Ver Taylor, 1975, vol. 1, pp. 197-198. Em sua crítica, Taylor afirma que "as teorias da primazia dos direitos aceitam um princípio que atribui direitos aos homens como obrigatórios incondicionalmente, ou seja, obrigatórios para os homens como tais. Mas eles não aceitam como igualmente incondicional um princípio de pertencimento ou obrigação. Em vez disso, nossa obrigação de pertencer ou sustentar uma sociedade, ou obedecer a suas autoridades, é vista como derivada, conforme imposta a nós condicionalmente, por nosso consentimento ou por ser em nosso benefício". *Idem*, p. 188. No início da década de 1990, Charles Taylor chegou a defender um *liberalismo 2*, distinto do liberalismo clássico centrado nos direitos e permitindo um discurso público normativo sobre o bem, que poderia ressoar muito mais harmoniosamente com a compreensão confucionista, islâmica, católica, ortodoxa, budista e hindu da *polis* democrática. Ver Taylor, 1992, pp. 58-61.
74 Ver a máxima de Böckenförde: "O Estado laico liberal vive em premissas que ele mesmo não pode garantir. Por um lado, só pode subsistir se a liberdade que consente a seus cidadãos for regulamentada de dentro, dentro da substância moral dos indivíduos e de uma sociedade homogênea. Por outro, não é capaz de garantir por si mesmo essas forças de regulação interna sem renunciar a seu liberalismo". Böckenförde, 1991, p. 112. Um verdadeiro representante, no discurso ocidental, da ênfase confucionista em uma benevolência agora renomeada como cuidado, é a concepção de Carol Gilligan de uma ética do cuidado como reflexo da abordagem das mulheres para a vida moral. Ver Gilligan, 1982; ver também Li, "The Confucian Concept of Ren and the Feminist Ethics of Care: A Comparative Study", em Bell (ed.), 2008, p. 176. Por sua vez, Woodiwiss explorou o equivalente confucionista de um direito à proteção trabalhista, um direito equivalente realizado como uma benevolência legalmente exigível, por parte do empregador, em benefício do empregado. Woodiwiss, 2008.
75 Ver International Commission on Intervention and State Sovereignty [Comissão Internacional de Intervenção e Soberania do Estado], 2001, § 2.15, § 2.29.
76 Hutcheson, "The Original of Our Ideas of Beauty and Virtue" (1725), em Schneewind (ed.), 2002, p. 515.
77 Ver Gay, "Concerning the Fundamental Principle of Virtue or Morality", em Schneewind (ed.), 2002, pp. 400-413.

[78] Além de sua famosa qualificação dos direitos naturais como "*nonsense upon stilts*", ver os comentários de Bentham sobre as declarações de direitos promulgadas em 1788 pelos estados da Virgínia e da Carolina do Norte, em Bentham, "An Introduction to the Principles of Morals and Legislação" (1789), em Bentham & Mill, 1961, pp. 396-398. Ver também Mill, "Utilitarianism", em *idem*, pp. 399-472.

[79] Ver Diggs, "Rules and Utilitarianism", em Bayles (ed.), 1968, pp. 203-238, e Brandt, "Toward a Credible Form of Utilitarianism", em *idem*, pp. 143-186; ver também Smart, "Extreme and Restricted Utilitarianism", em *idem*, pp. 99-115, e McCloskey, "An Examination of Restricted Utilitarianism", em *idem*, pp. 117-141.

[80] Ver Hare, 1981; Brandt, 1979; e Singer, 1979.

[81] Maquiavel, 2008 [1521], livro 1, cap. 2.

[82] Em certo sentido, a ideia de conflito e confronto agonístico implícita nas visões democráticas contemporâneas incorpora a visão de Simmel de conflito não como o oposto da coesão social, mas como uma das formas de coesão social. Ver Simmel, 1964 [1908], pp. 13-20.

[83] Como diz Lijphart, uma cultura democrática consociacionalista aceita a regra da maioria tanto quanto uma cultura agonística, mas "aceita a regra da maioria apenas como requisito mínimo: em vez de se satisfazer com estreitas maiorias de tomada de decisão, ela procura maximizar a tamanho dessas maiorias". Lijphart, 1999, p. 2.

[84] Na literatura, o consociacionalismo é identificado pela concorrência de presença de uma "grande coalizão" governando o país, a prática do reconhecimento mútuo do poder de veto entre os principais partidos, a forte proporcionalidade na indicação de membros de partidos e grupos para cargos e posições de destaque e a presença de instituições governamentais localmente autônomas.

[85] A era axial está na escala da evolução humana, na qual as fases das culturas episódicas, miméticas e míticas duraram milênios, mas são extensas se comparadas com o ritmo da mudança histórica.

[86] Outros exemplos interessantes: casos semiconsociacionistas ou semiconsociacionais, como Canadá e Israel. Ver Lijphart, 1977, pp. 119-133.

6

Multiculturalismo
Negação ou realização do liberalismo?

> Pode uma constituição moderna reconhecer e acomodar a diversidade cultural? Essa é uma das questões mais difíceis e urgentes da era política do início do século XXI. Pode-se mesmo dizer que a questão caracteriza a era vindoura, pois, quando não é descrita em relação ao período anterior, como uma era pós-imperial ou pós-moderna, muitas vezes é descrita em seus próprios termos, como uma era de diversidade cultural. A questão não é sermos a favor ou contra a diversidade cultural; a questão é a atitude ou o espírito crítico em que a justiça pode servir às demandas por reconhecimento cultural.
> **James Tully**, 1995

O multiculturalismo muitas vezes é malvisto, injustamente. Não raro é associado a riscos de fragmentação e guetização da sociedade, à denúncia de abandono injusto das "minorias das minorias" – homens e mulheres que lutam bravamente contra as formas de discriminação legitimadas pelas leis pré-modernas –, o que leva a fins sombrios e à exposição de "regimes de autenticidade" impostos pelas elites dominantes. O propósito deste capítulo é questionar os fundamentos dessas críticas e mostrar como, quando o multiculturalismo é entendido de forma adequada, não só se mostra perfeitamente compatível com os fundamentos de uma política liberal-democrática, como, em certo sentido, representa uma conclusão do liberalismo político em um horizonte filosófico caracterizado pelo surgimento de uma concepção intersubjetiva de subjetividade.

Começo com uma definição como conceito *normativo*, ou seja, com uma especificação do problema da justificação política em um contexto multiétnico no qual direitos e prerrogativas *não fundamentais* são atribuídos aos cidadãos de acordo com sua afinidade cultural eletiva. Na próxima seção, então, elenco quatro argumentos. Com base no relato de Kymlicka em *Cidadania multicultural*, esses argumentos são centrados, respectivamente, em uma visão intersubjetiva do eu e nos valores da diversidade, da igualdade e da liberdade. Os centrados na igualdade e na preservação das "raízes da liberdade" como condição para a preservação da liberdade são os mais convincentes e, ao mesmo tempo, mais alinhados ao liberalismo político.

Na terceira seção, examino as duas mais comuns objeções ao multiculturalismo. De acordo com a primeira, ele não se justifica plenamente até que sua relação seja esclarecida com uma explicação filosófica das relações interculturais e da relação constitutiva de identidade e diferença. De acordo com a outra objeção difundida, o multiculturalismo incorporaria uma visão das culturas como excessivamente coerentes, autocontidas e suscetíveis de serem atribuídas a coletividades, visão que não levaria em conta a porosidade e a contínua interpenetração das culturas, sempre internamente diferenciadas, em diálogo constante umas com as outras e continuamente remodeladas por esse diálogo. Ambas as objeções são questionadas em termos de suposições subjacentes.

Por fim, abordo a continuidade dos argumentos multiculturais com base na autenticidade e na exemplaridade. De fato, argumenta-se que o entendimento de justiça mais apropriado a uma perspectiva multicultural é aquele centrado na avaliação do impacto que disposições, propostas e práticas em análise exercem no cumprimento e no florescimento desimpedido das identidades dos grupos e dos indivíduos a eles pertencentes. Partindo de uma visão que desenvolvi em *Justice and Judgment* [Justiça e julgamento] e *A força do exemplo*, a justiça em contextos multiétnicos exige, por um lado, a minimização da ruptura da integridade das culturas e, por outro, a busca da máxima realização possível da identidade que surge na interseção dos vários grupos em determinado contexto. Quão importante é, para a cultura sikh, usar uma adaga ou um turbante? Quão crucial para a identidade hindu é o ritual sati? Quão fundamental é certo feriado para uma religião específica? Quão relevante é poder usar determinada língua no local de trabalho a fim de fortalecer e preservar a identidade de uma comunidade? Em todas as disputas multiculturais, encontramos esse julgamento sobre a integridade de uma identidade e suas chances de ser um passo a mais no caminho para avaliar o que a justiça exige.

6.1 - O problema do multiculturalismo

A noção de multiculturalismo foi lançada no debate da teoria política pelo ensaio inovador de Charles Taylor "The Politics of Recognition" [A política do reconhecimento], publicado em 1992.[1] Depois, o conceito recebeu sistematização e integração dentro de uma estrutura liberal pelo influente livro *Cidadania multicultural*, de Will Kymlicka.[2] Na etapa seguinte desse novo conceito, uma pluralidade de vozes críticas desafiou o paradigma provisoriamente proposto por Kymlicka – essas críticas são articuladas a partir de vários pontos de vista, incluindo democracia deliberativa (Benhabib), "interculturalismo", *estudos pós-coloniais*, *estudos culturais* e feminismo liberal (Moller Okin).[3] Após 2002, houve uma nova reviravolta na discussão do multiculturalismo: no centro das atenções passou a estar a aceitabilidade de "múltiplas jurisdições". Em uma visão intersubjetiva do eu, segundo a qual o eu emerge na encruzilhada de uma pluralidade de teias de interlocução e relações de reconhecimento, há a ideia de que, subjacente a um espaço público democrático, deve operar uma jurisdição unitária que reflete pressupostos monoculturais – essa ideia foi apresentada pela primeira vez pelo livro *Multicultural Jurisdictions* [Jurisdições multiculturais], de Ayelet Shachar, e depois lançada na esfera pública pelo famoso pronunciamento de Rowan Williams, ex-arcebispo de Canterbury, em fevereiro de 2008.[4] Mais recentemente, a discussão sobre o multiculturalismo ganhou outro rumo: Will Kymlicka forneceu um quadro mais amplo da trajetória histórica do multiculturalismo em todo o mundo e uma defesa de sua versão liberal original do multiculturalismo em relação à acusação de essencialismo.[5] Em *Multiculturalism without Culture* [Multiculturalismo sem cultura], Anne Phillips argumentou que uma posição multicultural pode ser articulada, o que

> dispensa as noções reificadas de cultura que alimentam os estereótipos aos quais tantas feministas se opuseram, mas mantém robustez suficiente para abordar as desigualdades entre grupos culturais; um multiculturalismo em que a linguagem da diferença cultural já não dá brecha ou sustento aos racistas, mas também não paralisa mais o julgamento normativo.[6]

Concretamente, isso é um tipo de multiculturalismo em que o poder exercido pela elite de uma minoria – em geral homens mais velhos – em definir o que está dentro e fora dos limites da cultura, tradição ou identidade do grupo é contrabalançado não apenas pelo direito de saída concedido a cada indivíduo (como nas versões de Kymlicka e Shachar), mas também por um direito à voz.[7] O direito de saída implica, como Phillips reconhece, uma perda do senso de identidade e pertencimento de uma pessoa cujo direito à voz, se sustentado por instituições e procedimentos adequadamente projetados, ajuda a compensar.

Para uma definição de multiculturalismo não como um julgamento sobre políticas específicas, mas como problema geral da filosofia política, é preciso eliminar questões secundárias que muitas vezes são tratadas em conjunto com o multiculturalismo, mas não ajudam a esclarecer o que está em jogo. Em primeiro lugar, a questão do multiculturalismo não deve ser confundida com problemas relacionados a racismo, xenofobia, ressentimento e marginalização em contextos sociais nos quais há um aumento acelerado da imigração. A multietnicidade é um fenômeno: consiste na coexistência, em um mesmo espaço político, de diferentes culturas. Existia a multietnicidade antes do surgimento do conceito moderno de cultura como conjunto compartilhado de crenças, normas e memórias coletivas, bem como antes do surgimento do Estado moderno. Existia multietnicidade na pólis e nos antigos impérios. No sistema mundial contemporâneo, como Kymlicka apontou, apenas comparando dois números – 193 Estados representados na Assembleia Geral da ONU, mas mais de 6 mil línguas distintas –, quase nenhum espaço político doméstico (com exceção das Coreias e da Islândia) existe sem estar exposto ao desafio da coexistência multiétnica. Essa realidade levanta a questão *normativa*: como regular as relações entre os diversos grupos culturais presentes em um mesmo espaço político?

Historicamente, a resposta mais frequente tem sido: de acordo com a respectiva influência dos grupos, o que inevitavelmente resulta em as intuições normativas subjacentes à cultura das maiorias étnicas ou religiosas encontrarem um caminho mais fácil, se não exclusivo, para a lei e as instituições da sociedade. Assim, a situação mais comum tem sido aquela em que os cidadãos pertencentes à maioria cultural ou religiosa se beneficiam de uma desejável continuidade entre seu modo de vida tradicional e a lei, enquanto os cidadãos das minorias se veem forçados a adotar padrões de conduta estranhos, se quiserem ser bons cidadãos e simplesmente cumprir a lei. Esse foi o padrão chamado por

James Tully[8] de "nacionalismo constitucional" e que acompanhou a formação dos Estados modernos: levou a cultura inglesa a afirmar sua hegemonia sobre escoceses, galeses e irlandeses do norte, a cultura parisiense a prevalecer sobre o resto da França, a cultura do Piemonte e depois de todo o norte da Itália se impor sobre o resto do país, e a cultura castelhana sobrepor a catalã, a basca e outras presentes na Espanha. Foi a partir desse processo que se desenvolveram as democracias que habitamos, implantadas em um Estado-nação. No entanto, podemos tomá-lo como norma para as democracias do futuro? Pode resistir ao teste da justificação política?

A alternativa mais importante tem sido, historicamente, o sistema de "*millets*" que caracterizou o Império Otomano. Entre 1456 e a Primeira Guerra Mundial, esse império, que incluía a maior parte do Oriente Médio, do Norte da África, da Grécia e da Europa oriental, testemunhou a coexistência pacífica de uma maioria muçulmana e das minorias cristãs ortodoxas, armênias e judaicas. Cada uma dessas minorias incluía várias subunidades administrativas locais, governadas por um patriarca ortodoxo ou um rabino, e era livre para regular assuntos internos, como educação, serviços religiosos, propriedade de edifícios religiosos e vários outros dentro dos limites impostos pela maioria: os membros das minorias não podiam fazer proselitismo, não podiam construir novas igrejas sem uma licença especial, e os casamentos interétnicos estavam sujeitos a restrições. Como Kymlicka eloquentemente aponta, nesse tipo de "federalismo teocrático", houve coexistência multiétnica pacífica sem igualdade e com direitos individuais bem limitados, com "pouco ou nenhum espaço para dissidência individual em cada comunidade religiosa e pouca ou nenhuma liberdade para mudar de fé".[9]

O que hoje chamamos de *multiculturalismo* é um modelo de coexistência multiétnica que não pode ser reduzido a nenhum desses padrões. Simplesmente não temos como aceitar, com nossas intuições sobre a natureza de uma *polis* democrática baseada em um pacto constitucional subscrito por cidadãos livres e iguais, uma situação em que um grupo cultural entre os muitos que coexistem na política se torna hegemônico, monopoliza o espaço público com seus símbolos, seus costumes e suas normas, inscreve no direito segmentos de sua concepção de bem e, por meio do direito, impõe essas regras via sanções legais e usa a esfera pública para atingir as outras culturas com símbolos e atestados de difamação. De nossa própria inquietação com essa perspectiva, surgiu a ideia – formulada pela primeira vez por Taylor em "The Politics of Recognition" – de construir, em analogia com a ideia de igualdade de todos os cidadãos perante a lei, um novo tipo de *polis* democrática, na qual a todas as culturas com que os cidadãos se identificam atribuam-se "igual dignidade" e "igual respeito", evitando o terreno pantanoso de uma atribuição condescendente de "igual valor". A filosofia política é chamada a refletir sobre o sentido e a justificação do multiculturalismo assim entendido e sobre as diretrizes de sua realização em nossas sociedades.

Além disso, muitas vezes ouvimos que o termo "interculturalismo" deve ser substituído por "multiculturalismo". O interculturalismo transmitiria a ideia de que grupos imersos em diferentes culturas devem encontrar maneiras de viver juntos sem se isolar em enclaves opostos. Esse pensamento é difundido na Europa, onde a desconfiança em relação ao multiculturalismo tem sido forte, e também foi recentemente credenciado por Taylor, segundo quem,

> se o multiculturalismo no sentido genérico inclui políticas que visam tanto ao reconhecimento da diferença quanto à integração, pode-se argumentar que o prefixo "multi" dá maior peso ao primeiro objetivo – reconhecer a diversidade –, enquanto "inter" invoca mais a faceta da integração.[10]

Por mais sugestiva que seja essa forma de capturar uma diferença de ênfase, olhando mais de perto não é fácil entender em que sentido uma integração intercultural que permanece em troca, não com uma assimilação unidirecional das minorias à maioria, seria distinta da atribuição multicultural de igual dignidade a todas as culturas presentes em um espaço político e das disposições multiculturais que asseguram que tal dignidade seja adequadamente protegida.

No contexto europeu, interculturalismo, ou *interculturalidade*, muitas vezes designa uma categoria político-filosófica menos específica e se torna um conceito central em uma filosofia geral da subjetividade ou na filosofia da educação.[11] Uma filosofia da interculturalidade pretende esclarecer como as identidades culturais sempre surgem e se desenvolvem em interação umas com as outras e, nesse processo, reciprocamente se transformam. Em um nível mais profundo, essa filosofia também visa a esclarecer como, se quisermos entender de que modo o sujeito humano vem a ser, devemos conceber a *identidade* e a *diferença* relacionadas e pressupondo uma à outra. Acho um tanto enigmático, porém, reunir sob o mesmo título uma discussão sobre políticas multiculturais e a justificativa geral para uma abordagem multicultural, por um lado, e uma discussão sobre a natureza da subjetividade, por outro. Certamente poderíamos recorrer a tal compreensão intercultural da constituição da subjetividade para justificar uma compreensão multicultural da cidadania democrática e suas especificações políticas, mas tal curto-circuito acabaria por colocar a justificação política à mercê de concepções abrangentes, que não estão livres de contestação.

Em terceiro lugar, devemos ter cuidado ao entender o multiculturalismo como uma reformulação do problema da tolerância, como uma questão de tolerância cultural, em oposição à religiosa. A analogia pode ser tentadora. Também no caso clássico da tolerância religiosa há o desafio de conciliar práticas diversas em um espaço público onde ninguém sofra discriminação e de discernir o que pode ser aceito e o que deve ser banido como incompatível com a ideia da *laicité* das instituições públicas. Em uma análise mais minuciosa, no entanto, a analogia se mostra enganosa.

Em *Carta sobre a tolerância*, John Locke formulou um princípio conciso para nos ajudar a identificar os limites do tolerável. Cada igreja, argumentou ele, deve ser livre para regular ritos e cerimônias como bem entender, desde que não violem as leis existentes. Cada igreja, em vez disso, pode legitimamente exigir rituais que incluam atos que violem a lei: "As coisas que são prejudiciais ao bem-estar de um povo em seu uso comum e, portanto, são proibidas por leis; essas coisas não devem ser permitidas às igrejas em seus ritos sagrados".[12] No entanto, uma diferença notável entre o contexto de Locke e o nosso é evidente. Enquanto o princípio dele exige que as práticas a ser toleradas não são incompatíveis com a lei, quando abordamos a aceitabilidade de certas práticas culturais específicas, implicitamente levantamos a questão sobre se o ideal de tolerância exige isentarmos certas comunidades étnicas de determinadas obrigações legais. É aceitável isentar os sikh da obrigação de usar capacete ao dirigir uma motocicleta? São aceitáveis as restrições à propriedade concedidas às comunidades nativas? São aceitáveis as restrições à liberdade de cuidadores quebequenses educarem suas crianças em escolas de língua inglesa? A redução da escolaridade obrigatória solicitada pela comunidade amish é aceitável? Os problemas levantados pelo multiculturalismo contemporâneo quase sempre assumem a forma de pedidos de *isenção* das normas que vinculam todos os cidadãos. Essa discrepância indica como uma analogia entre tolerância religiosa e tolerância cultural pode ser problemática.

Outro elemento de assimetria consiste no fato de que, enquanto em princípio é sempre possível conceber a neutralidade religiosa (ou *laicité*) da *polis* democrática e suas instituições únicas (a neutralidade significa concretamente a equidistância das diversas denominações religiosas no espaço político comunitário), quando se trata de questões multiculturais, às vezes não é apenas difícil implementar na prática a ideia de igual dignidade ou respeito, mas mesmo em princípio a ideia de uma solução neutra faz pouco sentido. As instituições estatais podem evitar a exibição de símbolos religiosos ou substituir a linguagem religiosa dos juramentos públicos por uma linguagem secular, mas certamente não conseguem evitar o uso de uma linguagem para seus propósitos. E, quando o Estado usa uma linguagem para determinadas funções – por exemplo, na educação ou em seus tribunais –, implicitamente confere legitimidade extra e reconhecimento público à linguagem oficial em uso.[13]

Em quarto lugar, a questão do multiculturalismo deve ser mantida distinta dos problemas relativos ao diálogo intercultural entre os povos e as religiões mundiais em escala global. Esses problemas surgem quando, por exemplo, estamos preocupados em fornecer fundamentos verdadeiramente universais para os direitos humanos. A Declaração Universal dos Direitos Humanos incorpora pressupostos que não têm plena ressonância com as culturas não ocidentais? Afinal, a relevância dessa questão, independentemente da resposta que damos, é atestada pela sedimentação, ao longo de décadas, de diversos documentos e declarações sobre direitos humanos, como a Declaração do Cairo sobre Direitos Humanos no Islã, adotada pela Conferência Islâmica de Ministros das Relações Exteriores em 1990, ou a Declaração de Bangkok sobre Direitos Humanos de 1993, que iniciou o debate sobre os valores asiáticos. No entanto, existem boas razões para não incluir questões como essas na discussão sobre multiculturalismo. Por um lado, a falta de um Estado de direito global faz com que a tradução das declarações de princípio em legislação executória seja menos rigorosa que no caso interno e, portanto, a discussão também incide mais sobre os fundamentos que sobre as políticas concretas que asseguram igual respeito pelos membros de todos os grupos culturais.

Uma vez que tiramos da discussão sobre o multiculturalismo essas questões, certamente relacionadas ao objeto, mas que não contribuem para o que está em foco, resta esclarecer de que questões multiculturais se trata. Sugiro entendermos a questão do multiculturalismo como um caso especial do problema da "justificação política" ou da legitimidade de uma política liberal-democrática. Mais especificamente, considerando que o constitucionalismo liberal e democrático surgiu em oposição à sociedade de posição e honra, na qual as prerrogativas eram atribuídas aos cidadãos de acordo com suas qualidades, e considerando que as políticas liberais e democráticas estão alicerçadas em um núcleo normativo que prevê igual liberdade e igual dignidade de todos os cidadãos, como dar sentido ao fato de que alguns séculos depois chegamos a contemplar a possibilidade de outra vez diferenciar a gama de direitos e prerrogativas dos cidadãos com base em sua pertença a alguma cultura ou etnia? Que justificativas podem-se oferecer para a atribuição de direitos com base diferenciada de acordo com as linhas étnicas? E, finalmente, como essa forma de justificação política se relaciona com a tradição liberal-democrática, que gira em torno da igual dignidade de todos os cidadãos?

6.2 - Argumentos justificativos em favor do multiculturalismo

Nesta seção, serão examinados quatro argumentos em apoio à adoção da perspectiva multicultural como estrutura para políticas específicas. Acredito que, depois de quase duas décadas, a reconstrução mais completa e clara dos argumentos possíveis em favor das políticas multiculturais ainda é a oferecida por Will Kymlicka em *Cidadania multicultural*. Vou retomá-la brevemente e adicionar alguns comentários. O primeiro argumento possível parte da constituição intersubjetiva da subjetividade; o segundo, do valor da maximização da diversidade na sociedade; o terceiro, da igualdade; e o quarto e mais forte, do valor da liberdade.

O primeiro argumento justificativo a favor do multiculturalismo como marco de políticas voltadas para a promoção da igual dignidade de todas as culturas abraçadas por cidadãos em uma democracia parte da premissa de que em nosso horizonte filosófico o significado da subjetividade mudou. Se a identidade de uma pessoa não é mais entendida, como nas visões atomistas tradicionais do eu, como produto de uma "natureza interior", entendida de forma transcendental ou naturalista, mas é concebida como o precipitado de uma teia de relações ou "de interlocução"[14] que nos permitem perceber-nos pelos olhos dos outros e assumir uma postura autônoma em relação ao que vemos refletido nesse olhar; se supostamente somos o que somos não em virtude de uma essência interna que se manifesta, mas em virtude de nos vermos pelo olhar daqueles com quem nos relacionamos (primeiro o círculo imediato de familiares, depois o "outro generalizado" da vida social), então o respeito à dignidade do indivíduo *assim concebido* requer que as condições para o surgimento dessa individualidade – incluindo as condições que permitem que essas relações intersubjetivas se desenvolvam, perdurem e floresçam – sejam socialmente protegidas e publicamente respeitadas. Porque essas relações constitutivas entre o eu e o outro não são meramente "procedimentos", mas implicam intuições éticas moldadas e expressas pela cultura – outra consequência dessa concepção intersubjetiva do sujeito é que o *verdadeiro respeito à dignidade do indivíduo* significa proteger essa pessoa não apenas "individualmente", por assim dizer, mas com toda a teia de filiações e relações de reconhecimento que fazem dela o que ela é. Daí a justificativa de um direito dos indivíduos a obter o respeito pela própria cultura e disposições que protejam sua sobrevivência.

Por mais sugestivo que esse argumento justificador do multiculturalismo seja, ele falha em apelar para uma concepção "abrangente" de subjetividade que pode ser contestada por aqueles que aderem a concepções alternativas, por exemplo, à incorporada na filosofia da mente, no paradigma transcendental clássico e em algumas versões do paradigma fenomenológico. Além disso, como observou Seyla Benhabib, embora possamos compartilhar a ideia de que a subjetividade humana se forma na encruzilhada de "redes de interlocução", de uma tese tão geral não deriva nenhuma indicação sobre "*quais* teias de interlocução" devem ser normativamente priorizadas, "em *que* circunstâncias" e "*por quem*".[15] A identificação de quais formas de vida devem ser protegidas requer, portanto, um argumento adicional, geralmente não fornecido por aqueles que, como Taylor, adotam essa estratégia justificadora. Independentemente de tal identificação ser deixada aberta a um processo deliberativo ou antecipada pela filosofia política de forma *autônoma*, da tese da constituição intersubjetiva da subjetividade não se segue automaticamente nenhuma indicação sobre quais "teias culturais de interlocução" e quais de suas práticas específicas devem ser protegidas.

Uma segunda justificativa para o multiculturalismo, muitas vezes articulada a partir de uma perspectiva pós-colonial e pós-modernista, mas também encontrada no campo do "liberalismo fervoroso" (exemplificado pelo ideal de Jeremy Waldron de mistura de significados culturais livremente reunidos na vida de cada indivíduo e pela ideia de Kukathas de que o direito de existir, quando respeitado na íntegra, automaticamente confere legitimidade às relações existentes entre grupos cujas identidades são construções *políticas*, não *culturais*),[16] às vezes apela à diversidade cultural como valor positivo e padrão normativo. Em uma sociedade complexa, a diversidade cultural constitui um valor e um padrão normativo na medida em que contribui para a riqueza da vida individual por meio do aumento de escolhas à disposição dos indivíduos. Diferentemente do multiculturalismo anterior, o atual é interno à principal corrente da tradição liberal-democrática: como os liberais perfeccionistas tradicionais certamente aprovam a expansão do leque de escolha individual *dentro* de um horizonte cultural, eles também poderiam prezar a expansão de opções disponíveis. Além disso, essa forma de justificação para diferenciar direitos de acordo com a filiação cultural tem a vantagem madisoniana de "economizar na virtude", apelando não tanto ao senso de justiça dos membros do grupo cultural dominante, mas a seu *interesse* em manter um ambiente social diverso. O argumento baseado no valor da diversidade promete conciliar direitos (culturais) e utilidade social.[17]

No entanto, para justificar o multiculturalismo, esse argumento é vulnerável a quatro objeções. Primeiro, a diversidade intracultural e a intercultural não estão no mesmo plano. Mover-se através de nichos culturais na mesma cultura social não é tão penoso quanto atravessar culturas. Assim, a diversidade intercultural aumenta o leque de opções apenas virtualmente, enquanto a maior diversidade *intracultural* oferece opções viáveis. A presença de muitos símbolos hindus ou budistas em uma sociedade ocidental, pode-se questionar, não expande o alcance de minhas escolhas da mesma forma que os símbolos de uma subcultura vegetariana, porque é difícil imaginar que a conversão seja uma opção real para muitas pessoas. Em segundo lugar, os custos e os benefícios são distribuídos de forma assimétrica: para a maioria que não se beneficia de disposições multiculturais, as vantagens de viver em uma sociedade diversificada são "distribuídas de forma escassa e ampla, enquanto os custos para membros específicos da maioria são às vezes bastante altos".[18]

No Canadá, por exemplo, a vantagem de uma pluralidade de formas de vida é menos pronunciada para todos os membros da maioria de língua inglesa que a desvantagem inversa de não poder usar sua própria língua nativa em várias situações de trabalho em Quebec. Em terceiro lugar, se o efeito positivo do multiculturalismo consiste em promover a diversidade, tomada como um valor em si, por que esse aspecto positivo deveria ser incentivado preservando as culturas minoritárias existentes, em vez de deixá-las se preservarem e atrair, então, novas culturas étnicas por meio de incentivos especiais? Quarto, se a diversidade é um benefício para toda a sociedade, incluindo as várias minorias étnicas, por que adotar medidas multiculturais e não exigir que os cidadãos de culturas minoritárias paguem suas dívidas – por exemplo, desistindo de certos pedidos para reconhecimento multicultural de festas religiosas ou para códigos de vestimenta específicos – a fim de manter a diversidade?[19]

Restam duas estratégias para justificar o multiculturalismo, de longe menos vulneráveis a objeções que aquelas que dependem da constituição intersubjetiva da subjetividade ou do valor da diversidade e oferecem a vantagem da continuidade com a tradição liberal-democrática na medida em que dependem de valores como igualdade e liberdade.

A igualdade, se entendida como tratamento igual para todos os cidadãos do Estado e, portanto, como um dos valores públicos mais elevados – se não equivalente à "virtude suprema" de Dworkin –,[20] certamente não pode limitar sua eficácia normativa abaixo do limiar da diferença cultural. A igualdade nos obriga a prestar o devido respeito ao valor de estar enraizado na *própria cultura*, e esse bem específico deve, então, ser distribuído de forma igualitária a todos os membros da sociedade, e não apenas ao subconjunto daqueles pertencentes a uma cultura majoritária. Desta premissa normativa deriva a obrigação de permitir que os membros de culturas minoritárias usem sua própria língua em transações públicas, os fiéis de várias vertentes religiosas celebrem suas próprias festividades, os membros de todas as etnias preservem seus códigos de vestimenta e suas obrigações alimentares em todas as situações e instituições públicas. Igualdade de tratamento e igual respeito não são objeto de contestação em todos os contextos liberal-democráticos, são blocos de construção que têm valor de definição para regimes democráticos. Como valores, mostram-se irrecusáveis a qualquer regime político que almeje ser reconhecido como democrático. Seria inconsistente pensar que tais valores iriam se tornar misteriosamente inoperantes quando a questão é o tratamento público das minorias culturais.

Finalmente, é possível justificar o multiculturalismo como estrutura para políticas com base no mais essencial de todos os valores democrático--liberais: a liberdade. O argumento se desdobra em quatro etapas, aqui brevemente antecipadas. Primeiro, defender a liberdade em sentido democrático-liberal deve incluir a defesa da liberdade de escolha individual. Em segundo lugar, após a crítica de Wittgenstein à falta de sentido de uma linguagem privada e de entender se uma regra foi seguida independentemente de apreender uma forma de vida, as opções sobre as quais a liberdade de escolha é exercida não podem ser concebidas como criações privadas de um indivíduo. Terceiro, essas opções devem ser entendidas como a disjunção de aspectos alternativos internos a culturas sociais distintas. Quarto, proteger a liberdade de escolha individual deve incluir a proteção da disponibilidade, para o indivíduo, de uma pluralidade de *opções reais* entre e dentro de diversas culturas sociais. Examinemos esses pontos.

A liberdade, qualquer que seja o significado desse termo, deve incluir a possibilidade de escolha entre diferentes *ações*; a saber, entre ações observáveis às quais são atribuídos significados diversos. Partindo de Max Weber, compreender uma ação significa apreender a intenção que motivou sua realização. Valendo-se de George Herbert Mead, no entanto, para que haja *inter*ação social propriamente dita, em oposição a uma série de dísticos estímulo-resposta, é necessário que os significados associados às ações sejam interpretáveis também por terceiros – espectadores, não participantes.[21] Vejo alguém na minha frente na fila do caixa de um bar tirando a carteira do bolso e penso: está prestes a pagar a conta. Esses significados são, então, *compartilhados*: são parte de códigos que lhes conferem relevância, importância, decifrabilidade. Saber decodificá-los depende de habitar uma cultura, pertencer a ela, participar de um mesmo mundo-vida.

Assim, quando dizemos que os atores escolhem entre a linha de conduta A ou B, ou entre engajar-se na prática A ou na prática B, estamos dizendo que eles escolhem entre concorrentes, significados alternativos a serem atribuídos a seus atos. Esses significados rivais em geral não são sua criação – embora em casos excepcionais possam ser; são diferentes objetivações culturais, que adquirem sentido como opções *dentro* de uma mesma cultura, ou são alternativas em duas culturas diferentes, que se chocam. Curiosamente, para que esses fragmentos de uma cultura mantenham intacto seu significado original, é necessário – uma vez aceita a tese do valor posicional de sentido – que a unidade cultural global a que pertencem mantenha uma parcela modesta de integridade.

Dois exemplos podem ilustrar esse ponto. Eu me jogo contra a parede da sala na tentativa de atravessá-la e explico meu gesto mencionando o fato de que em princípio não é impossível que, dada a estrutura molecular de toda matéria, orgânica e inorgânica, as partes vazias e sólidas de meu corpo e a parede possam se moldar favoravelmente. Continuo assinalando que, embora tenha plena consciência do grau infinitesimal de probabilidade de tal possibilidade, vale a pena sofrer as dores de bater contra a parede para perseguir a não impossível glória de ser o primeiro ser humano a atravessar uma parede. O gesto permanece, no entanto, totalmente idiossincrático, de um louco, não compreendido por ninguém, e, dado esse caráter idiossincrático, não posso sensatamente falar em uma "escolha" entre sair de uma sala pela porta ou tentar passar pela parede.

O segundo exemplo é oferecido pelo psicanalista Jonathan Lear, que descreve o que pode significar o colapso de um mundo ao relatar a transformação sofrida pela cultura da tribo indígena crow após a criação de uma reserva. Dentro da reserva, os crow experimentam uma perda devastadora de sua estrutura conceitual, um "colapso de seus ideais" que é assim descrito por Lear:

> Nada que eles pudessem fazer contaria como viver de acordo com os conceitos mais básicos com os quais eles até então haviam vivido (e entendido) a vida. Então, para dar um exemplo paradigmático, nada que alguém pudesse fazer poderia contar como uma *caçada*. A questão não é só que eles foram fisicamente impedidos de fazê-lo; é, antes, que, quaisquer que fossem seus movimentos físicos, eles não podiam mais se entender legitimamente ou ser interpretados por outros como se estivessem caçando. Alguns jovens podem pegar arcos e flechas e fugir da reserva com cavalos; eles podem até encontrar um dos últimos cinquenta búfalos, matá-lo e trazê-lo de volta. Mas nem isso nem qualquer outra ação possível representaria uma caçada. Na melhor das hipóteses, há *mimesis*: uma imitação talvez nostálgica (e certamente tardia) dos dias em que a vida tradicional tinha sentido. [...] Da mesma forma, nada mais conta como ir para a *guerra*. Rapazes raivosos podem se esgueirar até a reserva Sioux e levar cavalos;

> mas, em vez de um ato abrasivo de contar o golpe, agora seria considerado pelos próprios crow como roubo, delinquência, encrenca. Novamente, a questão aqui não é que os crow foram fisicamente impedidos de combater – o que talvez seja verdade –, mas, mais radicalmente, que nada mais *tem sentido como* ir à guerra. [...] Se um jovem crow agora quisesse ir para a guerra, ele teria que fazê-lo da mesma maneira que, digamos, qualquer estadunidense: alistando-se como soldado nas Forças Armadas. Talvez os jovens crow considerem essa opção uma reação nostálgica à perda dolorosa; mas ninguém acha que isso conta como um exemplo de *guerrear* como antes era tradicionalmente entendido. Nada mais é fazer isso.
> Mas, se nada mais é como era ir à guerra ou caçar, nada mais conta como *preparar-se* para ir à guerra ou *preparar-se* para ir à caça.²²

Quando uma cultura perde sua integridade e entra em colapso, não existe mais escolha entre essa e outra cultura. Proteger a liberdade requer, então, que as *raízes da liberdade* sejam protegidas, isto é, que se mantenham preservadas as condições que permitem o exercício de nossa liberdade entre alternativas reais. Logo, podemos afirmar que conservar a integridade das culturas enquanto culturas societárias é importante para um democrata na medida em que significa proteger aqueles reservatórios de significado a partir dos quais os indivíduos são capazes de conceituar alternativas e, assim, exercer sua liberdade de escolha.

Essa tese está em uma posição liberal abrangente como a de Ronald Dworkin, quando este escreve, em *Uma questão de princípio*: "Herdamos uma estrutura cultural e temos algum dever, por simples justiça, de deixar essa estrutura ao menos tão rica quanto encontramos".²³

O argumento da liberdade, no entanto, ainda não está completo. Até agora só foi estabelecido que a liberdade de escolha individual é protegida se – e somente se – o indivíduo puder optar entre pelo menos duas alternativas culturais igualmente acessíveis: ainda não se demonstrou que entre essas opções deva ser incluída a própria *cultura nativa do indivíduo*. Para afirmar que a liberdade exige que protejamos a capacidade do indivíduo de articular os significados de sua escolha dentro de sua própria cultura nativa, é necessário um argumento adicional.

De fato, como afirmou Jeremy Waldron em outro sentido, os indivíduos podem se converter de uma religião para outra, migrar de uma cultura para outra. Eles também podem habitar um caleidoscópio de culturas sem ninguém em posição dominante. Por que os cidadãos devem exigir que os significados de suas ações sejam construídos de acordo com as categorias embutidas em *sua própria* cultura? Ninguém pode negar que algumas pessoas vivem em duas ou mais culturas ao mesmo tempo. Esse fato lança dúvidas sobre a sensatez da afirmação de que

> todas as pessoas precisam de seu enraizamento na cultura particular em que elas e seus ancestrais foram criados da mesma forma que precisam de comida, roupas e abrigo. [...] Essa imersão pode ser algo que algumas pessoas gostam ou não gostam. Mas eles não podem mais alegar que é algo de que precisam.[24]

Há menos do que parece nessa objeção e, para expor sua fraqueza, Kymlicka sugere reformulá-la nos termos da justiça distributiva. Ninguém pode negar que, hoje, 1,2 bilhão de pessoas vivem abaixo da linha da pobreza, com renda inferior a US$ 350 por ano e sem cuidados adequados de saúde, moradia e educação, conforme atestado pelo Relatório das Nações Unidas sobre Desenvolvimento Humano de 2001. Ainda assim, de alguma forma, elas sobrevivem. Ao mesmo tempo, em várias religiões, há gente que escolhe voluntariamente levar uma vida de pobreza. Em nenhum dos casos é sensato concluir que, como é possível viver na pobreza, estar acima da linha de pobreza é algo de que "pessoas gostam e desfrutam", mas não é uma necessidade humana. Em outras palavras, a existência de pessoas que optam por viver na pobreza e de milhões que se adaptam à miséria e sobrevivem não significa que um mínimo de prosperidade para uma vida boa seja dispensável e não mina o pedido de que tal padrão seja satisfeito para todo cidadão. De maneira análoga, conclui Kymlicka, "devemos tratar o acesso à cultura como algo que as pessoas queiram, qualquer que seja sua concepção de bem. Essa é uma afirmação não sobre os limites da possibilidade humana, mas sobre expectativas razoáveis".[25]

Essa compreensão da contribuição da filiação cultural para a identidade do indivíduo, longe de refletir uma espécie de antiliberalismo comunitário, é bem documentada pela transformação do liberalismo nos últimos três séculos. Adaptar-se a uma situação simplesmente residindo em um lugar, não saindo, em 1690 foi entendido por John Locke como sinal de um *consenso tácito*. Em suas palavras, todo homem que tenha qualquer posse, ou gozo, de qualquer parte dos domínios de qualquer governo, dá, assim, seu *consentimento tácito* e é obrigado a obedecer às leis desse governo, durante tal gozo, como qualquer um sob ele; seja sua posse de terra, para ele e seus herdeiros para sempre, ou uma hospedagem apenas por uma semana; seja apenas viajando livremente na estrada; com efeito, atinge até o próprio ser de qualquer um dentro dos territórios desse governo.[26]

Três séculos depois, em 1993, em *O liberalismo político*, John Rawls revisa minuciosamente tal entendimento que não consegue compreender o vínculo entre cultura, identidade e autonomia individual. Para Rawls, a provisão formal de um direito de expatriar não pode mais, por si só, garantir que residir dentro dos limites de uma política implica o consentimento em relação a seu governo. A razão, nas palavras de Rawls, é que

> normalmente sair do país é um passo grave: envolve deixar a sociedade e a cultura em que fomos criados, a sociedade e a cultura cuja linguagem usamos no discurso e no pensamento para nos expressar e compreender a nós mesmos, nossos objetivos e valores; a sociedade e cultura de cuja história, costumes e convenções dependemos para encontrar nosso lugar no mundo social. [...] O direito de emigração (oportunamente qualificado) não é suficiente para tornar livre, politicamente falando, a aceitação da autoridade [do governo] do mesmo modo que a liberdade de consciência basta para tornar livre, politicamente falando, a aceitação da autoridade eclesiástica.[27]

Ou seja, proteger a liberdade requer não apenas que *suas raízes* sejam protegidas, que se preserve a existência daquelas unidades orgânicas dentro das quais as linhas alternativas de conduta à disposição do indivíduo adquirem significado, mas requer que a cada indivíduo seja concedida a possibilidade de ter sua própria cultura entre as diversas disponíveis para dar sentido à ação. Caso se preveja uma possível atualização da lista rawlsiana de "bens primários", tal ampliação deveria incluir o bem de "ter a escolha concreta de seguir a vida na cultura de sua formação" como bem primário por direito próprio, não simplesmente incluído no conjunto maior das "bases sociais do autorrespeito".[28]

6.3 - A CONTINUIDADE DO MULTICULTURALISMO E DO LIBERALISMO POLÍTICO

Neste ponto, uma objeção frequentemente deve ser abordada: o multiculturalismo pressuporia uma compreensão das culturas como impermeáveis, fixas e nitidamente demarcadas – culturas como mosaicos, verdadeiras unidades coletivas – e ignoraria até que ponto elas são distintas, constantemente em transformação e em interação umas com as outras, resultando em contaminação, influência recíproca, cruzamento e alteração.[29]

Essa objeção nos faz questionar se uma perspectiva de terceira pessoa não foi justaposta a uma de primeira pessoa. Se uma questão *cognitiva* é abordada – o que é uma cultura e como ela funciona? –, certamente as culturas aparecem como fluidas, vagamente delimitadas, propensas ao cruzamento, não em uma correspondência fixa a uma população identificável. Nem sempre, no entanto, a pergunta apropriada a ser feita em determinado contexto é cognitiva. Quando nossa pergunta não é de natureza *prática* – o que devo ou devemos fazer, o que é melhor para mim ou para nós nessa situação? –, essas propriedades mudam repentinamente. As culturas com que o ator se depara aparecem como entidades que podem interagir e influenciar umas às outras ao longo do tempo, mas o fazem em um tempo que não está à disposição do ator. O grau de especificidade e detalhe com que as consideramos é – assim como a escala apropriada de um mapa – uma função dos fins práticos que estão sendo perseguidos. O catolicismo e o protestantismo e o islamismo xiita e sunita podem fornecer o nível apropriado de diferenciação da minha unidade de análise em um contexto, mas, se o contexto deliberativo assim o exigir, as unidades culturais relevantes podem ser constituídas por alternativas mais específicas, por exemplo franciscanos *versus* dominicanos, presbiterianos *versus* anglicanos ou, no outro extremo do espectro, cristãos e muçulmanos.

O ponto pode ser aprofundado com uma analogia linguística. Como linguista histórico, enquanto observador, da perspectiva de terceira pessoa, estou ciente de que o inglês e o espanhol estão em constante evolução e emprestam recursos lexicais um do outro devido aos contatos entre falantes anglófonos e hispanófonos. Palavras derivadas de uma língua enriquecem a outra. Como orador ou na primeira pessoa, no entanto, não posso deixar de falar inglês ou espanhol. Por toda a consciência da porosidade e da fluidez, essas linguagens se colocam contra mim como entidades orgânicas nas quais estou imerso e as quais não posso modificar, exceto de maneira bem indireta, pelos efeitos de minha atuação individual. Assim, sua modificação devido à interação ocorre, mas isso não influencia o contexto em que devo decidir minha linha de conduta. A fluidez, nesse sentido, não está à disposição do ator. Os italianos poderiam ter "euri" no plural – como em espanhol, francês e inglês existe uma forma plural distinta, "euros" –, se essa tendência linguística predominasse. Mas, uma vez que uma tendência está prevalecendo, ela não está mais à disposição de um único falante, mesmo que tal uso não seja parte de qualquer essência, e sim resultado de uma prática – um uso torna-se, para colocar Hegel, um fragmento de "espírito objetivo". Os falantes de italiano *precisam* usar a forma inalterada "euro" no plural.

Consequentemente, não somos obrigados a escolher entre multiculturalismo e interculturalismo ou entre dois tipos de multiculturalismo. Em vez disso, podemos escolher entre o ponto de vista do observador, que percebe as culturas a influenciarem umas às outras, ou do participante, que é sempre "lançado" em um contexto apenas parcialmente de sua própria escolha, um contexto no qual a escolha de uma linha de conduta, seja individual, seja coletiva, sempre ocorre contra o pano de fundo de configurações de significado ou culturas que se supõe persistirem inalteradas durante o tempo previsível da ação. Em relação às culturas que incidem sobre seu contexto de ação, o ator está na mesma posição que o ator social que percebe que, como Luhmann bem observou, talvez "tudo fosse diferente" (e talvez seja de fato diferente no futuro), mas *por enquanto* ele "não pode mudar quase nada". As culturas estão *em constante* transformação para o observador; aqui e agora elas são *dadas e fixadas* para o participante, mudam, mas sua mudança não está à disposição dos atores.

Uma segunda objeção, articulada de forma pungente por James Tully, aponta para os resíduos de viés etnocêntrico que continuam a assombrar o constitucionalismo liberal e dos quais o projeto de alinhar multiculturalismo e liberalismo seria involuntariamente vítima. Esses resíduos somam sete pressupostos não examinados, típicos do constitucionalismo *moderno*, que continuam a operar mesmo nas versões contemporâneas do constitucionalismo liberal mais abertas a acomodar a diferença cultural. A *primeira* pressuposição – que atravessa as versões liberal, nacionalista e comunitária do constitucionalismo – sustenta que um *demos* autoconstituído é "culturalmente homogêneo" no sentido de que a cultura é *irrelevante* (como em teorias contratualistas, assumindo que indivíduos livres e iguais em um estado de natureza ou em uma posição original, deliberada sobre os termos justos de sua cooperação futura) ou *capaz de ser transcendida* (tipicamente para abordagens *geschichtsphilosophisch* que consideram a autoconstituição de uma nação expressão de sua obtenção de uma forma moderna ou vida reflexiva), ou uniforme (como o povo unificado por um *Volksgeist* que inclui uma visão compartilhada do bem comum).[30] A *segunda* suposição é de que o constitucionalismo moderno é radicalmente descontínuo de todas as formas de constitucionalismo antigo, pré-moderno ou tradicional. Enquanto todo constitucionalismo não moderno é reflexo da normatividade do costume e da tradição, a forma moderna é produto da *reflexão*: embora possa incorporar elementos da tradição e do direito consuetudinário, ela o faz após a devida reflexão crítica sobre o mérito desses elementos, que são incorporados ao direito positivo não por serem tradicionais, mas porque passam no teste do escrutínio crítico.[31] A *terceira* suposição é de que a pluralidade de fontes jurídicas, muitas vezes competindo por preeminência, e que permeou o constitucionalismo antigo ou pré-moderno, é superada por uma visão monocêntrica do povo soberano como a única fonte de normas válidas. Em Hobbes e em Locke, ouvimos um forte apelo por um corpo político unificado, capaz de agir e ser imputado à ação como um todo orgânico, e uma condenação do pluralismo jurídico como inconsistente e inviável, quando não atormentado pela semente da divisão e da discórdia.[32] A *quarta* suposição é de que a forma moderna de constitucionalismo corresponde e é a única adequada a uma sociedade moderna – ou seja, a uma sociedade em que a autoridade do costume e da posição foi corroída pelo crescimento de uma sociedade civil feita de indivíduos autônomos e proprietários.[33] O *quinto* pressuposto – o mais paroquial de todos – equipara a forma moderna de constitucionalismo a determinado conjunto de instituições específicas (por exemplo, governo representativo, separação de poderes, declaração de direitos, esfera pública de certo tipo etc.), todas as outras formas contando como "inferiores, apátridas, irregulares e antigas".[34] A *sexta* suposição assume que um Estado constitucional moderno "possui uma identidade individual como uma 'nação', uma comunidade imaginária à qual pertencem todos os nacionais e na qual gozam de igual dignidade como cidadãos" – uma comunidade imaginária baseada na igualdade interna (todos os integrantes são iguais) e também externa (todas as nações têm a mesma dignidade).[35] Finalmente, a *sétima* suposição estipula que uma constituição moderna, como um *big bang* jurídico, "é um momento de fundação e fica por trás da *polis* democrática" em vez de crescer junto ou ao lado de uma sociedade democrática; em outras palavras, é "pré-condição da democracia, mais que um à parte da democracia" – uma imagem "reforçada pelos mitos do legislador único na tradição republicana, o consenso original da comunidade ou nação na tradição nacionalista e o contrato original ou hipotético a que todos os cidadãos hoje consentiriam se fossem racionais, na tradição liberal".[36]

Em quase nenhum outro lócus da literatura sobre multiculturalismo vemos resumo mais conciso de todos os pressupostos não examinados subjacentes ao ideal democrático-liberal, tendo o momento de fechamento exposto pela crítica agonista como um ponto cego escondido sob a retórica de abertura típica da democracia liberal. Olhando mais de perto, no entanto, parece bastante duvidoso que essa descrição se aplique ao *liberalismo político*, a filosofia política mais bem situada para ajudar as sociedades democráticas a enfrentar os desafios do século XXI, incluindo a colocada pelo hiperpluralismo.

Embora se deva considerar que *O liberalismo político* de Rawls havia aparecido um ano antes de Tully proferir a primeira palestra de Seeley a ser incluída no volume *Strange Multiplicity* [Estranha multiplicidade], não se pode deixar de notar que o liberalismo político não é afetado por pelo menos seis desses sete pontos cegos. Primeiro, simplesmente não há como interpretá-lo supondo que a cultura é *irrelevante* (afinal, no trabalho de Rawls de 1993 a posição original retrocedeu de um fundamento de justiça como equidade para ser um "dispositivo de representação", uma antecipação independente de um consenso sobreposto entre culturas morais abrangentes rivais endossadas por diversos grupos de cidadãos)[37] ou *passível de ser transcendida* (dada a onipresente e inescapável operatividade dos "fardos do julgamento", o fato de que o "pluralismo razoável" veio para ficar e não se pode esperar que a razão pública nos liberte dele)[38] ou uniforme (mesmo em *Uma teoria da justiça* o problema moderno da justiça é vinculado a uma diversidade de visões, e a sociedade moderna em que tal problema surge é apresentada como radicalmente descontínua de uma "comunidade de santos" que compartilham uma visão comum do bem).[39]

No caso do segundo pressuposto, em *O liberalismo político* vemos refletir uma imagem da política liberal-democrática, unificada em torno de uma concepção política de justiça, como descontínua pelo desconhecimento ou pela rejeição do pluralismo típico das formas antigas e perfeccionistas modernas de associação política. O liberalismo político é apresentado por Rawls como uma filosofia política madura que finalmente aprendeu uma lição que todas as formas anteriores de constitucionalismo, incluindo as liberais perfeccionistas, não aprenderam: como neutralizar a destrutividade do conflito político alimentado por visões de mundo rivais.[40] Nesse aspecto, o liberalismo político se encaixa no esquema que Tully está propondo, mas resta a este provar o que estaria errado com o projeto de vislumbrar uma política que institucionalize a reflexão sobre a tradição. A transição das formas tradicionais para as reflexivas de autoridade legítima equivale a uma mudança de horizonte que se encontra além do poder dos atores políticos tanto de produzir à vontade quanto de reverter um poder, uma vez estabelecido. Um aspecto original do liberalismo político, que atenua o alcance dessa segunda objeção contra ele, é que, embora as políticas perfeccionistas sejam apresentadas como menos que bem ordenadas, de modo algum esse julgamento implícito está relacionado com uma rejeição de sua legitimidade: de fato, em *O direito dos povos*, sociedades decentes são aceitas como participantes legítimos na "sociedade dos povos" e são parte da validação do esquema de relações internacionais orientado para considerações de justiça.

Quanto ao terceiro pressuposto, o liberalismo político oferece uma combinação original de intuições monocêntricas, quando se trata do núcleo institucional da política (o que Rawls chama de "fórum político", onde a razão pública deve prevalecer sobre todas as formas de razão não pública), e pelo menos um forte potencial para acomodar intuições jurídico-pluralistas. Enquanto Rawls talvez tenha sido pessoalmente avesso a qualquer sugestão legal-pluralista, a estrutura do liberalismo político, como vimos no capítulo 4, pode ser estendida para acomodar o hiperpluralismo por meio da renúncia – sem perda de consistência – à suposição monocêntrica de que uma política é integrada por consenso sobreposto ou via *modus vivendi*. No capítulo 4, a *polis* democrática multivariada foi delineada principalmente com referência à diversidade de motivações subjetivas que levam grupos culturais a endossarem os fundamentos constitucionais, mas em princípio não há razão para que a política multivariada não acomode uma pluralidade de direitos legais – na linha sugerida por Shachar – em áreas cuidadosamente delimitadas, desde que os fundamentos constitucionais permaneçam em vigor e em funcionamento.

A quarta suposição deixa o liberalismo político completamente ileso – que "a forma *moderna* de constitucionalismo combina e é a única adequada para a sociedade moderna" é refutada pelo próprio fato de que o liberalismo político sem dúvida equivale a uma reflexão político--filosófica sobre a modernidade tardia e, no entanto, é radicalmente diferente das formas já conhecidas de constitucionalismo moderno – pelo menos no sentido de reconhecer a relevância e a ineliminabilidade da diversidade cultural e de abrir a possibilidade de uma *polis* democrática multivariada.

Com referência ao quinto pressuposto, o núcleo do liberalismo político não precisa ser equacionado com instituições específicas, mas pode ser entendido como uma constelação de conceitos como razão pública, concepção política de justiça, pluralismo razoável, ônus do julgamento, dever de civilidade e consenso sobreposto. Parece difícil imaginar que esses conceitos inter-relacionados rastreiem um conjunto específico de instituições como as únicas legítimas – o ônus da prova certamente recai sobre o crítico para mostrar a necessidade desse vínculo. Da mesma forma, nenhum vínculo intrínseco se estabelece entre o liberalismo político e uma forma de Estado que enfatiza a comunidade imaginária chamada nação – o elo que constitui o sexto pressuposto atribuído por Tully a todas as formas de constitucionalismo moderno. *O direito dos povos* atesta o fato de que os fundamentos do liberalismo político – novamente, razão pública, pluralismo razoável, consenso sobreposto a uma concepção política de justiça – podem ser aplicados às relações *entre* os Estados-nação e, portanto, não dependem em nenhum caso do imaginário da nação.

Por fim, ao liberalismo político não se pode atribuir a ideia de que a promulgação da constituição é como um *big bang* político que inaugura uma forma democrática, assim como no moderno consenso contratualista hobbesiano, lockeano ou rousseauniano o pacto inaugurou a política, a autoridade legítima e a obrigação política vinculante. Evidência para essa afirmação é que, no esquema de Rawls, o consenso sobreposto que define uma política liberal-democrática bem ordenada é um *padrão orientado para o futuro*, não uma realidade, muito menos um momento de fundação. O impulso não atomístico, reconstrutivo e, em última análise, hegeliano de *O liberalismo político* é manifesto no relato de Rawls de uma transição gradual e endogenamente impulsionada do conflito para um *modus vivendi* primeiro e, posteriormente, para um "consenso constitucional" que apenas em termos ideais – e no fim das lutas pela interpretação das implicações jurídicas dos direitos e outros fundamentos constitucionais – resulta em um consenso sobreposto propriamente dito.

Em suma, o liberalismo político, em relação a todos os liberalismos do passado, é totalmente imune a pelo menos cinco desses sete pressupostos subjacentes a todas as tradições liberais insensíveis à diversidade cultural, e, quanto à condenação do pluralismo jurídico (terceiro pressuposto), pode-se argumentar que, embora essa talvez tenha sido a inclinação pessoal de John Rawls, nada em sua teoria torna inconsistente incluir elementos do pluralismo jurídico – a ideia de "*polis* democrática multivariada" delineada no capítulo 4 introduz uma premissa teórica (a saber, que o modo de integração da política pode combinar aspectos de um consenso forçado e de um *modus vivendi*) que abre a possibilidade de uma compreensão mais jurídico-pluralista do liberalismo político.

Assim, apenas em relação a um pressuposto (o segundo) – a autoproclamada descontinuidade do "constitucionalismo moderno" com todas as formas de constitucionalismo antigo, pré-moderno ou tradicional – a crítica de Tully atinge o alvo. Há, no entanto, uma consideração adicional. Parece-me que o que está em jogo na oposição entre aceitar a normatividade de forma reflexiva, porque passou no teste do escrutínio crítico, e aceitá-la irrefletidamente, porque é costumeira e parte de uma tradição com a qual nos identificamos, é uma oposição muito mais profunda que aquela entre os tipos moderno e pré-moderno de constitucionalismo. Ao rejeitar a sensatez dessa oposição, rejeitamos também a distinção weberiana de autoridade tradicional e autoridade jurídico-racional. Embora se possa argumentar que, de fato, elementos do tradicionalismo podem muito bem sobreviver em nichos protegidos de uma ordem jurídico-racional, transformar esse fato em um obscurecimento da distinção ideal-típica dos dois modos de legitimidade parece introduzir uma falta de diferenciação de nosso vocabulário político-filosófico, cuja vantagem ainda não foi explorada.

Para encerrar, abordemos um aspecto crucial e até agora pouco examinado do debate sobre políticas multiculturais. Se descartamos a quimera da "visão do nada", não podemos mais entender a normatividade, inclusive a justificação do multiculturalismo, como aplicação de princípios por parte da razão prática. Em vez disso, devemos adotar uma maneira de apreender a força da normatividade que não se baseie na noção de uma completa *traduzibilidade* de culturas nem na noção de uma metalinguagem filosófica neutra. Isso inevitavelmente afeta nosso entendimento de justiça, no sentido de que julgamentos sobre o que a justiça exige são melhor concebidos como julgamentos sobre o impacto que disposições, propostas e instituições exercem sobre a perspectiva de realização das coletividades e da identidade dos grupos envolvidos. Essa noção de justiça – que gira em torno da "normatividade de identidade" e, de modo mais geral, sobre a autenticidade de uma identidade – orienta-nos a proteger a integridade das culturas e, ao mesmo tempo, quando surgem conflitos, orienta-nos a buscar a realização mais completa da identidade superordenada formada na área de sobreposição entre as identidades em tensão.[41] Um importante indicador da saliência dessa autenticidade e base de julgamento da visão de justiça é a forma que os debates sobre políticas multiculturais geralmente assumem: quão importante é na cultura sikh usar um turbante? Quão importante é, na mesma cultura, o pequeno punhal que os adolescentes carregam no cinto? Quão irrenunciável para a consciência religiosa hindu é o ritual sati? Quão crucial é a observância de determinado feriado religioso para certa tradição? Quão fundamental para o senso de identidade é usar sua própria língua nativa no local de trabalho? Na maioria das disputas multiculturais, vemos constantemente essa relação de nossos julgamentos sobre o que a justiça exige para um julgamento sobre a autenticidade de uma identidade e suas chances de florescimento.

Desse ponto de vista, pode-se concluir que não só o multiculturalismo não é inconsistente com os fundamentos de um Estado de direito democrático-liberal concebido nos moldes do liberalismo político, como o multiculturalismo, entendido enquanto discurso sobre a aceitabilidade de diferenciar alguns dos direitos e dos deveres dos cidadãos com base em sua filiação cultural, levanta para o liberalismo político o desafio de integrar uma avaliação baseada no julgamento das necessidades funcionais da identidade em sua abordagem da justiça.

Notas

1. Ver Taylor, 1992, pp. 25-74.
2. Kymlicka, 1995.
3. Benhabib, 2002; Bhabha, 1994; Fraser & Honneth, 2003; Galeotti, 1999; Moller-Okin, "Is Multiculturalism Bad for Women?", em Cohen, Howard & Nussbaum (ed.), 1999, pp. 7-24.
4. Shachar, 2001. Ver também Williams, 2008.
5. Ver Kymlicka, 2007.
6. Phillips, 2007, p. 8.
7. Idem, pp. 154-157.
8. Tully, 1995, p. 7. Como ele afirma: "Os conceitos de povo, soberania popular, cidadania, unidade, igualdade, reconhecimento e democracia tendem todos a pressupor a uniformidade de um Estado-nação com um sistema centralizado e unitário de instituições jurídicas e políticas". Idem, p. 9.
9. Kymlicka, 1995, p. 157.
10. Taylor, 2012, vol. 38, n. 3-4, p. 416. Para uma oposição mais radical ao interculturalismo (entendido como um desafio ao "monismo legal" prevalecendo mesmo em círculos liberais progressistas e como pleiteando a reabilitação de formas de constitucionalismo "antigas", isto é, pré-modernas, prevalecentes nos povos aborígenes) e multiculturalismo liberal, ver Tully, 1995, pp. 54-57.
11. Ver Todorov, 1998; Colin & Müller, 1996.
12. Locke, 1690, p. 47.
13. Ver Kymlicka, 1995, pp. 110-111.
14. Ver Taylor, 1989, p. 36.
15. Benhabib, 2002, pp. 56-58.
16. Waldron, "Minority Cultures and the Cosmopolitan Alternative", vol. 25, n. 3, pp. 751-793, e Kukathas, 2003.
17. Kymlicka, 1995, p. 121.
18. Idem, p. 122.
19. Idem, ibidem.
20. Dworkin, 2002.
21. Mead, 1974 [1934], pp. 253-255.
22. Lear, 2008, vol. 31, n. 1, pp. 38-59 (em italiano); para uma análise mais detalhada, ver Lear, 2006, pp. 34-100.
23. Dworkin, 1985, pp. 232-233.
24. Waldron, "Minority Cultures and the Cosmopolitan Alternative", p. 762.
25. Kymlicka, 1995, p. 86.
26. Locke, 1965 [1690], vol. II, § 119, p. 392.
27. Rawls, 2005 [1993], p. 222.
28. Para um argumento sobre o bem primário do autorrespeito que exige a proteção das culturas de todos os cidadãos e uma "atitude pública de respeito mútuo pela diversidade cultural", ver Tully, 1995, pp. 190-191.
29. Ver, por exemplo, Barry, 2001; Appiah, 2005, pp. 151-152; Phillips, 2007, p. 14; Benhabib, 2002, p. 68; Galeotti, 1999, pp. 58-59. Fica em aberto se a nova reflexão sobre o multiculturalismo, por exemplo, Shachar, 2001, seria vulnerável a essa crítica.
30. Ver Tully, 1995, pp. 63-64.
31. Idem, pp. 64-66.
32. Idem, pp. 66-67.
33. Idem, p. 67.
34. Idem, pp. 67-68.

35 *Idem*, pp. 68-69.
36 *Idem*, pp. 69-70.
37 Ver Rawls, 2005 [1993], p. 24; ver também a passagem, já citada, em que, em contraposição ao liberalismo lockeano clássico, Rawls argumenta contra a doutrina do "consenso tácito" por causa da importância da cultura para qualquer pessoa contemporânea.
38 Ver *idem*, pp. 56-58 e 240; Rawls, 1999, p. 170.
39 Ver Rawls, 1999 [1971], p. 129.
40 Em Ferrara, 1999, pp. 155-156, argumentei que esse resíduo de uma filosofia da história opera em *O liberalismo político* também no sentido de uma suposta "cumulatividade do político": o que é abrangente e controverso com o tempo pode se tornar "político", mas o que se tornou "político" no sentido de ser compartilhado por todo o espectro das diversas concepções abrangentes é suposto por Rawls permanecer assim para sempre.
41 Discuti mais extensivamente esse modelo de justiça em Ferrara, 1999, pp. 178-201.

7

Além da nação
Governança e democracia deliberativa

O que seria uma ordem mundial justa? Em seu ensaio *Governando o globo*,¹ Michael Walzer prospectou uma série de desenvolvimentos no século XXI e delineou um quadro político complexo que envolve conter a anarquia por meio de instituições cosmopolitas e, ao mesmo tempo, preservar a diversidade.

Este capítulo aborda, do ponto de vista da "democracia deliberativa", o desafio levantado por um aspecto da ideia de um Estado de direito global pluralista sem um centro institucional estatal mundial. Essa perspectiva exigirá instituições destinadas a regular a ação – de indivíduos, grupos, Estados – sem recorrer, na maioria dos casos, embora não em todos, aos meios coercitivos típicos do governo doméstico.² Será preciso contar com o *soft law*, as "boas práticas", alguma versão de "coordenação transparente" da União Europeia – ou, em outras palavras, será preciso confiar nos instrumentos de *governança*. Ou seja, haverá menos democracia? Na primeira seção, essa questão será ressignificada no contexto mais amplo da "segunda transformação da democracia", isto é, seu início de funcionamento em contextos supranacionais. Na segunda seção será destacada a especificidade da democracia deliberativa em relação à democracia competitiva *mainstream*. Em seguida, na terceira seção, governo e governança serão contrastados como dois modelos de coordenação da ação das unidades políticas. Então, finalmente, na quarta seção, a democracia deliberativa irá nos oferecer uma explicação melhor para o funcionamento da governança do que as concepções competitivas de democracia e, assim, irá nos ajudar a entender como a democracia pode enfrentar sua segunda transformação, iminente.

7.1 - A SEGUNDA TRANSFORMAÇÃO DA DEMOCRACIA

A democracia é contemporânea ao início das conversas ocidentais sobre a forma política da vida comunal. A frase de abertura de *A República* de Platão, com sabor de romance – "Desci ontem ao Pireu" –,[3] sinaliza a distância mental que Sócrates, a caminho de participar de uma celebração religiosa no Pireu, toma em relação à cidade de Atenas e sugere que tal distanciamento seja requisito para uma reflexão filosófica sobre os méritos da ordem política em que se está imerso.

Por muitos séculos, a democracia permaneceu basicamente inalterada – o "governo de muitos", em oposição ao governo de poucos ou de um –, com poucas inovações, com períodos de florescimento e fases obscuras de demagogia, tirania da maioria e recaída em despotismo, até que, na Idade Moderna, começou lentamente a se transformar na vida política em que, após o sufrágio universal, surgido no século XX, ainda estamos imersos.

Essa primeira transformação ocorreu quando o ideal democrático de fazer autonomamente as leis a que então obedeceremos foi atrelado a três outros elementos: a noção liberal de direitos individuais; a ideia de constituição e constitucionalismo; e o Estado-nação westfaliano combinando ele mesmo uma nação, uma história, cultura e memória comuns, um espaço econômico territorialmente delimitado, um aparato estatal preexistente, às vezes (embora nem sempre) uma língua comum e uma fé religiosa comum. Desde essa primeira transformação, o desenvolvimento do regime democrático acelerou dramaticamente a ampliação do seu espaço: a separação de poderes, o sufrágio universal, os direitos sociais, os direitos humanos, os direitos culturais, a proteção da privacidade, a igualdade de gênero, a cidadania multicultural, para citar algumas, são todas invenções que surgiram na democracia durante a era moderna – algumas delas, no século passado.

Que razão temos para supor que a evolução da democracia teria chegado a um fim substancial, uma espécie de encerramento? Refletir sobre a primeira transformação da democracia pode ser inspirador para enfrentarmos os desafios da segunda grande transformação, que está na base da questão abordada pelo ensaio de Walzer e que seria saber se estamos testemunhando a abertura da democracia para uma nova dimensão pós ou supranacional.

A primeira grande transformação da democracia consistiu em tornar-se "representativa" em resposta à impossibilidade, gerada por sua implantação nos Estados-nação modernos, de reunir fisicamente o *demos* em praça pública. Houve tradições e teóricos únicos que criticaram a democracia representativa moderna em nome da "verdadeira democracia" e tentaram reviver a versão ateniense do regime sob a forma direta, participativa, baseada em conselhos ou referendos. Embora essas vozes tenham sido influentes e tenham inspirado importantes movimentos sociais e partidos políticos, elas agora estão isoladas. Pouquíssimas pessoas sustentariam que a democracia tal como existe em Londres ou em Washington é menos legítima do que o tipo que existia em Atenas. É uma forma diferente de democracia, adaptada às condições históricas em que deve operar. Algumas das inovações mencionadas – da separação de poderes ao multiculturalismo – respondem à necessidade de *preservar* a essência de um corpo político de livres e iguais que se governem inalterados nas novas condições, caracterizadas pelo fato de que a formação de uma vontade política comum não pode ocorrer na interação face a face, mas apenas com *mediações*, por deliberação de representantes "eleitos democraticamente".

Hoje estamos em uma nova transformação, de consequências não menores. O que Shmuel Eisenstadt chamou de *sociedade mundial*,[4] o que Durkheim costumava chamar de "sociedade que compreende em seu escopo todas as outras"[5] e que em outros vocabulários é a *comunidade internacional* tornou-se realidade. Passou a ser possível levantar a questão "o que é um mundo justo?" num sentido político, em oposição a um sentido moral, teológico, utópico. Quando entendida nesse sentido político, a questão diz respeito às condições sob as quais as relações entre as unidades políticas do mundo são tidas como justas.

Essas relações são bastante diversas. A França e a Itália estão incluídas nessa unidade política *sui generis* chamada União Europeia. A Coreia do Sul e a Tailândia fazem parte da Asean, espécie de associação regional semelhante, mas diferente, da UE. Os Estados Unidos e o Reino Unido cooperam em uma aliança clássica; Irã e Israel mantêm uma relação mais parecida com o que se convencionou chamar de "estado de natureza", ainda que ambos estejam imersos em um contexto internacional em que guerras de destruição são proibidas. Além disso, no contexto de instituições como a ONU, a OMC, o FMI, a Unesco, a Corte Internacional de Justiça e muitas outras, as unidades políticas do mundo estabelecem relações estáveis e não apenas ocasionais umas com as outras e que podem ser consideradas, com base em um vocabulário tradicional, mais ou menos "democráticas".

O que o termo "democrático" significa nesse contexto? O adjetivo pode significar, neste caso, a mesma coisa que quando aplicado a um regime doméstico individual, como o indiano, o brasileiro, o sueco ou o sul-africano? A qualidade democrática das políticas supranacionais, como a União Europeia, pode ser avaliada com o mesmo referencial que se aplica aos regimes domésticos? Dependendo de como respondemos a essas perguntas, detectamos um déficit *democrático* ou uma nova transformação da democracia nas instituições internacionais e supranacionais.

Não é possível responder de forma conclusiva à pergunta "como a democracia pode se ajustar a essa nova transformação mantendo sua qualidade democrática?" pela simples razão de que essa experiência histórica ainda está em andamento. É possível, no entanto, argumentar contra a transposição automática de um padrão "doméstico" de democratização a novos contextos supranacionais – transposição que inevitavelmente induzirá ao erro de imputar às novas formas de *governança* uma falta, um déficit, de democracia que indica ou causa, dependendo da orientação interpretativa, a ausência de um *demos* comparável ao *demos* nacional a que estamos acostumados na teoria democrática.

Tal orientação seria comparável à de um ateniense que, transportado por uma máquina do tempo às proximidades de Westminster, afirmaria que a dificuldade objetiva de reunir todos os *demos* na praça Trafalgar não nos autoriza a chamar de "democracia" essa estranha prática de marcar sinais em cédulas na privacidade segura de uma cabine, para então confiar aos representantes assim eleitos que façam as leis por nós. Simplesmente não podemos julgar uma instanciação histórica da democracia contra o padrão aplicável a uma época completamente distinta. As práticas de *governança* subjacentes às instituições projetadas para operar além da escala nacional não podem ser descartadas como antidemocráticas ou acarretando um déficit democrático, a menos que abordemos previamente o que a democracia significaria nesse novo nível sem precedentes. Para isso, analiso a visão deliberativa da democracia que considero promissora a partir do nível doméstico, depois traço uma distinção entre governança e governo e, finalmente, abordo como a governança supranacional pode ser sentida em termos de uma visão deliberativa da democracia livre do "nacionalismo metodológico".

7.2 - O QUE É DEMOCRACIA DELIBERATIVA?

Considerando a produção de neologismos como indicador, a filosofia política certamente não foi uma disciplina ociosa nas últimas duas décadas. Uma das inovações lexicais mais afortunadas foi a introdução do adjetivo "deliberativo", tantas vezes acompanhando "racionalidade", "abordagem", "liberalismo" e, claro, "democracia". Entre os principais defensores desse termo, encontramos Jürgen Habermas, Joshua Cohen e Seyla Benhabib, mas a palavra logo ganhou ampla circulação também nos círculos rawlsianos.[6] Uma das formas mais frutíferas de apreender o significado de um novo termo filosófico é reconstruir as razões que motivaram aqueles que o cunharam.

O que é, então, distintivo de "democracia deliberativa"? A democracia deliberativa se opõe à noção amplamente dominante de democracia como procedimento para a seleção de elites políticas e para o estabelecimento de compromissos entre interesses sociais rivais em uma estrutura poliárquica. A diferença – já apresentada no capítulo 1 – certamente não reside no reconhecimento de uma legítima pluralidade de interesses, que não pode ser contestada por *nenhuma* concepção de democracia. Em vez disso, resume-se em três pressupostos aceitos pelos democratas deliberativos e rejeitados pelos defensores da democracia competitiva. O primeiro é que, para a democracia deliberativa, consistente com o ideal político de priorizar fins com base na solidez das razões a seu favor, há de fato um *objeto de deliberação* em todo processo democrático.[7] O segundo pressuposto é que a existência de um objeto de deliberação implica um *corpo deliberativo*, um sujeito de deliberação entendido como sujeito de imputação coletiva, não mero agregado de preferências individuais. E o terceiro pressuposto, relacionado aos dois anteriores, é a existência de um *processo deliberativo* em que as razões a favor ou contra o objeto de deliberação proposto são trocadas e avaliadas pelo órgão deliberativo.[8]

Em relação à primeira suposição, de acordo com as concepções competitivas clássicas de democracia na arena política, ocorre uma competição democrática pela afirmação de interesses rivais ou uma competição democrática pela seleção da elite dominante – tipicamente na noção de competição de elite de Schumpeter ou na teoria econômica de Downs de democracia e, de forma mais indireta, na visão de Dahl de "poliarquia"[9] –, mas estritamente falando não existe objeto de *prática deliberativa comunal*. Assim como os fabricantes competem no mercado por meio do fornecimento de bens que, em sua opinião, melhor se adaptam às preferências dos consumidores – que, por sua vez, recompensam as estratégias dos fabricantes comprando seus produtos –, os partidos políticos competem em outro mercado, o eleitoral, propondo plataformas e políticas que, em sua opinião, vão ao encontro dos interesses, dos valores e das preferências dos eleitores, que recompensam as propostas de políticas adequadas votando em seus proponentes. A tarefa de uma "teoria da democracia", quando a democracia é entendida nessa linha, é reconstruir as regras que permitem que esse tipo de processo político funcione da melhor maneira possível.

Em resposta a essa visão dominante da democracia – o tipo de democracia que se tornou objeto de exportação e que equivale, repito, a um jogo competitivo em que interesses sociais organizados *igualmente particularistas* tentam prevalecer uns sobre os outros em uma arena projetada para não favorecer qualquer um desses interesses e atores –, alguns teóricos sentiram o impulso de cunhar uma expressão. Assim, "democracia deliberativa" representa a ideia oposta – ou seja, que democracia não significa comprar produtos políticos com voto, mas se envolver em uma discussão (nos modos em que é possível ter discussão pública numa sociedade altamente complexa) sobre políticas, iniciativas e medidas que melhor refletem o interesse geral ou o bem comum. A política democrático--deliberativa ocorre em um espaço público de razões, onde os fins são promovidos idealmente pela eficácia das razões. Nesse sentido, mesmo entendida como reconstrução da política democrática rotineira, a democracia deliberativa mantém vivo um momento daquele aspecto discursivo da política ilustrado no capítulo 1. Também pela visão deliberativa da democracia, eventualmente, a disputa de políticas rivais é decidida por votação, mas é possível discernir um objeto de disputa que não é redutível à convergência ou à divergência das preferências imediatas dos eleitores. Consequentemente, pode haver um sentido em que o resultado final da deliberação – a decisão democrática – acerta ou erra o que é melhor para nós e não reflete o equilíbrio entre os diferentes interesses do povo, que luta para levar ao cotidiano político.

Quanto ao segundo pressuposto, de acordo com a concepção competitiva de democracia, não existe um sujeito coletivo (ainda que "anônimo") de deliberação. O quadro é, ao contrário, aquele em que existe um conjunto de eleitores que, com base em preferências distribuídas de maneira diferente pela população, cria uma *demanda política* à qual os vários segmentos da elite política ou dos partidos respondem fornecendo propostas de políticas e plataformas gerais ou programas destinados a encontrar graus de aceitação diversos. A abordagem deliberativa sugere, em vez disso, que a dinâmica política de uma sociedade democrática é melhor compreendida pela metáfora de um *diálogo* entre os cidadãos do que em termos da metáfora de oferta e demanda em um mercado livre. Mesmo nas condições "inóspitas" de uma sociedade complexa como a mencionada na introdução, é possível conceber a política democrática como um diálogo sobre quais soluções são "melhores para nós". A questão é que tal diálogo não pode mais ocorrer em uma assembleia face a face, como no imaginário rousseauniano, mas apenas em determinados *loci* institucionais e em uma esfera pública que inclui associações e movimentos midiáticos (gerais e *sociais*). O "diálogo" metafórico torna-se, na realidade, um fluxo "anônimo" de comunicação dentro de uma esfera pública que, se vital e vibrante, resiste a ser reduzida à *audiência*, mas funciona como um filtro que seleciona as razões mais válidas ou menos errôneas.

Até aqui, nada do que foi dito sobre a democracia deliberativa a coloca em uma tradição diferente daquela do liberalismo *liberal* melhor exemplificado pelo trabalho de Rawls, Dworkin e Ackerman. Uma nuance diferente pode ser detectada apenas se abordarmos a terceira suposição mencionada. Teorias liberais à Rawls,[10] que certamente incluem a ideia de objeto de deliberação comum – a concepção política de justiça e os *fundamentos constitucionais* subjacentes a uma cooperação justa entre cidadãos livres e iguais – e de um corpo deliberativo, no entanto, tendem a entender a coalescência de um "consenso sobreposto" e o funcionamento da razão pública como resultado da capacidade de cada cidadão avaliar a consistência de uma concepção política de justiça e dos *fundamentos constitucionais* decorrentes, com sua própria concepção abrangente do bem, ou de monitorar a consistência das conclusões da razão pública com suas próprias opiniões previamente formadas. Habermas, baseando-se em Rainer Forst, qualifica essa concepção rawlsiana do funcionamento da razão pública como um uso privado da própria razão para fins públicos.[11] A concepção de Habermas articulada em *Entre fatos e normas* gira em torno da imagem de um processo deliberativo em que as conclusões são alcançadas *em conjunto*, por meio da troca livre de coerção de razões a favor ou contra alguma proposta apresentada na esfera pública, e não alcançada *in foro interno* apenas para depois se verificar sua compatibilidade com as concepções abrangentes razoáveis existentes do bem.

Com a discussão desses três pressupostos, respectivamente aceitos e rejeitados pela democracia deliberativa e pela democracia competitiva, delineamos um dos focos de debate entre as concepções contemporâneas de democracia, debate que muitas vezes perpassa as posições defendidas em outra polêmica típica, aquela que se opõe a uma visão majoritária *versus* constitucionalista da democracia. De fato, há versões constitucionalistas de democracia que tendem a adotar uma visão competitiva, bem como concepções de democracia deliberadamente mais ricas que tendem a convergir com as majoritárias. Essa discussão, no entanto, não será desenvolvida aqui. Para tratar de como a democracia pode se adaptar a uma nova escala supranacional, precisamos revisitar a distinção entre visões deliberativas e competitivas da democracia à luz de outra distinção-chave: aquela entre *governo* e *governança*.

7.3 - Governo e governança

Estamos familiarizados com o governo. Em um sistema democrático, seja legitimado por voto popular direto como nos sistemas presidencialistas, seja apoiado por um "voto de confiança" da maioria dos parlamentares, os detentores do poder Executivo implementam o mandato em atos de formulação de políticas, iniciativas legislativas e gastos de dinheiro público. Mas o governo, em sua capacidade nacional ou regional, também tem o significado mais amplo de uma administração pública que regula nossas ações por meio da promulgação e da aplicação de leis respaldadas em vários tipos de sanções.

O que é *governança*? Para esse conceito, ideias e definições são bem mais vagas. Alguns autores identificam "governança" basicamente como certo estilo de governo que promove uma rede de relações horizontais, não hierárquicas, entre os segmentos institucionais de um setor público e que se baseia no princípio da subsidiariedade em vez de centralizar a tomada de decisões.[12] Outros autores tendem a ver governança como o surgimento de "poliarquias deliberativas" que atravessam a divisão entre atores e instituições privadas corporativas[13] e incluem uma gama maior de fatores e partes interessadas do que as instituições governamentais tradicionais.[14] E outros, ainda, veem a governança como um processo de sobreposição administrativa entre vários órgãos públicos que operam em um território de múltiplas jurisdições, nos moldes da San Francisco Bay Area Transportation Authority.[15] Além disso, há definições mais amplas de governança como forma de "auto-organização reflexiva de atores individuais envolvidos em relações complexas de interdependência recíproca".[16] Em nível global, a Comissão de Governança Global (criada com total apoio do então secretário-geral da ONU Boutros-Ghali) ofereceu uma famosa descrição, em 1995:

> A governança é a soma de muitas maneiras pelas quais indivíduos e instituições, públicas e privadas, administram seus assuntos comuns. É um processo contínuo por meio do qual interesses conflitantes ou diversos podem ser acomodados e ações cooperativas podem ser tomadas. Inclui instituições e regimes formais com poderes para impor o cumprimento, bem como acordos informais com os quais pessoas e instituições concordaram ou que consideram ser de seu interesse.[17]

Finalmente, existem definições ainda mais inclusivas, nas quais os aspectos locais e globais se confundem.[18] Para mim, essa indeterminação é frustrante.

O mesmo acontece com Claus Offe, que em um influente artigo argumentou que em inglês "não há substituto – seja um sinônimo, seja uma definição abreviada geralmente aceita – adequado" à *governança*. Desse fato inegável, porém, ele conclui que o uso atual do termo "governança", assim como "globalização", leva à "ritualização e à fetichização de um signo linguístico portador da aura do atual e do moderno, que pode ser empregado para a comunicação de conteúdos e associações semânticas diversas e contraditórias".[19] As várias outras considerações interessantes apresentadas por Offe – incluindo o fato de que "a governança carece de um claro oposto ao qual se possa referir para fins de sua negação",[20] o fato de ser afetada por uma indeterminação conceitual que "a abre a todo tipo de eufemismos" e por um uso retórico que faz a governança parecer "um jogo sem perdedores" e "despolitiza" sistematicamente os contextos aos quais se aplica[21] – não bastam para fundamentar, em minha opinião, o completo abandono da noção de governança. Não parece mais convincente a afirmação de Offe no sentido de que nenhum discurso de governança "leva em conta discurso, deliberação, publicidade, comunicação, mobilização de apoio e cultura política como variáveis que podem influenciar decisivamente o sucesso das políticas".[22] Exatamente o mesmo poderia ser afirmado sobre as políticas *governamentais*.

Embora a indeterminação semântica do conceito de governança seja inquestionável, creio que isso não é motivo para rejeitar o conceito e incorrer nos riscos de indeterminação *teórica* inerentes ao operar com a mesma noção de governo e ação governamental tanto no âmbito doméstico quanto no supranacional. Pelo contrário, a inegável e lamentável imprecisão da noção de governança deve estimular a reflexão filosófica para superá-la, abordando a própria distinção entre governo e governança de forma contrastiva e construtiva.

Sugiro centrar a definição contrastiva de governança não nos fatores envolvidos no processo ou no objetivo do processo, mas em um único e específico elemento de oposição ao governo. Proponho sintetizar governança como *coordenação e regulação da ação política na ausência de uma capacidade de impor sanções por descumprimento* – sanções que são a prerrogativa clássica (weberiana) do Estado e do governo na medida em que, em algum momento, ao longo da linha, incluem a possibilidade do uso legítimo da força física. Não é o caso da governança. Nascida no mundo corporativo como conciliação e harmonização de necessidades, preocupações e anseios de gestores, consumidores, interessados, acionistas e comunidades locais, a governança não precisa ficar refém das relações econômicas e industriais. Seu núcleo conceitual pode ser generalizado para significar a coordenação de redes complexas de ação por longos períodos na ausência de uma estrutura de autoridade capaz de impor sanções que acabam respaldadas pela força.

A governança *global* caracteriza-se, então, pelo alcance supranacional de seus processos e seus atores participantes. A OMC, a Unesco, o FMI, a OCDE, o Banco Mundial, o Banco de Compensações Internacionais são exemplos de instituições que tentam dirigir e gerenciar processos globais na ausência de um governo global. Tal procedimento pode envolver uma pluralidade de atores: autoridades estatais tradicionais, organizações intergovernamentais, ONGs, empresas privadas de importância global, movimentos políticos, organizações sem fins lucrativos. As decisões decorrentes das estruturas de *governança* visam a *orientar sem obrigar*, sem subordinar formalmente a autonomia dos participantes individuais ou institucionais, e mais uma vez sem a possibilidade, por parte do órgão coordenador, de aplicar coação em caso de descumprimento.[23]

Se a capacidade de orientar e coordenar as ações dos participantes no caso da governança não repousa na capacidade de impor sanções e, em última instância, no uso legítimo da força de que o Estado, na formulação weberiana clássica, detém o monopólio, sobre o que repousaria? Minha hipótese é que se baseia em um tipo mais suave de monopólio, por assim dizer, ou seja, no *monopólio da atribuição de legitimidade*. Assumindo que nenhum dos atores envolvidos pode unilateral e conclusivamente se "autolegitimar" – embora, é claro, possa reivindicar ou estrategicamente assumir legitimidade –, o ponto das estruturas de governança é que somente a agência coordenadora pode legitimar as ações dos participantes coordenados. Um exemplo de instituição que exerce esse tipo de monopólio é oferecido pelo conselho de segurança da ONU. Dada a proibição pelo artigo 2.4 da Carta das Nações Unidas de usar a força ou ameaçar seu uso contra a integridade territorial ou a independência política de qualquer Estado, a única maneira de um Estado usar legitimamente sua força militar sem ser para autodefesa é em conformidade com uma resolução do conselho de segurança. Assim, pode-se dizer que o conselho de segurança detém não o monopólio do uso legítimo da força militar, mas o monopólio de atribuir legitimidade ao uso da força militar por parte de qualquer ator estatal a outros fins que não a autodefesa.

Além disso, a ideia de que nenhuma sanção está envolvida na governança precisa ser qualificada. Embora seja inquestionável que nenhuma sanção direta, em última instância vinculada à força física, é possível – caso contrário, teríamos uma coordenação via governo –, uma sanção *indireta* vinculada à violação ou ao desrespeito a diretrizes e parâmetros emitidos pelo órgão de governança representa um risco de perder o objetivo ou os benefícios em vista dos quais o processo de governança foi estabelecido em primeiro lugar.

A reflexão político-filosófica também precisa dissipar a impressão de que a *governança* é algo inteiramente novo. No pensamento político moderno, o conceito já existia, embora o termo ainda não. A primeira ocorrência dessa noção, de forma implícita, pode ser datada de *Discurso sobre a origem e os fundamentos da desigualdade*, de Rousseau. No estado de "protossociação" que antecede o pacto desigual que inaugura o tipo corruptor de sociedade, os hominídeos ocasionalmente cooperam. Sua disposição inata à racionalidade e sua propensão ao amor-próprio, juntamente com a descoberta da vantagem da cooperação no enfrentamento de um animal selvagem ou de uma emergência natural, leva-os a se estabilizarem ou recorrerem a uma base corrente e agora voluntária de cooperação nesses empreendimentos limitados. Diferentemente do que acontecerá na sociedade de desigualdade social, onde existe uma autoridade formal, nessa fase não pode haver sanção de cooperação. O indivíduo que se afasta e observa seus vizinhos lutarem contra um animal selvagem, basicamente aproveitando seus riscos, enfrenta uma sanção *indireta*. Se o processo cooperativo do qual ele se retira falhar, ele corre um risco muito maior de ser atacado e morto pelo animal selvagem.[24]

Voltando do estado de natureza para nosso horizonte, os membros da UE têm vantagem na coordenação de algumas de suas políticas de imigração, mas não há sanções diretas por não aderirem – ao não cooperar, o membro recalcitrante enfrenta uma pressão migratória mais forte. Todos os países têm interesse em evitar o aquecimento global. Não são impostas sanções diretas àqueles que descumprem as diretrizes emergentes das estruturas de governança global, há apenas a sanção indireta de maior dificuldade em remediar o efeito do aquecimento global. Em um discurso proferido em março de 2009, intitulado "Reform the International Monetary System" [Reforma do sistema monetário internacional], Zhou Xiaochuan, presidente do Banco Popular da China, chamou a abordagem de Keynes para a moeda internacional bancor de "visão de longo prazo" e propôs a adoção de uma moeda patrocinada pelo FMI (SDRs, ou direitos de saque especiais) como moeda de reserva global para responder à crise financeira de 2007-2009. A criação do que ele chamou de moeda "supersoberana", "desconectada das nações individuais" e "capaz de se manter estável no longo prazo", eliminaria as deficiências inerentes às moedas nacionais que servem a propósitos globais, como o dólar, e no fim beneficiaria também o eleitorado nacional dessas moedas.

A lição da abrangência da noção de governança da gestão à política é que "coordenar sem governar" é possível, na medida em que existe um consenso persistente sobre os objetivos da coordenação. Exemplos disso são oferecidos por *diretivas* e *regulamentos* contidos na Comunicação da Comissão da UE de 2003, "Modernizando o direito societário e melhorando a governança corporativa na União Europeia – um plano para avançar", ou pela direção de governança corporativa da OCDE. Talvez o exemplo mais conhecido de governança seja a coordenação transparente promovida na UE. Esta inclui mecanismos de *soft law*, como *benchmarking* e compartilhamento de padrões de *boas práticas* – que foram testados na Estratégia Europeia de Emprego da década de 1990 –, ou a Social Inclusion, em que um comitê de proteção social, social após o Tratado de Nice, criou uma coordenação das políticas de aposentadoria, ou harmonização das políticas de saúde.[25]

Essa evolução do direito e da coordenação política levanta questões e coloca desafios a nossa noção de democracia. De fato, muitas vezes ouvem-se queixas de que os processos de governança supranacional envolvem um *déficit democrático*.[26] Crucial para avaliar a compatibilidade de uma abordagem democrática deliberativa e uma governança é *localizar* o ponto de atrito entre governança e nossa compreensão tradicional de democracia representativa dentro do Estado-nação.

Pode-se pensar que tal ponto de atrito tem a ver com a clássica disputa eleitoral e parlamentar de maiorias e minorias sendo substituída por um tipo técnico de negociação dirigida por especialistas. A democracia, no entanto, não precisa ser idêntica à regra da maioria. Amplos segmentos das instituições democráticas – por exemplo, os tribunais superiores e especialmente os tribunais constitucionais, mas também as instituições de ensino superior – podem representar casos em que a coordenação da ação e as decisões vinculantes não sejam alcançadas por contagem de votos, como costuma acontecer em parlamentos, instituições do governo local e outros órgãos deliberativos, mas pelo que Philippe Urfalino chamou de "consenso aparente", ou seja, um consenso unanimemente "manifesto", ou pelo menos "publicamente incontestado".

Antigamente pensava-se que o "consenso aparente" era um interesse apenas antropológico. Clyde Kluckhohn costumava dizer que os navajo, desprovidos de qualquer noção de governo representativo, "decidiam sobre as opções diante deles por meio de discussão até que houvesse unanimidade ou até que a oposição sentisse não valer mais a pena insistir em seu ponto de vista. No entanto, esse suposto resquício de um passado pré-moderno acabou se mostrando mais resiliente que aquela grande narrativa de "modernização" em nome da qual ele foi destinado à infame lata de lixo da história: em muitos locais onde vigora o Estado democrático de direito, a ação é coordenada e as decisões são tomadas da mesma forma que pelos navajo, por meio de um encarregado de anunciar os termos de um possível acordo entre as partes, procurando sinais de desacordo enquanto pergunta se pode chegar a um consenso, enquanto os perplexos devem levantar objeções ou simplesmente "deixar rolar", pelo menos dessa vez.

Assim, não há nada insuperavelmente problemático em conceber a democracia como um modo de coordenação da ação coletiva que não precisa se basear na formação de maiorias por meio de uma votação formal.[27] Ainda menos problemática é a ausência de dimensão coercitiva nos processos de governança. Onde está, então, o tal ponto de atrito entre governança e democracia, que tantas vezes provoca a denúncia de déficit democrático?

Está no questionamento, muitas vezes ligado aos processos de governança, de outro pilar de nossa concepção de democracia: a aceitação da autoria legislativa do *demos*. Estaremos no espaço conceitual democrático, qualquer que seja nossa definição favorita de democracia, se e somente se em algum sentido não delirante e não hipócrita se pudermos afirmar que os cidadãos obedecem às leis das quais eles são de alguma forma autores, apesar de todos os meandros institucionais que uma sociedade complexa inevitavelmente encara entre a formação de uma intenção política e sua realização final. É possível pensar em uma ordem democrática com autoria legislativa por parte dos cidadãos ainda mais tênue que a versão schumpeteriana de eleger os governantes por um mandato? Esse é o desafio mais difícil que os órgãos políticos pós-nacionais, como a UE, as instituições cosmopolíticas e os processos de governança colocam à teoria democrática e a quem deseja repensar as fronteiras da democracia no século XXI.

Uma possível solução a esse desafio será desenvolvidaa partir do constitucionalismo dualista de Bruce Ackerman e Frank Michelman, incorporado no "princípio da legitimidade liberal" de Rawls,[28] se essa ideia seminal for adaptada ao novo contexto de interesse pós ou supranacional. No cerne da resposta de Ackerman encontra-se uma bipartição da função autoral dos cidadãos. No novo contexto marcado pelo surgimento das condições inóspitas da democracia, típicas das complexas sociedades contemporâneas, mais abordadas na introdução deste livro, podemos repensar a democracia substituindo a ideia de que os cidadãos são, em última instância, autores das leis por eles obedecidas pela ideia de que os cidadãos são, em última análise, subscritores livres e iguais de um pacto constitucional que serve de referência para a legitimidade de uma ação legislativa, regulatória e administrativa, passível de seguir canais mais tecnicizados.

Podemos, com isso, reformular e estender o dualismo constitucional de Ackerman para dar conta da democracia além da escala nacional: enquanto o padrão clássico de legitimidade baseado no consentimento dos governados se aplica apenas ao nível mais alto de legislar, isto é, o legislar constitucional, o legislar ordinário pode ser entregue a parlamentos legalmente influenciados por *lobbies* e grupos de interesse, a estruturas de governança regulatória, bem como a outras fontes de elaboração de leis e regulação. Se transpusermos esse quadro para o nível de análise que nos interessa, o das estruturas de governação supranacionais e potencialmente cosmopolíticas, obteremos uma primeira resposta, ainda provisória. Estruturas e métodos de governação, *soft law*, *coordenação transparente*, orientando a interação de uma pluralidade de atores por meio de boas práticas, *benchmarking* e persuasão moral não necessariamente representam um fardo para a democracia nem subtraem a qualidade democrática da União Europeia ou de outras arenas políticas supranacionais, se e somente se: a) ocorrem dentro dos limites dos "fundamentos constitucionais" que atendem ao consentimento de cidadãos livres e iguais, manifestados em referendos ou de formas mais indiretas, mas ainda reconhecíveis; b) alguma forma reconhecível de prestação de contas permanece em vigor.

Sem dúvida, a abordagem dualista da democracia constitucional está longe de ser incontestável. Autores como Richard Bellamy, Jeremy Waldron e Mark Tushnet, para citar alguns, questionam o paternalismo inerente a um constitucionalismo "legal" girando em torno do controle de constitucionalidade como o principal dispositivo institucional para proteger os direitos em relação à tirania da maioria e legitimar amplamente a política de confrontação – por meio da tradução do agonismo político na interpretação correta dos direitos e dos fundamentos constitucionais.[29] O constitucionalismo legal, para eles, fica aquém de garantir a proteção duradoura dos direitos e da democracia do autoenfraquecimento majoritário e contribui para enervar o espírito democrático que se propõe proteger, possivelmente levando à tirania da minoria. Como alternativa, esses teóricos jurídicos e políticos reafirmam a centralidade do processo legislativo – a "dignidade da legislação" de Waldron – ou de um constitucionalismo de tipo *político* (Bellamy) que incorpora elementos do republicanismo. Nas palavras de Richard Bellamy, o "constitucionalismo político",

> em vez de ver a Constituição consagrando a substância dos valores democráticos, aponta para concebê-la como procedimento para resolver desacordos sobre a natureza e as implicações dos valores democráticos, de forma que pondere , assente e imparcialmente, as opiniões e os interesses em disputa e lhes confira igual preocupação e respeito. Mais que um recurso das respostas fundamentais para a questão de como organizar uma sociedade democrática, a constituição representa uma estrutura fundamental para a tomada de decisões coletivas sobre os arranjos sociais de forma democrática. Ou seja, de uma forma que dê aos cidadãos o direito de ter suas preocupações igualmente respeitadas quando se trata de decidir a melhor forma de perseguir interesses coletivos.[30]

Da perspectiva dele, "o processo democrático é a constituição" em um sentido quádruplo. Em primeiro lugar, em vez de ser considerada "*lei* ou *norma* básica", a Constituição deve ser entendida como "marco básico para resolver nossos desacordos – ainda que seja também objeto de debate político". Em segundo lugar, "a Constituição é identificada com o sistema político, não com o sistema legal, e, em particular, com as formas como o poder político é organizado e dividido". Terceiro, o "constitucionalista político" considera que "o direito funciona tão politicamente quanto a *polis* democrática"; quarto, oferece "uma explicação normativa do sistema político democrático".[31]

Embora as implicações de longo alcance do constitucionalismo político e a primazia da legislação não sejam discutidas aqui, parece plausível dizer isso em relação à pergunta "como entender a autoria legislativa dos cidadãos quando a governança substitui o governo representativo?" – as reafirmações monísticas da centralidade da legislação e, consequentemente, do Parlamento não ajudarão muito a destacar o novo potencial democrático, se houver, inerente às formas de coordenação política supranacional destinadas a remediar a própria ausência de um circuito fluido e funcional da vontade política, formação semelhante à que opera na política democrática baseada no Estado-nação.

A perspectiva dualista ackermaniana e rawlsiana, por sua vez, permite-nos ver sob uma luz adequada a muitas vezes lamentada ausência de um *demos* europeu capaz de atuar como *pouvoir constituant* e o suposto *déficit democrático* decorrente do papel desempenhado pelas instituições europeias compostas por nomeados dos governos nacionais e por especialistas. Todas as queixas de déficit democrático devem afastar a suspeita de se basear em um erro de categoria. A democracia sobreviveu à perda da ágora. As políticas modernas baseadas no governo representativo não são menos democráticas que a versão ateniense do regime. Da mesma forma que seria questionável, *pace* Manin,[32] considerar as políticas dos Estados Unidos ou do Reino Unido menos democráticas por dependerem de eleições e instituições representativas para remediar a impossibilidade de consultar o *demos* em praça pública, por que se deve supor que a qualidade democrática de uma democracia pós-nacional precisa ser avaliada por um padrão nascido com o Estado-nação moderno?

Até mesmo um defensor de longa data da tese do déficit democrático da UE, como Jürgen Habermas, que em 2009 observou que "a união política surgiu como um projeto de elite acima da cabeça dos povos envolvidos e continua a operar com os déficits democráticos resultantes do caráter essencialmente intergovernamental e burocrático do processo legislativo",[33] defendeu recentemente a ideia de que "os desvios do padrão familiar de legitimação [democrática]" (como ocorre na arquitetura institucional da UE) "não precisam representar perda de legitimidade, se os dois sujeitos constituintes – a saber, os cidadãos da UE e os povos europeus – um dia atuarem consistentemente como parceiros iguais em todas as funções legislativas".[34] Essa é uma condição – consubstanciada por Habermas em termos de "transnacionalização" das eleições para o Parlamento europeu e do sistema partidário, um reequilíbrio das competências do Conselho Europeu e do Parlamento europeu, uma "abertura entre si" por parte das esferas públicas nacionais[35] –, mas tem o mérito de abordar a qualidade democrática da governança supranacional a partir de uma perspectiva que não pressupõe que a função autoral dos cidadãos em relação às leis de sua política seja tão direta e linear como no governo democrático doméstico.

Na verdade, na Europa contemporânea, o processo de integração em curso há meio século e culminando na criação do euro e do Tratado de Lisboa já reconfigurou os fatores que o Estado-nação moderno contingencialmente fundiu no que parecia uma unidade indissolúvel. Essa combinação de fatores, que inclui um aparelho de Estado, uma nação, um território geograficamente delimitado, uma economia e uma constituição, não é uma necessidade atemporal. Alguns desses fatores sobrevivem inalterados na União Europeia: certamente persiste a ideia de um grande espaço econômico europeu, embora imerso na economia global. A ideia de uma comunidade política multiétnica também não é nova. Novo é o rompimento, ou pelo menos o afrouxamento, do vínculo entre uma constituição e um aparelho de Estado. O antigo Tratado Constitucional, agora substituído pelo Tratado de Lisboa, não pretendia constituir a "lei superior" *de um Estado*, mas a lei superior de uma política supranacional que inclui as políticas nacionais de que continuamos a ser cidadãos. Além disso, o grau e a forma de participação dos Estados-nação únicos na ordem supranacional europeia são diversos e, no futuro, poderão ser ainda mais: a partir de hoje, os cidadãos de alguns países europeus, não de todos, gozam da mobilidade irrestrita sancionada pelo Tratado de Schengen, e um conjunto diferente de cidadãos partilha uma moeda. É possível dizer, então, que os cidadãos dos países da UE compartilham um marco legal semelhante à Constituição, mas não compartilham aspectos fundamentais da organização de qualquer Estado-nação tradicional, como uma moeda e a mesma forma de mobilidade interna irrestrita. Eles podem se ver como participantes de uma comunidade política, movidos pelo mesmo patriotismo constitucional, associados no mesmo Estado de direito, participantes de um mesmo destino histórico, sem necessariamente se entenderem como sujeitos de um único aparato estatal nem se verem autores das leis que obedecem *da mesma forma* que os cidadãos de uma democracia em escala nacional estão acostumados a se ver.

O referido ponto de atrito entre governação e democracia consiste no fato de na UE a autoria das leis pelos cidadãos ser muito mais *indireta* que a autoria a que estamos habituados na esfera nacional. A iniciativa e a elaboração da lei não estarão nas mãos do Parlamento europeu, mas na interseção entre o Parlamento europeu, a Comissão Europeia e organismos intergovernamentais como o Conselho Europeu. Tal situação só pode ser interpretada como déficit democrático, se avaliada à luz da pedra de toque da autoria legislativa típica dos cidadãos dos Estados-nação. No entanto, parece-me mais proveitoso ao menos explorar a hipótese de que testemunhamos a ascensão de um *novo tipo* de autoria democrática que pode ser relevante para imaginar a autoria democrática dos "cidadãos do mundo" dentro das instituições cosmopolitas de um futuro possível – ou seja, dentro de instituições que novamente responderão a uma estrutura semelhante à Constituição já em vigor (a Carta da ONU, a Declaração Universal) sem, de forma alguma, refletir a vontade de dar à luz um Estado mundial.

Voltando ao ponto mais geral de como a democracia deliberativa se relaciona com a governança, pode-se dizer que aquela é compatível não com a negação ou com o desaparecimento da autoria legislativa dos cidadãos, mas com uma reconfiguração mais *indireta* da mesma – ou seja, com a ideia de que a representação da vontade dos cidadãos pode passar por etapas *adicionais* em relação ao que é típico do Estado-nação moderno, desde que haja responsabilidade e consenso sobre um conjunto de fundamentos constitucionais.

7.4 - Governança democrática: vantagens interpretativas da visão deliberativa

Essa resposta, no entanto, cobre apenas parte da pergunta. Ressaltamos que a democracia entendida em linhas deliberativas não é inconciliável com os processos de governança, mas outro aspecto da questão deve ser abordado. Se os desafios colocados pelas tendências de globalização, interdependência intensificada e integração regional são mais bem encarados por algum método de governança diferente dos mecanismos clássicos de representação política, por que não seria uma concepção mais realista de democracia – como competição de elite ou agonismo de interesses especiais – preferível à abordagem deliberativa normativamente mais exigente da democracia? O que nos oferece uma concepção deliberativa que a concepção centrada na metáfora do mercado político não oferece?

A resposta é dupla. Primeiro, uma compreensão deliberativa do processo democrático explica melhor do que uma compreensão competitiva os processos de *persuasão moral* em ação na governança. Em segundo lugar, a democracia deliberativa oferece uma melhor conceituação dos direitos, o que desfaz sua potencial tensão com a vontade democrática dos cidadãos.

Com relação à primeira vantagem, lembremos a principal diferença entre governo e governança. Diferentemente do caso do governo, na governança não existem sanções formais para a *saída* do processo de coordenação ou para *free-riding*. As sanções só podem ser *indiretas* – e é maior a probabilidade de sofrer as consequências de uma falha na coordenação ou um isolamento político entre os parceiros do processo. Se concebermos os processos de governança em termos de um modelo competitivo de democracia, as motivações dos participantes tenderão a ser entendidas em linhas estratégicas, de escolha racional: a adesão ou a deserção dependem de variáveis como o próprio peso relativo no processo de governança, a matriz de utilidade ou a falta de utilidade relativa relacionada ao enfrentamento do potencial fracasso do processo de coordenação. Em paralelo, conceber os mesmos processos no contexto de um modelo discursivo e deliberativo de democracia nos permite lançar luz sobre outros aspectos, em geral subestimados: o benefício político da construção da comunidade e do entendimento, o aumento da confiança e do capital social ou o fortalecimento da esfera pública como lócus de troca de razões.

Acima de tudo, diferentemente das explicações competitivas da democracia, a visão deliberativa tem recursos para destacar a relevância não apenas dos bens ditos "instrumentais" ou "convergentes" – ou seja, bens que em princípio podem ser alcançados de forma individual e que são apenas *mais eficientes* de serem perseguidos conjuntamente –, mas também daqueles "bens mediatamente comuns", para os quais o gozo conjunto traz um valor adicional em relação ao gozo individual e, sobretudo, a relevância daqueles "bens imediatamente comuns" para os quais o gozo individual não faz sentido.[36] O bem de ter uma conversa agradável entre amigos não pode ser usufruído individualmente, só em conjunto. Da mesma forma, ser um *ator global* no cenário da política mundial não é um bem de que a maioria dos Estados-membros europeus pode desfrutar individualmente. Da mesma forma, a paz mundial, certa estabilidade no crescimento populacional, um ambiente seguro para riscos, ausência de crime e corrupção e o avanço das relações internacionais em direção a algo que se assemelhe a um Estado de direito global não são bens a ser gozados separadamente por um único Estado, no mesmo sentido que a descoberta de uma nova jazida de petróleo dentro dos limites do Estado é um bem de que um Estado pode se beneficiar individualmente. Assim, uma visão deliberativa da democracia consegue oferecer uma estrutura conceitual mais adequada para apreender a natureza e o funcionamento dessa *persuasão moral* que constitui o melhor instrumento de coordenação dentro dos processos de governança e pode explicar melhor por que a *soft law* desempenha sua função mesmo na ausência da prerrogativa de impor sanções.

O segundo trunfo proporcionado por uma visão deliberativa da democracia e que de alguma forma está além do alcance de outras concepções de democracia é um modo de conciliar a tensão que opõe direitos e soberania popular. No cerne de *qualquer* concepção de democracia que não seja populista, encontramos esse conflito. Por um lado, desejamos que a vontade democrática dos cidadãos livres e iguais seja soberana, isto é, que não esteja sujeita a nada que lhe seja exterior. Por outro lado, desejamos que a vontade agregada dos cidadãos não esteja em condições de prevaricar sobre os direitos de um único indivíduo, seja por engano, seja por negligência, seja por intenção deliberada. Desejamos, assim, duas coisas um tanto dependentes uma da outra: almejamos ter uma vontade verdadeiramente soberana, que, no entanto, é limitada por direitos que não estão à nossa disposição. O desafio de conciliar essa tensão deve ser enfrentado não apenas pelas teorias de *governo* democrático, mas também pelas teorias de *governança* que visam a integrar governança, *soft law* e processos não formalizados de coordenação dentro de uma estrutura democrática.

A democracia deliberativa tem uma vantagem sobre sua concorrente na medida em que oferece a todos aqueles que precisam reconstruir o funcionamento interno da *governança*, da *soft law* e da *coordenação transparente* uma forma de entender os direitos (que são condição para o funcionamento da ação coordenadora) que não os coloca em oposição crítica à tarefa de coordenar a ação. Em outras palavras, a democracia deliberativa pode explicar, na linha que as demais concepções de democracia têm mais dificuldade em seguir, por que é falso que quanto mais amplamente legitimados são os direitos, mais fraca é a autonomia política do órgão deliberativo, por que é falso que direitos tornam a eficácia das estruturas de governação mais difícil de alcançar e que, ao mesmo tempo, os processos de *governança*, *soft law*, *benchmarking*, *boas práticas* e *coordenação transparente* funcionam melhor quando as restrições políticas relacionadas com os direitos são menos rigorosas. Tal explicação baseia-se na distinção de John Searle de regras "reguladoras" e "constitutivas".[37]

As normas reguladoras governam uma área da conduta humana que existe de forma independente e antecedente. Dirigimos carros, motocicletas, bicicletas e outros veículos por ruas e rodovias muitas vezes congestionadas; as leis de trânsito, algumas das quais expressas por placas, regem essa atividade, mas, se não existissem, a circulação nas ruas ocorreria de qualquer maneira – como de fato ocorria antes de tais regulamentações serem inventadas –, mas de forma mais caótica, imprevisível e perigosa.

As normas constitutivas governam uma área da conduta humana que elas simultaneamente fazem existir. Pense num jogo de xadrez. Não se trata de movermos diferentes peças de madeira sobre um tabuleiro com quadrados pretos e brancos alternados em fileiras e colunas e, depois, alguém apresentar regras para mover essas peças de forma mais eficaz. As regras do jogo criam o xadrez, que ao mesmo tempo elas governam e que não se qualificaria como tal se fosse realizado independentemente dessas regras. É justamente por causa da ambiguidade da linguagem comum que em ambos os casos dizemos que as regras governam certa área de conduta: de fato, essa frase obscurece uma diferença essencial. Considerando que podemos dizer que nossa liberdade de dirigir na estrada como quisermos é limitada, pela segurança de todos, pelos regulamentos de trânsito, não faz sentido afirmar que a regra que me proíbe de mover a torre diagonalmente ao longo do tabuleiro *limita minha liberdade*, pela simples razão de que nenhuma atividade como mover torres em tabuleiros de xadrez existe antes e independentemente das regras do jogo em questão.

A democracia deliberativa pode aplicar essa percepção à relação entre direitos e a vontade democrática e, portanto, pode entender essa relação como não antagônica: sustentar que onde há menos direitos desfrutamos de mais liberdade é tão sem sentido quanto sustentar que, se as regras fossem suspensas, teríamos mais liberdade no jogo de xadrez.

Não há, portanto, razão para que os defensores da democracia deliberativa experimentem ansiedade *vis-à-vis* à ascensão e difusão dos processos de governança no contexto pós-nacional da política contemporânea nem para pensarem que a abordagem competitiva da democracia está mais bem equipada para enfrentar esse desafio. A tecnicização de certos processos políticos leva a um declínio e um encolhimento da autoria democrática dos cidadãos, e essa tendência levanta desafios problemáticos para *todas* as concepções de democracia, mas, por sua afinidade com o constitucionalismo dualista, para sua compreensão do processo democrático como uma troca de razões e para sua concepção da relação dos direitos com a vontade democrática, a democracia deliberativa está em melhor posição para explicar como a ação pode ser coordenada via governança sem recorrer às sanções formais impostas pelo governo.

Para encerrar, voltemos ao quadro inicial. Um mundo justo requer a construção não necessariamente de um centro global de vontade política e governo legítimo, mas de uma pluralidade de instituições cosmopolíticas, estruturas ou agências a regular a ação de atores globais de grande escala – como Estados, corporações multinacionais, regiões agregadas de Estados, associações transnacionais –, sem contar a coerção física que se esconde por trás de todas as sanções impostas pelo governo, com um monopólio (livremente conferido a eles pelos participantes) na atribuição de legitimidade às ações do participante. Mostramos como a democracia deliberativa contribui para essa compreensão de mundo integrado, porém plural, destacando a relação que esses processos de *governança* estabelecem com a prática da democracia entendida como autoria, com vários graus de retidão, da normatividade a que se obedece.

Notas

[1] Walzer, 2004, pp. 171-191.
[2] *Idem*, p. 191. Para um argumento que desafia muitas das pressuposições "antiestatistas" subjacentes à afirmação de que nenhum arranjo global estatal é possível ou desejável, ver Scheuerman, 2012.
[3] Platão, 2007 [360 a.C.], I, 327a.
[4] Eisenstadt, em Arnason, Eisenstadt & Bjorn Wittrock (ed.), 2005, pp. 531-164; Eisenstadt (ed.), 2005, pp. 1-30.
[5] Durkheim, 1964, p. 405.
[6] Ver, por exemplo, Cohen, "Deliberation and Democratic Legitimacy", em Hamlin & Pettit (ed.), 1991, e "Moral Pluralism and Political Consensus", em Copp, Hampton & Roemer (ed.), 1993; Habermas, 1994, vol. 20, n. 4, pp. 135-150, 1993, vol. 1, n. 2, pp. 128-155, 1995, vol. 92, n. 3, pp. 109-131, 1996, 1996b, vol. 17, pp. 1.083-1.125, "'Reasonable' versus 'True', or the Morality of Worldviews", em Finlayson & Freyenhagen (ed.), 2011, pp. 92-113, e 2001, vol. 29, pp. 766-781; Benhabib, 1996 e 2002; Fishkin, 1991 e 1995; Bohman, 1996; Bohman & Rehg (ed.), 1997; Guttman & Thompson, 1996 e 2004; Laden, 2001; Macedo (ed.), 1999; Elster (ed.), 1998.
[7] Por exemplo, Bohman define a democracia deliberativa da seguinte forma: "A deliberação pública de cidadãos livres e iguais é o núcleo da tomada de decisão política legítima e do autogoverno". Bohman, 1998, vol. 6, n. 4, p. 401.
[8] Ver Forst, 2012, p. 155, em que a democracia deliberativa é equiparada à "prática apolítica de argumentação e razão entre cidadãos livres e iguais, uma prática na qual perspectivas e posições individuais e coletivas estão sujeitas a mudanças por meio de deliberação e na qual apenas normas, regras ou decisões que resultam em alguma forma de acordo racional entre os cidadãos são aceitas como legítimas".
[9] Ver Dahl, 1991 e 1998; Downs, 1957; Schumpeter, 1975 [1942].
[10] Ver Rawls, 1999 [1971], 2001 e 2005 [1993].
[11] Ver Habermas, "'Reasonable' versus 'True', or the Morality of Worldviews", em Finlayson & Freyenhagen (ed.), 2011, p. 105.
[12] Ver Paquet, 2001, pp. 183-214; Thompson, 2003; Zürn, 2000, vol. 6, n. 2, pp. 183-221.
[13] Ver Cohen & Sabel, 1997, n. 3-4, pp. 313-340.
[14] Ver Sørensen & Torfing, 2004.
[15] Hooghe & Marks, 2003, vol. 97, n. 2, pp. 233-243.
[16] Jessop, 2006, pp. 101-116.
[17] Ver Commission on Global Governance [Comissão de Governança Global], 1995, p. 4.
[18] Ver por exemplo a tríplice noção de "governança com e sem governo" de Sørensen, 2004, p. 62. Ver também os quatro modelos de governança de Keohane & Nye Jr. (2001), em Held & Koenig-Archibugi (ed.), 2005, pp. 1-41. Ver, por fim, as cinco dimensões da governança de Hirst, conforme apresentado em Pierre (ed.), 2000, pp. 14-19. Para uma boa coleção de ensaios sobre governança, ver Palumbo & Vaccaro (ed.), 2007.
[19] Offe, 2009, vol. 16, n. 4, pp. 550-551.
[20] *Idem*, pp. 551 e 557-558.
[21] *Idem*, pp. 557-558.
[22] *Idem*, p. 559.
[23] Sobre esse aspecto, ver Treib, Bähr & Falkner, 2005. Ver também Rosenau & Czempiel, 1992.
[24] Ver Rousseau, 1967 [1755], pp. 214-215. Para uma abordagem mais extensa sobre esse ponto, ver Ferrara, 1993, pp. 39-43.

25 Ver Overdevest, 2002; Pochet, "The Open Method of Co-ordination and the Construction of Social Europe", em Zeitlin & Pochet (ed.), 2005; Rosenau, "Toward an Ontology for Global Governance", em Hewson & Sinclair (ed.), 1999; Weiss & Thakur, 2006.
26 Ver Crouch, 2004; Sommerville, 2005, vol. 33, n. 1, pp. 117-144; e, novamente, Offe, 2009, pp. 550-562. Ver também Wallace & Smith, 1995, vol. 18, n. 3, pp. 137-157; Weiler, Haltern & Mayer, 1995, vol. 18, n. 3, pp. 4-39; Andersen & Burns, "The European Union and the Erosion of Parliamentary Democracy: A Study of Post-parliamentary Governance", em Andersen & Eliassen (ed.), 1996. Sobre governança global, ver Dahl, "Can International Organizations be Democratic? A Sceptic's View", em Shapiro & Hacker-Cordon (ed.), 1999. Para uma provocação articulada à tese do déficit democrático no caso da UE, ver Moravcsik, 2002, vol. 40, n. 4, pp. 603-624; e 2008, pp. 331-340; e Majone, 1998, vol. 4, n. 1, pp. 5-28, especialmente p. 10.
27 Ver Pasquino, 2006, vol. 45, n. 136, pp. 35-45; Dworkin, 1996.
28 Ver Ackerman, vol. 1, 1991, p. 6, e vol. 2, 1998; Michelman, 1986, vol. 100, n. 4, pp. 4-6, 1988, n. 97, pp. 1.493-1.498, e "How Can the People Ever Make the Laws? A Critique of Deliberative Democracy", em Bohman & Rehg (ed.), 1997; Rawls, 2005 [1993], p. 137.
29 Ver Bellamy, 2007; Bellamy & Castiglione (ed.), 1996; Waldron, 1999 e 1999b; Tushnet, 1999.
30 Ver Bellamy, 2007, p. 4.
31 *Idem*, p. 5.
32 Ver Manin, 2007, pp. 134-148.
33 Ver Habermas, 2009 [2008], p. 80.
34 Ver Habermas, 2012, p. 41.
35 Ver *idem*, pp. 43-48.
36 Para a distinção entre "bens convergentes", "bens mediatamente comuns" e "bens imediatamente comuns", ver Taylor, "Cross-Purposes: The Liberal-Communitarian Debate", em Rosenblum (ed.), 1991, pp. 167-170.
37 Ver Searle, 1969, pp. 33-37.

8

Verdade, justificação e liberalismo político

A política sempre teve uma relação ambivalente com a verdade. Por um lado, um vínculo há muito estabelecido entre poder e fabricação, dissimulação, duplicidade e mentira.[1] De fato, o ideal de transparência como diretriz para a relação das instituições públicas com os cidadãos é uma invenção das democracias do fim do século XX. E até que ponto, mesmo em um horizonte democrático, a relação de poder com a mentira sobrevive nos recessos de uma difícil implementação do princípio da transparência é algo atestado pelas reações desencadeadas pela publicação dos arquivos do *WikiLeaks*. Aqueles que disponibilizaram o que não deveria ser transparente para o público foram acusados de subversão e terrorismo até mesmo por governos indubitavelmente democráticos.

Por outro lado, a política em seu melhor, o tipo de política que move a imaginação, abre perspectivas, encarna a exemplaridade e mobiliza as pessoas a afirmarem valores e de alguma forma continua a apelar para a verdade. O atual ressurgimento, mesmo em quadros democráticos, de várias versões da chamada *teologia política*,[2] a ênfase generalizada na distinção entre o político e o político e o fascínio pela dimensão existencial e inegociável da verdade testemunham a atual insatisfação face à noção deflacionária de verdade proposta pelo liberalismo, em especial pelo liberalismo político de linhagem rawlsiana.

Meu propósito neste capítulo é abordar o nexo entre política e verdade de um ângulo diferente. Sem negar a sugestividade descritiva das teologias políticas quando lançam luz sobre como e por que *o político* nos impõe com autoridade a verdade e exige sacrifícios em seu nome, a fraqueza dessas abordagens – o que torna problemática sua aplicabilidade à democracia – continua sendo sempre a suposição implícita e injustificada de que existe uma, apenas uma, verdade politicamente efetiva; uma, apenas uma, teologia política para alcançar o "espaço político". No exato momento em que se admitisse que em um mesmo espaço político uma *pluralidade* de *teologias políticas* exercesse influência, surgiria a questão sobre se suas relações deveriam ser reguladas pela força ou por princípios que permitissem a livre coexistência de opressão de *teologias políticas* no mesmo espaço político. No primeiro caso, o que se considera *político* seria pouco mais que a extensão, para usar uma terminologia milenar, de um estado de natureza destinado a nunca ser totalmente superado e, portanto, a uma negação ou um desaparecimento da política. Se a segunda alternativa for adotada, a ênfase teórica na relação das "verdades inegociáveis" com a política, das verdades existenciais com a política, logo irá se confrontar com a questão e, para o liberalismo político, ela não constitui uma conclusão, mas apenas um ponto de partida: em que condições é possível um regime estável e justo existir e perdurar, se coexistem versões rivais de verdades inegociáveis? Com esse desvio um tanto tortuoso, serão redescobertas as virtudes de uma noção de verdade que permite que as verdades últimas compartilhem um espaço político sem fazer com que esse espaço regrida a um estado de natureza renovado em cujos limites só a *força*, ou a ameaça de seu uso, decide qual teologia política deve prevalecer.

Nesse contexto, analisemos aspectos da noção de verdade que ficaram um pouco mais na sombra em relação à noção mais bem destacada de uma "política de justiça" capaz de permitir que as visões éticas abrangentes coexistam, sem opressão, em um mesmo espaço político.

A ideia rawlsiana de liberalismo "político" não mais "abrangente" ou metafísico tem sido muitas vezes apressadamente interpretada como saída de qualquer noção de verdade digna de ser assim chamada. Neste capítulo estudaremos o vínculo da verdade e da política democrática, da verdade e do "liberalismo político", na convicção de que tal inspeção lançaria luz sobre a melhor maneira de compreender a relação entre o momento de "não estar à nossa disposição" da verdade e política democrática em nosso horizonte filosófico.

Que relevância pode a noção de verdade manter com o liberalismo "político", em comparação com o papel que desempenhou e pode desempenhar em variedades abrangentes de liberalismo ou em concepções não liberais de política? Partindo do pressuposto de que alguma noção de verdade enquanto verdade "não está à nossa disposição" permanece inquestionável mesmo segundo uma visão liberal que gira em torno da razão pública e da razoabilidade, três pontos principais serão abordados neste capítulo.

Em primeiro lugar, serão reconstruídas as razões que levaram Rawls, em *O liberalismo político*, a desconsiderar a centralidade da verdade para questões de legitimidade e, ainda assim – contrariamente a uma interpretação difundida, cujos partidários incluem Habermas –, deixar espaço para um conceito modificado de verdade (uma "concepção política de verdade", metodologicamente homóloga à mais conhecida "concepção política de justiça"). Em segundo lugar, serão reconstruídas as reflexões que Joshua Cohen recentemente ofereceu sobre uma possível concepção "política" da verdade, e suas limitações serão indicadas. Por fim, serão apresentados os fundamentos de uma concepção "política" e *dual* da verdade, alternativa à preconizada por Cohen e ainda compatível com a linha de pensamento de Rawls.

8.1 - O mito da caverna de Rawls e Platão: uma nova versão

Desde os tempos modernos – aliás, desde que Maquiavel escreveu *O príncipe*, em 1513, há quinhentos anos –, aprendemos a considerar a política uma atividade autônoma. Nossa compreensão do que significa autonomia política, no entanto, foi distorcida. Como vimos no capítulo 1, apenas uma acepção teve ampla aceitação desde o início – a saber, aquela "autonomia da moral" que, por sua vez, dada a ilegalidade das relações entre os Estados no mundo pré-westfaliano, logo se traduziu em uma "diferença deontológica" entre os graus de liberdade atribuídos ao cidadão comum e os atribuídos aos governantes. Foi só a partir da segunda metade do século XX, graças ao trabalho de dois autores tão diversos como Hannah Arendt e John Rawls, que a expressão "autonomia da política" passou *também* a significar que a política não pode ser concebida como a "aplicação" ou a "tradução em prática" de princípios, valores, normas e ideias importadas de uma esfera *não política*.

Estamos agora em condições de compreender melhor a magnitude dessa revolução, reafirmando adequadamente o mito da caverna de Platão, que abre o Livro 7 de *A República*. Durante séculos, o *pensamento político* ocidental de orientação normativa se desenvolveu sob o fascínio da aspiração platônica de que a deliberação política partisse de uma visão teórica, ou especulativa, do que está fora da caverna. Apesar de todos os significados metafísicos, morais e filosófico-antropológicos que podem ser lidos no mito de Platão, o significado *filosófico político* do mito da caverna é que quem de fato tem o direito de governar legitimamente sobre os outros é apenas o indivíduo que teve coragem de deixar *doxa*, que prevalece dentro da caverna, onde os prisioneiros interpretam mal as sombras de objetos reais projetadas na parede mais interna; o indivíduo que sofreu as dores da exposição à luz intensa e depois as dores da rejeição violenta e, ao entrar outra vez na caverna, tentou convencer seus concidadãos a abandonarem as falsas certezas e abraçarem um relato verdadeiro de como as coisas são e o que é o bem. O governo legítimo está, em última análise, enraizado na supremacia da *episteme* sobre a mera *doxa*.

Os mais de 24 séculos que nos separam da época em que Platão escreveu *A República* acrescentaram muitas variações substantivas sobre esse tema invariável, deixando o balanço geral basicamente inalterado. A ideia do bem simbolizado pelo Sol foi ao longo do tempo substituída pela vontade revelada de um deus monoteísta, pelos *insights* sobre a natureza desejante do homem, pelas leis da evolução, pela razão na história, pela dinâmica da luta de classes e da emancipação revolucionária. O que está na base de todas essas expressões é a ideia de que o verdadeiro conhecimento, um conhecimento especulativo que antecede a deliberação intersubjetiva e supostamente estabelece o padrão para separar a boa da má deliberação, fornece as bases para o uso legítimo do poder coercitivo, para a obrigação política e para todos os conceitos normativos encontrados na política.

A última reencarnação de tal abordagem epistêmica da filosofia política normativa talvez seja a "justiça como equidade" tal qual entendida em *Uma teoria da justiça*. É a versão mais frágil possível do mito de Platão, localizada topograficamente na beira de seu modelo filosófico, que sofre uma transformação radical. Na verdade, em *Uma teoria da justiça*, o pluralismo já faz parte das "circunstâncias da justiça", o objetivo da "justiça como equidade" é permitir que se construa uma política justa em meio a concepções conflitantes do bem e, em última análise, é o consenso dentro da caverna que pode validar o argumento do filósofo.[3] No entanto, *Uma teoria da justiça* ainda nos limites do pensamento de Platão, porque incorpora a expectativa, que mais tarde, em *O liberalismo político*, Rawls denunciará como "irrealista", a expectativa de que todos na caverna eventualmente reconhecerão a superioridade da "justiça como equidade" como um relato do que está fora da caverna sobre todos os relatos rivais, notadamente sobre o utilitarismo – como se os "fardos do julgamento" pudessem ser neutralizados por algum argumento filosófico.[4]

Afastando-se dessa tradição de longa data, em *O liberalismo político* a razão pública quebra o encanto de Platão.[5] É uma espécie de razão *deliberativa* que não se rende ao mundo das aparências, à *doxa*, nem presume que a salvação possa vir de fora, mas, em vez disso, tenta com tenacidade distinguir o melhor do pior, o mais justo e o menos justo, o mais razoável e o menos, tudo dentro dos limites da caverna.

No entanto, o mito da caverna ainda pode ser útil. Se fôssemos alterá--lo para refletir a nova visão encontrada em *O liberalismo político*, teríamos de imaginar que não apenas um, mas pelo menos alguns, dos habitantes da caverna ascendeu ao mundo exterior. Ao voltar, seus relatos sobre o que está do lado de fora se igualam em parte e em parte diferem – não porque as pessoas mentem ou estão cegas pelo preconceito, mas porque são seres finitos diante de uma realidade extremamente complexa, se não infinita.

Devemos, então, parar a operação da política, dentro da caverna, até descobrir qual dos relatos é o verdadeiro? A política autônoma e o liberalismo não perfeccionista ou "político" começam onde a aspiração de identificar o relato que mais se aproxima da verdade, ou que está mais distante da falsidade, longe de ser suprimido – o que equivaleria a trair nossa própria natureza de seres que "não foram feitos para viver como brutos, mas para a busca da virtude e do conhecimento" –,[6] é transferido do foro público para o seminário de filosofia ou "cultura de fundo" e quando a coação legal legítima, dentro da caverna, é respaldada unicamente com base na "verdade mais limitada" encontrada na sobreposição entre os vários relatos. Essa "humildade epistêmica" está no cerne da razão pública e da política democrática baseada no padrão de razoabilidade.

Muitos aspectos dessa revolução conceitual ainda precisam ser trabalhados, mas vale ressaltar que essa conclusão tardia da autonomização da política não deve, de forma alguma, ser entendida em oposição ao conceito de verdade como tal. Deve ser entendida como opondo-se apenas a certa função que a verdade desempenhou nas concepções perfeccionistas da política.

Em apoio a essa afirmação, duas evidências filosóficas podem ser apresentadas. Primeiro, não há razão para uma visão liberal da política baseada em razões públicas não mais aspirar a capturar o máximo possível do que a razão especulativa vê como verdade, assim como a "prioridade do direito" não nos ordena a desconsiderar as noções de bem nem impede um governo de valorizar certas noções não controversas de bem: por exemplo, a prática da razão pública não inibe um governo de endossar e premiar publicamente bens primários, bondade como racionalidade, tolerância, civilidade e outras virtudes. Para o liberalismo político, nem a verdade nem o bem precisam ser conceitos intrinsecamente problemáticos; apenas verdades *controversas* e intuições *controversas* sobre o bem são, e de fato se tornam, potencialmente problemáticas quando vinculadas ao exercício da coerção jurídica, não quando articuladas no contexto de argumentos não deliberativos.

Em segundo lugar, o que pode ser encontrado na sobreposição dos relatos do lado de fora da caverna é assumido como verdadeiro pelos participantes e pelo filósofo reflexivo, não é apenas algo "conveniente de acreditar". A política para a verdade é preservada também no liberalismo político. De acordo com Rawls, se acreditamos que uma concepção ou uma doutrina é razoável, não podemos nos recusar a acreditar que ela seja verdadeira. A razoabilidade e a verdade podem ser dissociadas apenas do ponto de vista do observador, não em atitude de primeira pessoa. Como participante, não posso considerar algo razoável se ao mesmo tempo considero falso – "como se a verdade fosse simplesmente irrelevante", acrescenta Rawls.[7] Assim, temos um importante fundamento para a inalienabilidade da noção de verdade da estrutura conceitual do liberalismo político: o ceticismo sobre a verdade, se incorporado na concepção política de justiça, condenaria ao fracasso o consenso sobreposto, porque a concepção de justiça estaria em desacordo com a maioria das concepções abrangentes das quais deve receber endosso e que estão longe de incluir premissas céticas.

8.2 - Uma concepção "política" de verdade é possível?

Se assumirmos que mesmo num liberalismo político construído em torno da razão pública os termos "verdadeiro" e "verdade" continuam a desempenhar um papel, devemos, então, responder à pergunta: o que queremos dizer com verdade? Desnecessário registrar que há uma variedade de "concepções abrangentes de verdade" em oferta – teorias de correspondência, visões baseadas na coerência, noções de verdade como assertividade garantida, a visão discursiva da verdade, a visão minimalista-tarskiana da verdade, a visão nietzschiana da verdade como condutividade à sobrevivência, a noção pragmatista de verdade. É possível operar nos mesmos moldes com as concepções do bem? Ou seja, é possível articular uma noção de verdade "política", não metafísica, que seja compatível com as doutrinas mais abrangentes e possa funcionar como padrão normativo ao qual os cidadãos que abraçam entendimentos distintos da verdade recorram ao abordar questões cognitivas relevantes?

Uma resposta positiva e interessante foi desenvolvida por Joshua Cohen em um ensaio recente intitulado "Verdade e razão pública".[8] Na verdade, a mais completa tentativa de considerar todas as facetas de uma possível concepção de verdade para o liberalismo político, ainda que parcialmente imperfeita pela suposição enganosa de que Rawls colocaria a verdade contra a razão pública de forma a dificultar manter ambas em uma mesma estrutura teórica. Nesta seção, reconstruirei seus pontos principais.

A tese de Cohen, que certamente deve ser compartilhada, é de que o liberalismo político não pode endossar uma concepção "antimetafísica" da verdade – ou, inversamente, sua posição não é menos metafísica que o que ela rejeita. "Deus não existe" é um enunciado tão metafísico quanto "Deus existe". Tal postura "antimetafísica", dentro da qual talvez se inclua o programa de Habermas para um "pensamento pós-metafísico", não é, portanto, adequada a um liberalismo não perfeccionista. A "concepção política da verdade" que buscamos terá, em vez disso, de permanecer neutra ou compatível com relação a essas visões mais abrangentes da verdade.

A maior parte do artigo de Cohen consiste em articular argumentos para excluir quatro (errôneas) concepções de verdade como candidatas a serem políticas. Três dessas concepções são variantes da convicção generalizada – baseada na infeliz passagem em que Rawls sugere que a "concepção política [de justiça] prescinde do conceito de verdade"[9] – segundo a qual o liberalismo político dispensa a noção de verdade ou a torna, de alguma forma, supérflua. Considerações sobre a verdade, portanto, seriam de uso limitado na argumentação política.

A *primeira* posição, chamada de visão "sem conceito", é atribuída por Cohen a Rawls e gira em torno da *supérflua* noção de verdade para um liberalismo não perfeccionista. Uma objeção que prontamente vem à mente, de acordo com Cohen, é que, embora possamos compreender intuitivamente como a razão pública – a pedra angular do liberalismo político – evita invocar noções normativas como "salvação, autorrealização, alma, autonomia, honra ou coragem", não é tão fácil eliminar todo recurso ao adjetivo "verdadeiro" como ele se aplica a descrições de estados de coisas, explicações causais, inferências lógicas e similares. Assim, se o termo "verdadeiro" continuar a ocorrer, a explicação de seu significado não pode ser deixada de lado.

No contexto dessa visão geral da verdade como "supérflua" para os propósitos do liberalismo político, uma linha de argumentação mais específica merece atenção: a afirmação de que a verdade implica uma divisão que vai contra a razão de ser reconciliadora do liberalismo político. Enquanto a razoabilidade pode ser atribuída a uma pluralidade de concepções e mesmo a duas concepções opostas, a verdade é uma só, e atribuí-la a uma posição exclui que outras posições possam ser verdadeiras. Cohen corretamente refuta que a expressão rawlsiana "mais razoável" (por exemplo, justiça como equidade enquanto a única visão de justiça "mais razoável para nós")[10] seja "tão singular quanto 'verdadeira'". "Em realidade", continua Cohen, também a qualificação "mais razoável", aparentemente mais fraca, "pode ser vista como divisiva, uma vez que visões conflitantes podem ser ambas razoáveis, mas uma não pode ser mais razoável que a outra".[11] No entanto, para Cohen, parece à primeira vista que a verdade é tudo ou nada e a razoabilidade é uma questão de grau, muito mais fluida e contínua. Olhando de perto, no entanto, a verdade também pode ser fluidificada, caso se trate de um relato mais ou menos verdadeiro, mais próximo ou mais distante da verdade.

Além disso, Cohen corretamente nos adverte contra "culpar o mensageiro" pelas más notícias que porta.[12] Por exemplo, se, ao contrário de você, penso que a justiça exige respeito pela privacidade, nosso desacordo é sobre "o que a justiça exige". O uso do predicado "verdadeiro" não é de forma alguma responsável por gerar uma divergência que decorre de outro lugar, de visões concorrentes sobre "o que a justiça exige" – a oposição de verdadeiro e falso simplesmente *expressa* tal divisão, mas não a *cria*.

A *segunda* visão criticada por Cohen entende a qualidade dispensável e supérflua da verdade, na democracia, como decorrente de não haver "portadores da verdade" ou assuntos políticos a que a verdade possa ser atribuída. Nas palavras de Cohen,

> se dissermos, com uma variante do não cognitivismo clássico, que o argumento político é uma questão de decisões (digamos, decidir sobre amigos e inimigos e expressar as decisões) ou expressões de atitude (torcer para seu lado, gritar com o outro) ou usando palavras para provocar comportamentos, então o conceito de verdade não teria sustentação.[13]

De acordo com essa segunda visão, chamada de posição de "portadores de não verdade",

> dizer que uma concepção política da verdade dispensa o conceito de verdade seria como dizer que a torcida faz sem o conceito de verdade. Você fica sem o conceito porque não está alterando nada a que o conceito se aplica.[14]

A objeção de Cohen é que, por mais valiosa e interessante que seja essa concepção de política, ela é inconsistente com as noções de razão pública e de fórum público como espaço de razões, duas ideias que, por sua vez, são centrais para o liberalismo político. A essa objeção eu acrescentaria duas observações. Em primeiro lugar, dada a distinção entre um *modus vivendi* e um consenso real sobreposto, segue-se que as alegações feitas no foro público *devem* ser suscetíveis de verdade. Em segundo lugar, o princípio liberal de legitimidade de Rawls – "nosso exercício do poder político só é plenamente adequado quando exercido de acordo com uma Constituição cujos fundamentos todos os cidadãos, como livres e iguais, podem razoavelmente endossar à luz de princípios e ideais aceitáveis à sua razão humana comum"[15] – ficaria inoperante a menos que assumíssemos que os cidadãos são capazes de avaliar os fundamentos constitucionais relevantes como contendo normas justas e *proposições verdadeiras*.

Para resumir o que foi apresentado até agora: nenhuma abordagem normativa da política, apenas uma abordagem radicalmente realista da política como lócus de uma competição pelo poder e por sua maximização, pode negar que, no fórum público, reivindicações verdadeiras sejam trocadas e avaliadas.

A *terceira* versão da posição de "não verdade na política democrática" considerada por Cohen é um espantalho. É a posição daqueles que sustentam que, embora no fórum público nós troquemos e avaliemos afirmações de verdade (por exemplo, "Saddam Hussein não estava em posse de nenhuma arma de destruição em massa"), e mesmo que se reconheça a sensatez do conceito de verdade, a razão pública mantém uma distância segura em relação a abraçar ou negar tais julgamentos substantivos. Cohen objeta que, se alguma noção de verdade (idealmente, uma noção "política", ainda a ser articulada em detalhes) estiver disponível para a razão pública e se a razão pública entender o fórum público como espaço em que reivindicações aptas à verdade e não apenas nulas de verdade *exortações* são trocadas, então não está claro por que a razão pública deve abster-se de julgamentos substantivos.

Poder-se-ia acrescentar a esse raciocínio a observação de que o "julgamento não substantivo", se entendido como interpretação de Rawls, é inconsistente com sua "ressalva" de 1999, segundo a qual reivindicações derivadas de doutrinas abrangentes e razoáveis (que obviamente são consideradas verdadeiras) "podem ser introduzidas na discussão política pública a qualquer momento".[16]

A *quarta* variedade da tese da não verdade está enraizada no extremo positivismo jurídico defendido por Hobbes. Os alinhados a essa posição admitiriam que as teses políticas são aptas à verdade e que a razão pública pode legitimamente abordar a verdade ou a falsidade de afirmações específicas, mas negariam que a noção de verdade é relevante para a política porque, parafraseando o ditado de Hobbes "*auctoritas, non veritas facit legem*", autoridade e não verdade fundamentam a justiça. Em outras palavras, legitimidade e validade jurídica são independentes de retidão "porque não há verdades normativas disponíveis antes da autoridade que possam entrar em determinações de validade jurídica".[17] Nossas afirmações sobre a verdade das proposições na política são, então, relatos sobre o que as autoridades afirmam ser verdade. O contra-argumento sensato de Cohen é que, independentemente de a legitimidade derivar da autoridade ou de a verdade ser autônoma em relação à autoridade, até o positivista jurídico deve reconhecer que as proposições relativas ao direito e à justiça são verdadeiras ou falsas e que sua posição apenas desafia a genealogia da verdade – se a verdade deriva do mérito substantivo de nossas afirmações ou da autoridade de quem as faz –, mas não a relevância da verdade para a política.

Com base em sua refutação dessas quatro rejeições da verdade como relevante para a política democrática e liberal, Cohen passa a delinear uma possível "concepção política da verdade". Curiosamente, ele exclui uma compreensão tarskiana "minimalista" ou "deflacionária" da verdade na política – entendimento segundo o qual, por exemplo, "a proposição de que a justiça requer liberdades básicas iguais é verdadeira se, e somente se, a justiça requer liberdades básicas iguais"[18] com base no fato de que o minimalismo tarskiano é uma concepção controversa e "antimetafísica" da verdade. O minimalismo tarskiano, "em contraste com as teorias de correspondência, coerência e pragmática, diz que a verdade não tem natureza e não é propriedade substancial".[19] A postura "militante" desse minimalismo, por assim dizer, o torna um candidato inadequado a uma concepção *política* de verdade embutida na razão pública. Por um lado, se a razão pública confiasse nessa concepção, nenhum cidadão que endossa "teorias da verdade metafisicamente mais exigentes" (por exemplo, a correspondência mencionada, assertividade garantida, visões discursivas ou coerentes da verdade) estaria em posição de consentir e incorporar tal concepção de verdade minimalista, deflacionária ou antimetafísica em suas visões mais abrangentes.[20]

Cohen lista quatro requisitos para qualquer definição ser considerada verdade "política". Os dois primeiros são incontestáveis, em minha opinião. Referem-se, respectivamente, a) à ideia de acreditar que seja verdade, ou que "é a norma que rege as crenças, declara e julga verdadeiras";[21] b) à ideia de que as crenças verdadeiras "correspondem a como as coisas são", no sentido incontroverso ou de "senso comum" da frase, sem fornecer a noção de que as crenças verdadeiras "apresentam as coisas como elas realmente são em si mesmas, de forma determinada e independente da mente".[22] Trata-se de um requisito ambíguo, que pode ser lido em linhas transcendentais kantianas ou em linhas fenomenológicas, culturalistas, hermenêuticas.

Mais problemáticos, porém, são o terceiro e o quarto requisitos de Cohen para qualquer concepção política de verdade. O terceiro aborda a controvérsia entre as abordagens da verdade por correspondência e assertividade garantida: uma concepção apolítica da verdade "não dirá que a verdade é uma propriedade substantiva diferente da garantia nem oferecerá uma explicação de qual propriedade é a verdade que a distingue da garantia, mas também evitará alegar que nada de informativo pode ser dito sobre essa questão".[23] Esse requisito se expande em um quarto e último, que diz respeito ao valor da verdade: qualquer concepção política sustentará que "a verdade é importante" e, *dado que verdade é diferente de garantia*, "que a verdade é importante de uma maneira distinta de como esse mandado é importante".[24]

As implicações desses dois últimos requisitos podem ser melhor avaliadas se lembrarmos brevemente como Cohen responde a mais uma concepção desdenhosa da verdade, articulada por Rorty, segundo quem "seria melhor se nos faltasse a noção de verdade" e se "preocupações com a verdade da crença forem entendidas e esgotadas por preocupações sobre ter crenças que se apoiam nas melhores razões disponíveis e que nos ajudam a trilhar nosso caminho no mundo".[25] A visão de verdade de Rorty não pode se qualificar como política, argumenta Cohen, porque confunde a noção de verdade e a de justificação e, assim, colide com concepções abrangentes de verdade e antecipa a questão sensata sobre se "uma proposição que atende a esse padrão de justificação, e em que tendemos, portanto, a acreditar e que tendemos a afirmar, é verdade".[26]

Em conclusão, de acordo com Cohen, "uma compreensão não metafísica (não antimetafísica) da verdade está disponível, e as razões para abandoná-la não são convincentes". Nós, democratas não perfeccionistas e liberais políticos, devemos estar preparados "para manter o conceito de verdade [...] na justificação política e reconhecer que a verdade é diferente da garantia (mesmo ideal)".[27]

8.3 - Verdade e justificação pela perspectiva das concepções "abrangentes" de verdade

Não é algo evidente que a visão de verdade de Cohen tenha permanecido fiel ao projeto de completar a filosofia política de Rawls com uma concepção "política" da verdade. Ou melhor, é duvidoso que endossar a distinção entre verdade e "garantia ideal" ou justificação realmente esteja mais além de disputa – pelo menos na própria formulação de Cohen – que rejeitá-la pelas razões apresentadas por Rorty. Não é essa distinção um dos principais elementos de uma visão abrangente específica da verdade, a saber, a visão de correspondência? E não é ilusão apresentá-la como parte de uma concepção supostamente "política" da verdade, assim como pressupor uma concepção supostamente "política" da verdade na distinção entre crenças que aparecem justificadas na caverna e crenças que representam os objetos fora da caverna?

De fato, as abordagens abrangentes de "garantia ideal" – seja na formulação original de Peirce, seja nas reencarnações mais recentes, como a teoria discursiva da verdade de Habermas, a referência de Apel a uma comunidade ideal de comunicação ou as condições epistêmicas ideais de Putnam[28] – põem em questão precisamente o que os teóricos da correspondência, naturalistas e realistas em geral assumem como certo – a saber, que a noção de "como as coisas são no mundo", distintas da maneira como as representamos, tem qualquer substância e influência em nossas investigações cognitivas além de constituir um limite ideal e vazio (como a "coisa em si" kantiana). Ao mesmo tempo, tais autores de "garantia ideal" tendem a apresentar suas posições como distintas de formas mais extremas de visões não realistas da verdade que, a seus olhos, confundem "ser verdadeiro" e "ser tido como verdadeiro".[29]

Entre essas posições filosóficas mais extremas, que confundem verdade e justificação, estão a abordagem perspectivista de Nietzsche à validade em geral e à verdade, algumas das abordagens pragmáticas da verdade como condutividade ao florescimento humano e a crítica neopragmatista de Rorty à epistemologia do "espelho da natureza".

No ensaio "Sobre a verdade e a mentira em um sentido extramoral",[30] de 1873, Nietzsche parte da ideia de que, quando falamos de árvores, cores, neve e flores, acreditamos saber algo sobre essas coisas, mas tudo o que temos ao alcance são metáforas, não reflexos das próprias coisas. Todas as nossas chamadas verdades – não importa se grandes ou pequenas em significância, não importa se intraparadigmáticas ou interparadigmáticas – são "um exército móvel de metáforas, metonímias e antropomorfismos, uma soma de relações humanas que foram aprimoradas, transpostas, embelezadas poética e retoricamente e que, após longo uso, parecem firmes, canônicas e obrigatórias para um povo".³¹ As verdades, nas palavras de Nietzsche, são "ilusões sobre as quais se esqueceu que é isso o que são; metáforas desgastadas e sem poder sensual; moedas que perderam suas imagens e agora têm valor apenas como metal, não mais como moedas".³²

A falsidade em sua imagem é a verdade de ontem, uma metáfora não mais funcional para a reprodução da espécie humana. Nessas passagens, a conexão da verdade com o motivo pragmático de preservar a vida humana é explorada de forma um tanto redutiva. Nietzsche assume um interesse humano universal na preservação da vida *física*, um interesse abrangente que orienta a separação das metáforas entre aquelas que funcionam e as que não funcionam.

O pragmatismo acrescenta a esse pensamento – da verdade como justificação instrumentalmente funcional – uma visão menos redutiva da justificação a serviço não apenas da reprodução temática da vida humana física, mas de um *florescimento* mais rico da vida humana. Tal verniz eudaimonista da noção de verdade não poderia aparecer de forma mais eloquente que em uma passagem de *Reconstrução na filosofia*, em que Dewey escreve:

> Se ideias, significados, concepções, noções, teorias e sistemas são instrumentais para uma reorganização ativa do ambiente dado, para a remoção de problemas e perplexidades específicos, então o teste de sua validade e seu valor está na realização desse trabalho. Se forem bem-sucedidos, são confiáveis, sólidos, válidos, bons, verdadeiros. Se falharem em esclarecer a confusão, em eliminar os defeitos, se aumentarem a confusão, a incerteza e a maldade quando postos em prática, então eles são falsos. [...] A hipótese que funciona é a *verdadeira*; e *verdade* é um substantivo abstrato aplicado ao conjunto de casos, reais, previstos e desejados, que recebem confirmação em suas obras e suas consequências.³³

Da mesma forma, William James argumenta que "'o verdadeiro' [...] é apenas o expediente em nosso modo de pensar, assim como 'o direito' é apenas o expediente em nosso modo de agir" e acrescenta: "Pois o que atende convenientemente a todas as experiências não necessariamente atenderá a todas as outras experiências de forma tão satisfatória quanto".³⁴

Em outros lugares, "conveniente" é ressignificado por James como "bom para a vida". Como ele afirma, se *não* houvesse nenhum bem para a vida nas ideias verdadeiras, ou se o conhecimento delas fosse positivamente desvantajoso e as ideias falsas fossem as únicas úteis, então a noção corrente de que a verdade é divina e preciosa, e sua busca é um dever, nunca poderia ter crescido ou se tornado dogma. Em um mundo como esse, nosso dever seria *evitar* a verdade. Mas, assim como certos alimentos não são apenas agradáveis a nosso paladar, mas bons para nossos dentes, nosso estômago e nossos tecidos, certas ideias não são agradáveis de pensar, ou agradáveis como apoio a outras ideias que gostamos, mas são úteis nas lutas práticas da vida. Se houver vida que seja realmente melhor e se houver alguma ideia que, se tida como verdade, nos ajude a levar essa vida, então seria de fato *melhor* acreditarmos nessa ideia, *a menos que tal crença colida incidentalmente com outros benefícios maiores*.[35]

Durante o último terço do século XX, essas visões ressurgiram, como lembra Cohen, com a posição neopragmatista (e pós-modernista) articulada por Richard Rorty em sua pesquisa filosófica. Sua própria distinção entre verdade e justificação repousa na observação de que, do ponto de vista da primeira pessoa, as duas noções aparecem como dois lados da mesma moeda:

Se tenho dúvidas concretas e específicas sobre uma de minhas crenças ser verdadeira, posso sanar essas dúvidas perguntando se é adequadamente justificado – encontrando e avaliando razões adicionais pró e contra. Não posso ignorar a justificação e limitar minha atenção à verdade; avaliação da justificação e avaliação da verdade são, quando a questão é sobre no que devo acreditar agora, a mesma atividade.[36]

A partir desta observação Rorty tira a conclusão de que

não faz sentido distinguir entre sentenças verdadeiras que são "tornadas verdadeiras pela realidade" e sentenças verdadeiras que são "feitas por nós", porque toda a ideia de "fabricantes de verdade" precisa ser abandonada. Portanto, eu diria que não há verdade no relativismo, mas há muita verdade no etnocentrismo: não podemos justificar nossas crenças (em física, ética ou qualquer outra área) para todos, mas apenas para aqueles cujas crenças se sobrepõem às nossas em algum grau apropriado.[37]

Do ponto de vista dessa radicalização do questionamento inicial do pragmatista sobre a distinção entre verdade e justificação, tudo o que existe são justificativas que se solidificam com o tempo e que são tidas como reflexo de um mundo que não dá sinais de resistência recalcitrante a nossas representações e não oferece experiências de decepção quando agimos de acordo com nossas expectativas.

Em um dos primeiros trabalhos de Rorty, *A filosofia e o espelho da natureza*, esse tema assume a forma de um questionamento da distinção entre conhecimento científico e não científico, epistemologia e hermenêutica.[38] Enquanto o que Rorty chama de epistemologia gira em torno do projeto de assegurar um conhecimento que reflita o modo como as coisas são, questões hermenêuticas que projetam muito, surgem dois tipos de filosofias, uma sistemática e outra edificante. No contexto do ideal de ter nossas representações "combinando com o mundo", para Rorty a palavra "mundo" não é menos misteriosa que a ideia de correspondência.

> Assim que começamos a pensar no "mundo" como átomos e o vazio, ou dados sensoriais e consciência deles, ou "estímulos" de certo tipo aplicados a órgãos de determinado tipo, mudamos a natureza do jogo. Pois agora estamos bem dentro de alguma teoria particular sobre como o mundo é. Mas, para fins de desenvolvimento de uma doutrina controversa e não trivial da verdade como correspondência, apenas uma caracterização vaga em alguns termos como "causa dos impactos sobre nossa receptividade e objetivo de nossa faculdade de espontaneidade" servirá. "Verdade" no sentido de "verdade separada de qualquer teoria" e "mundo" como "o que determina tal verdade" eram noções (como os termos "sujeito" e "objeto", "dado" e "consciência") feitas uma para a outra. Uma não sobrevive sem a outra.[39]

Isso não quer dizer que, para Rorty, os julgamentos e as declarações cognitivas não possam ser verificados com relação a nada além deles mesmos. Não há nada de questionável em chamar convencionalmente esse referencial externo de "mundo", mas apenas no entendimento segundo o qual o que queremos dizer com esse termo não é menos resultado de nossa construção mental que de nossas declarações – mais precisamente, mundo é o nome que damos ao conjunto de objetos que "a investigação no momento está deixando em paz" ou "aquelas peças no barco que no momento não estão sendo movidas".[40]

Ou seja, se não há distinção defensável entre verdade e justificação, é preciso se contentar com o contexto-limite do que conta como justificação sólida: a justificação é sempre "relativa a uma audiência, e [...] nunca podemos excluir a possibilidade de algum público melhor existir, ou vir a existir, para quem não se justificaria uma crença que é justificável para nós". O ponto crucial é que "não há 'audiência ideal' diante da qual a justificação seria suficiente para garantir a verdade, assim como não há algo completo em si".[41] A rejeição de qualquer noção de "audiência ideal" marca o distanciamento da posição de Rorty da maneira peirciana, apeliana e habermasiana de recuperar uma função representacional e de rastreamento de verdade da linguagem por meio de seu uso em "condições ideais de comunicação". Rorty finaliza, então, com uma concepção da relação de nossas representações com o mundo de tal modo que nenhum contexto transcendendo a função de nossas asserções é possível, com respeito aos quadros de significado.

Quadros de significado – ou paradigmas, jogos de linguagem, vocabulários – só são erodidos pelo desgaste semântico, nunca são transcendidos intencionalmente e nunca desmoronam sozinhos na esteira de "experimentos cruciais". Em *Contingência, ironia e solidariedade*, Rorty foca, entre outras coisas, a dinâmica das mudanças nesse nível. Mudança cultural do escopo da transição da física aristotélica para a newtoniana, do pensamento metafísico da escolástica tardia para a filosofia cartesiana e kantiana do sujeito, ou da teoria moral clássica, baseada na virtude, para a moderna, baseada em regras, ou das teorias clássicas do direito natural ao constitucionalismo democrático que não pode ser interpretado como o resultado de provas ou argumentações definitivas nem ser visto como o resultado de uma decisão "subjetiva". A aplicação de critérios e a escolha arbitrária subjetiva são maneiras igualmente inadequadas de dar sentido às mudanças e não estão dentro dos quadros de significado. Nas palavras de Rorty,

> uma mudança cultural dessa magnitude não resulta da aplicação de critérios (ou de uma "decisão arbitrária"), assim como os indivíduos se tornam teístas ou ateus, ou mudam de cônjuge ou círculo de amigos, como resultado da aplicação de critérios ou de *atos gratuitos*. O que explica essas transformações, então, é o crescimento gradual do hábito de descrever o eu, os outros ou o mundo natural de certas maneiras e a dimensão de um novo

conjunto de pressupostos tácitos que, depois de um tempo, passa a constituir um novo vocabulário ou paradigma ao qual conscientemente se aderiu. Não devemos buscar em nós mesmos critérios de decisão em tais assuntos, assim como não devemos olhar para o mundo.[42]

Nieztsche, os pragmatistas e Rorty representam, então, três formas de desafiar a distinção entre verdade e justificação. Muitas outras poderiam ser mencionadas: por exemplo, a prioridade de Heidegger da *aletheia* sobre a *adaequatio*, do "acontecimento da verdade" sobre a "verdade das sentenças predicativas", ou a transição de Wittgenstein do quadro de *Tractatus* à ideia, em *Investigações filosóficas*, de que descobrir se uma regra foi de fato seguida requer familiaridade com uma forma de vida.

8.4 - Uma "concepção política de verdade" integrada e dual

Este esboço de uma série de visões filosóficas "abrangentes" sobre a verdade corrobora o ponto já antecipado. A correspondência e as visões da verdade com garantia ideal não podem ser combinadas *diretamente* dentro de uma única concepção política da verdade porque se chocam em um ponto central, o de saber se faz sentido considerar possível uma avaliação articulada, não apenas meramente sensorial, do estado do mundo independentemente de enquadrar tal avaliação em uma pluralidade de esquemas interpretativos cujas divisões, por enquanto, não são superadas. A tarefa de formular uma visão de verdade igualmente compatível com cada uma dessas intuições opostas – e, portanto, também merecedora da qualificação de ser "política" – é um desafio filosófico. À primeira vista, pode até parecer sem solução, pois exigiria que enunciássemos *p* e *não p* dentro da mesma asserção, sendo *p* a ideia de que podemos ter acesso ao modo como as coisas são no mundo independentemente de uma teoria sobre que tipos de coisas podem existir, que tipos de conceitos devemos usar para descrevê-las e que tipos de relações podem conectá--las umas às outras.

Parece-me que a única maneira pela qual as duas intuições opostas podem ser combinadas não é *direta*, por meio de uma distinção contenciosa de verdade e justificação, como a sugerida por Cohen, mas *indireta*, ou seja, concebendo uma *dupla* concepção de verdade que *incorpora cada intuição em um nível distinto*. Somente essa visão integrada da verdade pode reivindicar ser "política" e acessível àqueles que endossam qualquer uma das visões distintas.

A noção *dual* de verdade incluirá dois componentes: o intraparadigmático e o interparadigmático. A verdade como correspondência de nossas representações com o estado do mundo pressupõe que, em geral, concordemos com os conceitos pelos quais segmentamos o *continuum* do que incide em nossos sentidos. Se os correspondentes e os defensores do ideal ou os fundamentalistas podem concordar nesse ponto – e acredito que os pragmatistas e Rorty não teriam empecilhos com a ideia de que, se concordamos no vocabulário básico, podemos verificar nossas contas do mundo em termos de *adaequatio* –, então correspondentes e defensores de ideais ou fundamentalistas também concordariam que ser verdade significa uma coisa para uma afirmação que pressupõe conceitos compartilhados e uma segmentação compartilhada do mundo (por exemplo, "não há reservas de petróleo sob a Toscana") e outra coisa bem diferente para uma afirmação que se baseia em novos ou contestados conceitos ou formas de segmentar o mundo (por exemplo, "a combustão requer a presença de flogisto", "a modernização da sociedade aumenta a individualização dos cidadãos", "a sociedade dos Estados Unidos é tão laica quanto a da França").

Mais especificamente, ambos os campos poderiam partilhar da ideia de que, no caso de verdades intraparadigmáticas – nas quais concordamos amplamente sobre os conceitos relevantes para avaliar o assunto –, podemos separar com mais facilidade a verdade da justificação: mesmo a melhor e mais controlada crença justificada de que nenhuma reserva de petróleo existe sob a Toscana deve ser abandonada, se a evidência de petróleo aparecer sob o rio Arno. No segundo caso, quando o valor de verdade de uma afirmação é contestado por vocabulários, paradigmas, jogos de linguagem ou estruturas de significado mais amplas, é difícil até mesmo imaginar para o que olhar, a menos que se chegue a um acordo sobre o que se entende por secularização ou modernização. Nesse caso, uma noção de garantia ideal parece mais adequada.

Minha alegação é, portanto, que os *tipos de razões* que sustentam a verdade das afirmações verdadeiras são *diferentes* em ambos os casos. Em um tipo de correspondência prevalecem as intuições, no outro prevalecem as intuições de garantia ideal. Formas extremas de realismo, por um lado, e de construtivismo cultural, por outro, tendem a ignorar essa divisão entre julgar a solidez das afirmações em uma estrutura compartilhada ou entre estruturas rivais, em um paradigma ou entre paradigmas, em um jogo de linguagem ou entre jogos de linguagem. Posições reducionistas extremas geram consequências contraintuitivas: elas fazem parecer que podemos olhar para *algo no mundo real* que julgue se a ordem apolítica brota de nossa natureza como "animais políticos" ou de nossa racionalidade usada a serviço da busca de prazer, se a modernização implica o aumento da individuação ou o fim do indivíduo, se a mudança social vem da diferenciação ou do conflito, se os seres humanos realmente "nascem livres e iguais em termos de dignidade e direitos". No outro extremo, posições hermenêuticas parecem sugerir que poderíamos julgar se está chovendo agora em Roma, se há petróleo na Toscana ou se o presidente Obama ganhou a reeleição de outra maneira que não olhando para como as coisas são no mundo.

A distinção entre verdades intraparadigmáticas e interparadigmáticas não pretende que possamos desconsiderar o mundo ao avaliá-lo. Certamente, também quando discutimos sobre a adequação de estruturas conceituais ou paradigmas inteiros, olhamos *para o mundo* para resolver nossas controvérsias (e não apenas em consistência com uma tradição existente, como é típico em vez de todas as abordagens escolásticas ou na coerência interna da estrutura conceitual), mas comparamos paradigmas, programas de pesquisa, vocabulários e estruturas de significado em termos de *fecundidade* para organizar nossas trocas com o mundo natural e social de maneira a favorecer nosso florescimento. Como Rorty coloca, um debate interparadigmático ou uma discussão que ocorre entre vocabulários rivais geralmente é "uma disputa entre um vocabulário entrincheirado que se tornou incômodo e um novo vocabulário em formação que vagamente promete grandes coisas".[43]

A capacidade de refletir o mundo sem inconsistências está presente nessa noção de verdade como fecundidade, mas constitui apenas um aspecto dela. A razão para isso é que nenhum conjunto complexo de representações – digamos, uma teoria de parte do mundo – está *livre de anomalias*.[44] As teorias encontram regularmente anomalias – isto é, fenômenos observáveis que contradizem as expectativas geradas pela teoria, ou a falta de fenômenos esperados –, mas anomalias como tais ou fatos recalcitrantes nunca são suficientes para justificar o abandono de uma teoria ou de um paradigma. Um paradigma é abandonado, como Kuhn mostrou, com base em um julgamento ou uma decisão mais sobre sua *promessa futura* ou exaustão que sobre seu histórico, e essa decisão nunca é ditada pelo modo como as coisas são *da mesma maneira* que o estado do mundo nos ordena a abandonar as representações intraparadigmáticas.[45] Como Lakatos disse eloquentemente, quando avaliamos paradigmas ou programas de pesquisa, em vez de avaliar hipóteses únicas dentro de um paradigma ou um programa de pesquisa compartilhado, "não existem experimentos cruciais".[46]

Para encurtar a história, uma concepção "política" da verdade tem que partir do reconhecimento – neutro em relação a verdade *versus* justificação ou correspondência *versus* garantia ideal – de que os critérios de verdade são diferentes para os dois conjuntos de perguntas e ambos os tipos de intuições são necessários, sob o disfarce de uma tese de co-originalidade habermasiana aplicada à verdade e à justificação, em vez de direitos e da vontade democrática soberana,[47] a fim de explicar nosso uso de "verdadeiro" dentro da política liberal democrática e não perfeccionista.

Para ficar no âmbito das verdades políticas, ou verdades na política, as respostas às questões intraparadigmáticas podem ser avaliadas voltando-se para o que os realistas chamam de estado do mundo, e Rorty substituiu as peças do navio, as mesmas que, por enquanto, não somos ou não vemos. Respostas a perguntas como "qual é a capital do Butão?", "qual país latino-americano tem a maior população?", "quantos países aplicam a pena de morte?", "o estatuto foi aprovado no Congresso?", "o Supremo Tribunal Federal confirmou a constitucionalidade?" admitem avaliação contra o modo "como as coisas são no mundo", porque não contêm desafio à segmentação conceitual do mundo.

Consideremos, em vez disso, a avaliação da veracidade de afirmações como "a modernização da sociedade determina um aumento da individuação dos cidadãos" ou "a sociedade dos Estados Unidos é tão secular quanto a da França" ou "todos os seres humanos nascem livres e iguais em termos de dignidade e direitos". Nesse caso, é difícil identificar quais características do mundo observável são relevantes para a avaliação. Pode ser tentador para o defensor das intuições correspondentistas descartar a diferença dizendo que nos dois primeiros casos nossos conceitos são contestados – o que conta como individualidade? O que é laicismo? – e no terceiro caso talvez não estejamos na presença de um enunciado, mas de um "declarativo" (como "eu os declaro marido e mulher"), em que o valor de verdade é substituído, como medida da validade do enunciado, pela adequação do papel do sujeito que pronuncia a sentença, e o estado "correspondente" do mundo é produzido, não refletido, pelo enunciado.[48]

A objeção ao terceiro exemplo pode ser respondida ao apontar que a expressão "todos os seres humanos nascem livres e iguais em termos de dignidade e direitos" – extraída do artigo 1º da Declaração Universal dos Direitos Humanos de 1948 – de fato contém um elemento declarativo *desejoso*, orientado para o futuro, mas continua sendo uma afirmação. Na mente dos redatores da declaração, bem como na mente de muitos de nós, está certamente o desejo de que um dia tais ideias adquiram força de lei em todo o mundo. Nesse ponto, então, a proposição "todos os seres humanos nascem livres e iguais em termos de dignidade e direitos" adquirirá plena força declarativa e produzirá o efeito que, por ora, ainda pretende descrever. Nesse sentido, essa expressão se equipara à maioria das afirmações contidas nos demais artigos da declaração, como "toda pessoa tem direito à vida, à liberdade e à segurança pessoal", "toda pessoa tem direito à liberdade de ir e vir e de residência no interior das fronteiras de cada Estado" e assim por diante. Uma questão interessante para a concepção política de verdade – assim como para uma concepção de verdade política ou verdade na política – é: quais características do mundo tornariam essas afirmações verdadeiras? Ao que devemos nos atentar? Descobrimos aqui a complexidade semântica de declarações aparentemente simples.

Não são descrições do estado do mundo no mesmo sentido que "não vai chover em Roma". Pois, se fôssemos verificar o *status* de verdade da afirmação contida no artigo 1º em relação aos meios da ciência social empírica padrão – construir indicadores de "liberdade", de "dignidade igual" e "direitos iguais", então observar se eles se encontram em cada um dos 193 Estados do mundo e até que ponto, se não completamente –, perderíamos alguma coisa. A afirmação provavelmente sairia falsa – seres humanos concretos estão longe de gozar de igual liberdade e igual respeito em todos os lugares. Poderíamos, então, ver-nos tentados a reinterpretar a afirmação aparente como uma "diretiva" indireta e encoberta: "Os seres humanos *devem ser considerados* como nascidos livres e iguais em dignidade e direitos". Mas a maioria de nós, então, perceberia que falta algo nessa versão puramente normativa do significado do artigo 1º. Aqueles que acreditam na "existência" de direitos naturais e que, em sua independência da mente humana, tomam os direitos naturais como parte integrante de um mundo moral não menos objetivo que o mundo físico de montanhas e rios, insistiriam que a afirmação descreve esse aspecto particular do universo moral. Mas aqueles que consideram os direitos produto de uma vontade política soberana, ou não originária dela – quando esta também é *democrática* – sentiriam que a leitura puramente normativa, de alguma forma, falha em captar o significado completo da expressão. Voltamos, então, à questão: o que devemos olhar no mundo para descobrir se o componente descritivo do enunciado é verdadeiro?

Percebemos aqui a força da tese pragmatista sobre a fecundidade ou a "condução ao florescimento humano" das afirmações que chamamos de verdadeiras quando tal tese é combinada com uma distinção de que elas não faziam ideia – entre afirmações contestadas intraparadigmáticas e contestadas interparadigmáticas ou fundamentadas em paradigmas. Enquanto a tese pragmatista gerou consequências contraintuitivas quando aplicada a questões intraparadigmáticas – como se a verdade do "não vai chover hoje em Roma" dependesse de sua utilidade para a sobrevivência ou o florescimento humano –, a mesma tese adquire outro grau de força quando avaliamos a veracidade das afirmações que fundamentam um paradigma ou são contestadas por paradigmas. Nesse sentido, a física não está em posição diferente da política. A verdade das afirmações formuladas em paradigmas rivais dificilmente é testada pela observação.[49]

A lição que tiramos de Kuhn é que a afirmação de fundamentação do paradigma aristotélico "certos corpos tendem a cair" e a afirmação de base do paradigma newtoniano "corpos se atraem a distância", isoladamente, são difíceis de comparar com algo concreto a que "corresponderiam" ou deixariam de corresponder.[50] É a massa de implicações que eles geram, na forma de expectativas, previsões e outras hipóteses empiricamente testáveis, que, pelo balanço de observações e anomalias confirmatórias, nos leva a um *julgamento reflexivo* sobre considerar uma ou outra como verdadeira ser mais propício ao florescimento da vida humana e, portanto, sobre se estamos mais corretos em considerar uma ou outra como verdadeira.

Assim, a verdade de uma afirmação que constitui a pedra angular de um paradigma não é diretamente comparada com nada da realidade. Pelo contrário, continuar a endossá-la ou rejeitá-la como injustificada é, em última análise, uma decisão depois de ponderarmos evidências complexas com implicações de nível inferior e depois de ponderarmos sobre as consequências, teóricas e práticas, de abandonar a crença em sua verdade.

Nesse sentido, não esperamos que quem quer avaliar a veracidade da afirmação "todos os seres humanos nascem livres e iguais em termos de dignidade e direitos" verifique, talvez generalizando a partir de uma amostra aleatória, se liberdade, igual dignidade e direitos são atributos de todos seres humanos desde o nascimento. Entendemos a verdade dessa proposição – na medida em que a consideramos proposicional de um *enunciado* – a partir da riqueza de consequências dela e da visão que ela abre de florescimento para a humanidade.

Argumento semelhante pode surgir para a afirmação "a sociedade dos Estados Unidos é tão secular quanto a da França". Nesse caso, seria possível questionar se a dificuldade de localizar um traço do mundo que nos ajudasse a decidir se a veracidade do enunciado está relacionada a uma ambiguidade semântica do adjetivo "secular". Dependendo de qual acepção de "secularismo" e "secular" se pretende, a afirmação pode ser verdadeira ou falsa. No entanto, isso não serve de exemplo contra uma visão "política" integrada da verdade. Tudo o que é necessário – argumentaria o correspondente contra a dupla noção "política" de verdade aqui defendida – é um acordo preliminar quanto ao significado de "secular" e "secularismo". Então, com base nesse acordo, não haverá dificuldade em verificar como as coisas estão no mundo real e decidir sobre o valor de verdade da afirmação. Mais fácil falar do que fazer. A menos que entendamos tal acordo sobre o significado de "secular" e "secularismo" como convenção desprovida de qualquer valor substantivo intrínseco, como o acordo sobre se devemos dirigir à direita ou à esquerda, decidir sobre uma interpretação específica de "secularismo" e "secular" envolve ponderar razões complexas, incluindo as consequências conceituais de uma escolha em oposição a outra.

Dada a distinção, introduzida no capítulo 3, entre a) a narrativa política do secularismo como o crescimento da tolerância, a neutralidade religiosa ou a separação institucional entre política e religião; b) a narrativa *sociológica* da secularização como o recuo da religião da esfera pública e sua relevância cada vez menor na vida das pessoas; e c) a narrativa de Taylor sobre a ascensão do "momento intrínseco" ou a subjetivação radical da experiência religiosa, é evidente que, priorizando o segundo significado, os Estados Unidos (com sua onipresença pública de referência a Deus, embora não denominacional, e sua taxa mais alta de frequência à igreja) parece ser uma sociedade mais religiosa e menos secular que a da França – e nossa afirmação parece falsa.

Ao mesmo tempo, se construirmos nossa compreensão do secularismo em torno da primazia do primeiro significado, o "muro da separação" referido na jurisprudência dos Estados Unidos e a primeira cláusula da Primeira Emenda serão considerados para atribuir valor de verdade a nossa afirmação. Também assim, se entendemos o secularismo como a experiência fenomenológica da fé religiosa deixando de ser um horizonte compartilhado de significado e tornando-se uma opção ou uma preferência subjetiva em pé de igualdade com muitas outras opções existenciais, também neste caso os Estados Unidos são evidentemente uma sociedade tão secular quanto a França.

Assim, saber se nossa afirmação é verdadeira depende da veracidade da resposta que damos a outra pergunta: "Qual sentido do termo 'secular' é mais sensato adotarmos?". Assumindo que a escolha de priorizar um significado em nossa imagem composta de uma sociedade secular não é "mera" convenção, como tornar obrigatória a condução à direita ou à esquerda, mas que podemos de fato argumentar que uma escolha faz mais sentido que outra, então devemos dar um passo atrás e, antes de atribuir valor de verdade à declaração original "a sociedade dos Estados Unidos é tão secular quanto a da França", temos que atribuir valor de verdade a uma afirmação fundamentada em um paradigma como "segundo um estudo comparativo da religião nas sociedades complexas do século XXI, é mais sensato entender 'secularismo' como uma combinação entre a neutralidade religiosa ou laicidade das instituições e a experiência do crente de sua fé como uma entre muitas 'opções'". Ao fazê-lo, negamos implicitamente a verdade de declarações concorrentes de fundamentos de paradigmas – por exemplo, "segundo um estudo comparativo da religião nas sociedades complexas do século XXI, ainda é mais sensato entender 'secularismo' como o grau em que a conduta religiosa retrocede no âmbito privado, perde funções publicamente reconhecidas e desempenha um papel cada vez mais marginal na vida das pessoas".

Esse exemplo mostra que, no caso de afirmações do tipo que fundamentam o paradigma, a *verdade é indistinguível da justificação*. Não que o mundo não desempenhe um papel para nos levar a preferir a primeira afirmação (em minha opinião) à segunda, mas o papel que ele desempenha *não é o mesmo* que desempenha quando, com base em um paradigma já escolhido, prossegue para testar a veracidade de uma declaração implicada nele. Quando avaliamos a veracidade das afirmações sobre a sensatez de conceber o secularismo de uma forma ou de outra, não verificamos simplesmente se o mundo (mais uma vez entendido, com Rorty, como as peças do navio que não nos preocupamos em mover por enquanto) corresponde a nossas palavras, mas tentamos fazer o melhor julgamento sobre se olhar para o mundo através de certas lentes torna nossa vida melhor, em algum sentido que ainda precisa ser especificado,[51] do que olhar através de outras.

Voltando à qualidade de uma concepção "política" da verdade e seu lugar no liberalismo político, parece-me que a valiosa reconstrução de Cohen da concepção implícita de verdade de Rawls deve ser completada na direção de uma visão dupla integrada da verdade que combine intuições correspondentes e idealização, intuições avalistas ou fundamentalistas, sempre *no nível adequado* (*intraparadigmático* ou *interparadigmático*). Não há razão para uma abordagem não perfeccionista da democracia liberal, como um liberalismo político renovado, privar-se de uma noção viável de verdade – ainda mais considerando que, com frequência, a verdade é sempre invocada no discurso político – ou porque deve reduzir-se a privilegiar, no caso da verdade, uma concepção abrangente sectária, que tem como premissa a oposição verdade *versus* justificação, de uma forma que sensatamente rejeita no caso da justiça.

Talvez mais que mera semelhança conecte essa concepção integrada (e, de certa forma, "multivariada") da verdade com a política democrática multivariada, introduzida no capítulo 4, para acomodar o fato do hiperpluralismo. Em ambos os casos, argumenta-se que a renovação do liberalismo político, em resposta aos novos desafios do século XXI, repousa no desbloqueio de hábitos mentais induzidos pela inércia teórica – a ideia de que uma política deve ser integrada por consenso sobreposto ou via *modus vivendi*, a ideia de que existe uma tensão inerente entre verdade e justificação.

Notas

1. Arendt, 1972.
2. Ver Lefort, em De Vries & Sullivan (ed.), 2006, pp. 148-187.
3. Ver Rawls, 1999 [1971], pp. 129-130.
4. *Idem*, p. 58.
5. Em três momentos principais, Rawls se distancia explicitamente de *Uma teoria da justiça*. Em primeiro lugar, na nota de rodapé 7 da aula 2 de *O liberalismo político*, ele descarta sua própria tentativa de fundamentar uma justificação dos princípios da justiça na teoria da decisão racional como "incorreta". Em segundo lugar, na p. 53, Rawls nomeia a ideia de justiça como equidade, embutindo a tentativa de derivar o razoável do racional de uma "interpretação errônea" da posição original. Por fim, na p. 179 de *A ideia de razão pública revisitada*, Rawls admite que o tipo de "sociedade bem-ordenada", prevista em *Uma teoria da justiça*, a saber, uma sociedade cujos integrantes afirmam a justiça como equidade, como uma doutrina liberal abrangente, "contradiz o fato do pluralismo; portanto, o liberalismo político considera essa sociedade impossível".
6. Alighieri, canto XXVI.
7. Rawls, 2005 [1993], p. 150.
8. Cohen, 2009, vol. 37, n. 1, pp. 2-42.
9. Rawls, 2005 [1993], p. 94.
10. *Idem*, p. 28.
11. Cohen, 2009, p. 30.
12. Ver *idem, ibidem*.
13. *Idem*, p. 16.
14. *Idem*, p. 17.
15. Rawls, 2005 [1993], p. 137.
16. Rawls, 1999, p. 152.
17. Cohen, 2009, p. 22.
18. *Idem*, p. 24.
19. *Idem*, p. 26.
20. Ver *idem, ibidem*.
21. *Idem*, p. 27.
22. *Idem, ibidem*.
23. *Idem, ibidem*.
24. *Idem, ibidem*.
25. *Idem*, p. 39.
26. *Idem*, pp. 39-40.
27. *Idem*, pp. 41-42.
28. Ver Peirce, em Hartshorne & Weiss (ed.), 1958, vol. 5, pp. 565-573, especialmente sua caracterização da verdade como "concordância de uma afirmação abstrata com o limite ideal para o qual uma investigação sem fim tenderia a levar". Crença científica, cuja concordância o enunciado abstrato "pode possuir em virtude da confissão de sua imprecisão e sua unilateralidade, e essa confissão é um ingrediente essencial da verdade". *Idem*, p. 565; essa visão é endossada por Dewey, 1925-1953, vol. 12 (1938); Boydston (ed.), 1986, p. 343. Ver também Apel, 1980

e 1998, pp. 64-80; Habermas, 1984 [1972] e 2003 [1999]; e Putnam, 1981. Para uma excelente visão geral e discussão crítica das concepções de verdade, Künne, 2003.

[29] Ver Jürgen Habermas, "Hermeneutic and Analytic Philosophy: Two Complementary Versions of the Linguistic Turn?", em O'Hear (ed.), 1999, e Hilary Putnam sobre por que Rorty não pode integrar Dewey em seu distanciamento cético "da possibilidade de representação em um sentido perfeitamente cotidiano". Putnam, 2002, p. 101; de forma mais geral, pp. 98-101. Segundo Habermas, até um não relativista como Rawls acaba cometendo erro homólogo, no domínio normativo, ao não distinguir adequadamente o "moralmente verdadeiro" e o razoável, a "aceitabilidade justificada" e a "aceitação social" de uma concepção política de justiça. Ver Habermas, 1995, p. 36, e "'Reasonable' versus 'True', or the Morality of Worldviews" (1996), em Finlayson & Freyenhagen (ed.), 2011, p. 112.

[30] Nietzsche, em Kaufman (ed.), 1976.

[31] *Idem*, p. 46.

[32] *Idem*, p. 47.

[33] Dewey, 1957 [1920], pp. 156-167.

[34] James, 1970, p. 98.

[35] *Idem*, pp. 36-37.

[36] Rorty, 1998, p. 19.

[37] Rorty, 1991, p. 31.

[38] Rorty, 1980, pp. 315-356.

[39] Rorty, 1982, pp. 14-15.

[40] *Idem*, p. 15.

[41] Rorty, 1998, p. 22.

[42] Rorty, 1989, p. 6.

[43] *Idem*, p. 9.

[44] Já meio século atrás, Thomas Kuhn desafiou a ideia de que mudanças de paradigmas podem ser entendidas como cientistas "mais próximos da verdade". Ver Kuhn, 1974 [1962], pp. 206-207. Em 1977, pp. 320-339, Kuhn enfatiza que seu questionamento sobre a possibilidade de entender a escolha entre paradigmas concorrentes como guiados pelos mesmos critérios (principalmente de correspondência) adotados na avaliação intraparadigmática de hipóteses e teorias de ordem inferior não pretende implicar que não há boas razões para escolher um paradigma em detrimento de outro. Ao limitar o termo "verdade" à validade intraparadigmática, ver Kuhn, "Reflections on My Critics", em Lakatos & Musgrave (ed.), 1970, p. 266.

[45] Ver Kuhn, 1974 [1962], p. 148. Considerações semelhantes podem ser encontradas em Lakatos, "Falsification and the Methodology of Scientific Research Programmes", em Lakatos & Musgrave (ed.), 1970, pp. 91-196. O critério para a validade de "programas de pesquisa" inteiros (como Lakatos renomeia paradigmas) é baseado na qualidade da resposta de um programa de pesquisa às inevitáveis anomalias que ele encontra. Um programa de pesquisa superior responde com autocorreções que a) geram novas teorias, descendentes da mestra, e que possuem um conteúdo empírico estendido, e b) pelo menos algumas dessas novas proposições e previsões são corroboradas pela observação. Um programa degenerado, ao contrário, é aquele que responde a mentiras de anomalia pelo mero rearranjo semântico sem substância empírica extra; ver *idem*, pp. 184-188.

[46] *Idem*, p. 173.

[47] Ver Habermas, 1996 [1992], pp. 103-104, e 1994, vol. 20, n. 4, pp. 135-150.

[48] Estou seguindo aqui a classificação de atos de fala de Searle, "A Taxonomy of Illocutionary Acts", em Günderson (ed.), 1975, vol. 7, pp. 344-369.

[49] Neste ponto, é interessante ver como Scanlon tem uma perspectiva próxima a Rawls. Discutindo o exemplo de trazer proposições fundamentais astrológicas ao equilíbrio reflexivo, ele levanta a questão de que, mesmo que "fôssemos empreender um processo de reflexão equilíbrio para tornar coerentes os julgamentos sobre astrologia nos quais as pessoas sentem mais confiança,

revisando muitos desses julgamentos no processo", presumivelmente à luz da observação empírica e da detecção de inconsistências, "isso não dissiparia dúvidas sobre se a astrologia é algo a levar a sério". A validade de um paradigma é desafiada e endossada de acordo com critérios de verdade diferentes daqueles aplicados no teste de proposições únicas dentro dele. Ver Scanlon, "Rawls on Justice", em Freeman (ed.), 2003, p. 145.

50 Nesse sentido, "a competição entre paradigmas não é o tipo de batalha que pode ser resolvida por provas". Kuhn, 1974 [1962], p. 148.

51 Para uma discussão sobre o que a expressão "tornar nossa vida melhor" pode significar, ver minha reconstrução da noção de Kant de "promoção, afirmação ou aprimoramento da vida" (*Beförderung des Lebens*) como diretriz para o julgamento reflexivo em todas as suas manifestações, e não simplesmente em questões estéticas, em Ferrara, 2008, pp. 30-35.

Conclusão

Para quem está lendo, chegar ao fim de um livro é como, para um viajante, alcançar seu destino – e é uma satisfação para o autor, que aparentemente não perdeu a atenção no meio do caminho. Supondo que a viagem não tenha sido tão desconfortável, pode-se perguntar se valeu a pena e o que foi ganho. É para isso que servem as conclusões: para lembrar as paisagens vistas, fazer um balanço da distância percorrida e ajudar a imaginar onde mais se aventurar.

A ambição deste livro foi dizer algo inédito sobre democracia – assunto da teoria e da filosofia política por mais de dois milênios – e contribuir para delinear sua agenda para o século XXI. A democracia encontra-se numa encruzilhada. Paradoxalmente, na conjuntura histórica, quando se tornou um horizonte compartilhado por quase metade da humanidade e poderia se tornar o horizonte comum para quase todas as sociedades do planeta, foi atravessada, naqueles lugares onde existia há mais tempo, por inquietantes processos de desdemocratização ou reelitização, muitas vezes vítima do populismo e do descontentamento, e em qualquer caso é obrigada a operar em condições sociais, culturais e econômicas muito mais inóspitas que em qualquer época de seu passado recente.

A história pode rumar em qualquer direção. Daqui a algumas décadas, o mundo global poderá testemunhar o confronto de dois regimes igualmente desagradáveis para qualquer democrata: por um lado, os regimes neoliberais ocidentais que, após contrabandearem com sucesso a ideia de Hobbes de que menos leis trazem mais liberdade como uma noção liberal, usam os vestígios de uma democracia representativa agora colonizada pela mídia e pelo dinheiro para desviar da atenção do público qualquer coisa além da estabilização de um mercado orientado pelas finanças e, ao mesmo tempo, tentar atrair para sua esfera de influência as populações seduzidas pelas sirenes do consumo; por outro lado, regimes não democráticos, como o chinês, no qual as elites partidárias e burocráticas tentam manter o consenso garantindo níveis crescentes de consumo e afastando as sirenes da democracia, ao mesmo tempo que tentam atrair para sua esfera de influência as elites do Sul global que são igualmente cautelosas com a democracia.

Ao mesmo tempo, o mundo global poderia passar por um desenvolvimento bem diferente: após a dura lição das crises neoliberais da primeira década do século, as democracias maduras do Ocidente desenvolveriam formas de conter o poder neoabsolutista dos mercados financeiros, como outrora domaram o poder dos reis (por meio das constituições) e o dos barões ladrões (pela legislação do New Deal), inventariam estratégias para reafirmar a primazia da política como espaço de razões em uma esfera pública reivindicada para participação informada de todos os cidadãos e metabolizariam sua própria complexidade institucional e seu hiperpluralismo endêmico em códigos que, mesmo quando contestados, funcionassem para todos. Em outras partes do mundo, democracias recém-nascidas e políticas decentes recém-transformadas poderiam experimentar formas originais de influenciar as instituições democráticas e o *éthos* da democracia em consonância com suas próprias culturas morais, em um processo em que a dinâmica e os efeitos da mudança econômica global iriam se tornar preocupação de instituições de governança global, não reféns da vontade das grandes potências.

Entre o presente e essas duas perspectivas opostas, abre-se um espaço de possibilidades e contingências – o espaço de uma reflexão sobre a política democrática para o qual este livro pretende contribuir. A democracia é uma forma política flexível e pode responder, com resiliência e capacidade de se reinventar, às condições de seu funcionamento, cada vez mais inóspitas. O liberalismo político e a visão do dualismo democrático que ele extrai de Bruce Ackerman, juntamente com as reflexões sobre a representação, sobre a nova separação de poderes em sociedades complexas, sobre a votação deliberativa e o "dia da deliberação", sobre a democracia e a governança supranacional, sobre o poder público esfera e o papel das novas mídias sociais são parte de um estoque de ideias por meio do qual a democracia como a conhecemos pode se tornar novamente uma planta florida no solo mais impermeável de nosso tempo.

A contribuição específica oferecida neste livro está na interseção entre democracia e liberalismo político. Nascido como resposta a muitas das características típicas de nosso contexto, por parte do filósofo geralmente creditado por ter ressuscitado a filosofia política normativa de seu sono de um século, *O liberalismo político* de John Rawls foi aqui assumido como a estrutura mais promissora para repensar a democracia.

O liberalismo político não foi tomado aqui em sentido escolástico, mas como um projeto que pode ser desenvolvido em várias direções concorrentes e mutuamente enriquecedoras. A ideia é que contenha tesouros metodológicos cuja fecundidade para repensar a política democrática ainda aguarda plena apreciação: entre esses tesouros está a ideia de razão pública e seu padrão de razoabilidade, cuja normatividade, desconfortavelmente posicionada entre o endosso voluntário por parte dos participantes e a cogência *a priori* dos princípios, é melhor compreendida em termos de exemplaridade. Nesse sentido, tudo o que foi dito nas páginas anteriores sobre liberalismo político vai contra a interpretação difundida e influente dele como uma queda um tanto infeliz das alturas filosóficas (fundacionais) de *Uma teoria da justiça* para uma reorientação adaptativa e quase realista do foco de investigação de Rawls da justiça para a estabilidade. *O liberalismo político* ainda oferece a estrutura político-filosófica mais inovadora para entender como uma política democrática não opressiva pode chegar a um acordo com a diversidade e o pluralismo sem abrir mão da distinção entre a força da lei legítima e a força do poder e da hegemonia: o princípio da legitimidade liberal contido nele fornece a melhor resposta até hoje à pergunta "o que distingue o uso legítimo do poder político do exercício arbitrário da força?".

Isso não quer dizer, no entanto, que a concepção de liberalismo político de Rawls esteja livre de falhas, que não precise de emendas ou possa lidar com todos os desafios que se apresentam às democracias contemporâneas. Assim, este livro pretende ser uma contribuição para nossa compreensão tanto da democracia quanto do que um liberalismo político devidamente renovado é capaz de fazer pela democracia.

Para resumir a direção em que desenvolvi o liberalismo político e seguindo a ordem com a qual as várias facetas dessa contribuição foram propostas neste livro, eu *começaria* com o papel da imaginação na política democrática. A razão pública tornou-se uma expressão comum na filosofia política de hoje, mas talvez a ideia de "imaginação pública" também mereça alguma consideração. A democracia não pode se dar ao luxo de deixar a imaginação política teoricamente abandonada. A sugestão foi apresentada para entender a política democrática *em seu melhor* – isto é, quando ela traz princípios e práticas normativas existentes no terreno em uma *congruência exemplar* ou quando, por meio de práticas exemplares, articula novos padrões normativos e valores políticos – como uma forma de promover a prioridade pública de determinados fins por meio de boas razões que acionam o imaginário político. Embora não se possa esperar que esteja em operação o tempo todo, argumenta-se que a política democrática, em sua melhor forma, constitui um padrão para nossa compreensão normativa da democracia e é igualmente distinta da política rotineira – política como "a ciência e a arte de governo político" e como "a condução dos assuntos políticos" – que vivenciamos durante a maior parte da vida política e a partir da mobilização populista. Enquanto o primeiro tipo de política democrática prioriza nossos diversos fins por razões que, mesmo quando desejavelmente boas, deixam a imaginação inalterada e não mobilizam ninguém, a imaginação populista cria significantes públicos que motivam as pessoas a agir, mas têm apenas uma tênue ou nenhuma conexão com boas razões.

A "analogia estética",[1] – muitas vezes a política, desde *Político* de Platão, tem sido comparada à arte – pode aguçar nossa percepção da política democrática. Formulá-la em um vocabulário kantiano, assim como a capacidade estética de uma obra de arte de "pôr a imaginação em movimento", de fazer a imaginação entrar em "jogo livre" com nossos conceitos ou com "o entendimento"[2] e eventualmente gerar uma sensação de "promoção da vida",[3] depende da copresença de gênio e gosto,[4] de modo que experimentamos a política democrática, "menos que seu melhor" – talvez na maioria das vezes –, tanto quando suas alegações são sustentadas por razões irrepreensíveis, mas desprovidas de "visão", como quando são alimentadas por construções imaginárias que não sobrevivem ao escrutínio no espaço das razões. Assim, a primeira sugestão para renovar o liberalismo político é colocar em sua agenda a investigação da função pública, da imaginação ao lado da razão pública.

Em *segundo* lugar, em resposta à necessidade, por sua vez ligada à expansão exponencial da democracia em todo o mundo, de desenvolver um sentido mais apurado não tanto dos procedimentos formais que definem a democracia, mas também de quando a operação desses procedimentos contra o pano de fundo de dado *éthos* público ainda merece a qualificação de democrático, houve um argumento neste livro para colocar na agenda de um liberalismo político renovado uma reflexão sobre o que pode ser o *éthos* democrático de uma sociedade "moderna tardia" ou "pós-moderna".

Tomando mais uma vez *O liberalismo político* como ponto de partida, talvez queiramos atualizar e ampliar o rol de virtudes políticas que, conjuntamente, permitem que uma concepção política de justiça funcione e constitua o pré-requisito disposicional para a manutenção de um consenso sobreposto ao longo do tempo. Rawls menciona entre essas virtudes relevantes "a tolerância e estar pronto para encontrar os outros no meio do caminho", a "razoabilidade" e "o senso de justiça",[5] bem como a "civilidade".[6] Eles podem ser incluídos no conjunto de disposições que, como vimos no capítulo 2, caracterizam o *éthos* democrático – uma orientação para o bem comum, a igualdade e o valor da individualidade. Subjacente às páginas deste volume está a sensação de que essa imagem do *éthos* democrático não é mais totalmente adequada ao que é exigido para regimes democráticos sob as condições cada vez mais inóspitas do século XXI. Mais substância ou disposições adicionais são necessárias. No entanto, a expressão "condições inóspitas" é muito ampla, e uma seleção precisa ser feita. No alcance proibitivamente estendido dessas novas condições históricas, optei por me concentrar em uma: o hiperpluralismo, definido no capítulo 4 e abordado direta ou indiretamente em todo o bloco de capítulos de 2 a 6.

No capítulo 2, depois de avaliar várias propostas para enriquecer nosso conceito de *éthos* democrático "atualizado" com novas virtudes políticas – a ágape de Taylor, a *hospitalidade* de Derrida, a *generosidade presumida* de White –, a sugestão foi adicionar uma paixão pela abertura ao catálogo de virtudes democráticas. A abertura parece permitir que a cultura pública de uma democracia contemporânea aborde o hiperpluralismo, mas não apresenta as intrínsecas desvantagens de: a) entrar em alguma relação de tensão com direitos e princípios; b) não permitir a conceituação de uma contraparte negativa identificada como "excessiva", como parece ser o caso da *ágape* e da *hospitalidade*. Além disso, a abertura parece (talvez mais que a *generosidade presumida*) a virtude democrática que melhor acompanha a exemplaridade e, portanto, indiretamente, permite que a razão pública rastreie o que é "mais razoável" para nós. Por fim, enquanto a *generosidade presuntiva* parece se concentrar na "cena primordial" de acolher "o outro" e evitar deixar o desconhecimento inicial se transformar em inimizade, a *abertura* inclui não apenas receptividade ética em relação ao "outro", mas também uma receptividade cognitiva em direção a caminhos não experimentados para o eu, doutrinas não experimentadas, desenvolvimentos teóricos não experimentados.

Além de exigir uma expansão de nossas virtudes democráticas clássicas, o hiperpluralismo coloca para o liberalismo político também o desafio de engajar as razões de cidadãos livres e iguais situados a maior distância do foco constitucional de forma mais adequada e efetiva que as ferramentas empregadas por Rawls para conciliar os dois campos dos defensores das "liberdades dos modernos" e dos defensores das "liberdades dos antigos". O conjunto dessas ferramentas deve ser ampliado, e essa foi a *terceira* preocupação aqui.

A razão pública corre o risco de se ver improdutiva quando o estoque de "instalações compartilhadas" para tirar "conclusões compartilháveis" é diminuto. Sob tais condições, a razão pública não pode ser o método de escolha, a menos que se esteja preparado para adotar a dúbia estratégia de *imunizar* o liberalismo político, dirigindo a justificação política a um subconjunto dos cidadãos (em vez de *todos os cidadãos*)[7] e excluindo uma parcela totalmente razoável. Essa maneira de interpretar o liberalismo político – defendida por Jonathan Quong – incorre em um triplo conjunto de dificuldades: a) torna o liberalismo político *inconsistente internamente*, na medida em que o círculo de "todos os cidadãos como livres e iguais" sofre uma redução repentina que confere a aplicação dos fundamentos constitucionais àqueles que nunca *os endossariam* em uma instância de "opressão liberal"; b) torna o liberalismo político vulnerável à acusação, por parte dos críticos agonistas, de entrincheirar e moralizar a hegemonia; c) vai na contramão da intenção de Rawls de enunciar as condições para a estabilidade de uma sociedade livre e justa, na medida em que a exclusão de um número potencialmente grande de cidadãos da justificação política logo cria as condições para a *instabilidade*.

A estratégia de reinterpretação do liberalismo político por mim sugerida vai na direção oposta: em vez de imunizar o princípio liberal de legitimidade e justificação política contra o julgamento adverso de cidadãos menos que razoáveis, defendi a abertura do princípio liberal de legitimidade até o desafio de tornar razoável o irracional. Essa estratégia tem sido empreendida no sentido de complementar a razão pública com um recurso mais acentuado aos argumentos "conjecturais", mencionados de passagem por Rawls em "a ideia de razão pública revisitada", mas nunca verdadeiramente explorados em seus fundamentos teóricos e éticos. Argumentos conjecturais podem produzir a convergência em premissas a partir das quais a razão pública procede ou mesmo entregar diretamente os bens de fundamentos justificativos como a aceitação dos ônus do julgamento para aqueles que ainda não os endossam – algo que a razão pública não faz porque *pressupõe* sua aceitação.

Também os argumentos conjecturais, no entanto, não menos que a razão pública, podem falhar em convencer os não convencidos, e isso levanta um *quarto* desafio para repensar o liberalismo político. O que fazer quando não apenas a razão pública, mas mesmo o "princípio liberal de legitimidade", ocioso, não tem controle sobre a realidade política da política porque "nem todos" os cidadãos endossam os fundamentos constitucionais "à luz dos princípios e ideais aceitáveis à sua razão humana comum"?[8] Nesse caso, a sugestão foi revisitar o liberalismo político como teoria geral da *polis* democrática e questionar a suposição, até então tacitamente aceita por todos, de que a política move tudo de uma só vez, holisticamente, por vários estágios de conflito político, *modus vivendi*, consenso constitucional e consenso sobreposto. De fato, mesmo um olhar superficial sobre *O direito dos povos* corrobora a ideia de que Rawls vislumbrou a possibilidade, no caso do "mundo", de uma entidade política multivariada, baseada em uma mistura de princípios e prudência, orientada para justiça e equilíbrio ou para a segurança, considerações endossadas por diferentes grupos de atores.

Assim, mesmo diante do desafio de um hiperpluralismo não apenas intratável pela razão pública, mas também impermeável a argumentos conjecturais, um liberalismo político devidamente renovado não é impotente: entre os recursos conceituais que ele pode oferecer às democracias contemporâneas, encontramos a ideia de *política multivariada*, na qual alguns dos cidadãos abraçariam *todos* os fundamentos constitucionais à luz de princípios enraizados em suas concepções morais abrangentes (como na versão padrão do liberalismo político), enquanto outros cidadãos ou grupos de cidadãos abraçariam alguns dos fundamentos constitucionais à luz dos princípios e *outros* fundamentos constitucionais por razões prudenciais, e ainda um terceiro grupo de cidadãos abraçaria *todos* os fundamentos constitucionais por razões prudenciais.

Para completar, a política democrática multivariada, entendida como *um* dos vários modelos possíveis de *polis* democrática compatível com o liberalismo político, poderia (embora não precisasse) se abrir para uma versão multicultural do liberalismo político. Com base no trabalho de Kymlicka, a justificação "política", não abrangente, de uma diferenciação de direitos não básicos ou não fundamentais poderia ser compatível com a ideia de liberdade e de igualdade encontrada no liberalismo político. Em resposta à discussão esclarecedora de James Tully sobre sete preconceitos do constitucionalismo liberal dominante, tentou-se limpar o liberalismo político dessa suspeita, cujo resultado é a percepção da não incompatibilidade de um liberalismo político renovado com uma compreensão jurídico--pluralista de jurisdições multiculturais.

O hiperpluralismo, no entanto, representa um desafio não apenas *na* escala doméstica – onde podem ser úteis os três novos recursos: virtude política da abertura, argumentos conjecturais e a política multivariada. Também apresenta um desafio filosófico mais geral: o liberalismo político é realmente tão neutro quanto pretende ser? Teóricos agonistas, democratas radicais e teóricos do "político" e da biopolítica têm dúvidas sobre isso. Então, a resposta positiva a essa pergunta, oferecida nos capítulos anteriores, repousa na ideia de que, em princípio, nada impede a estrutura do liberalismo político – originalmente entendido por Rawls como a reconstrução de uma sociedade ocidental de cidadãos iguais e profundamente divididos. As "liberdades dos modernos" e as "liberdades dos antigos" podem existir ao longo do tempo sem opressão de se verem generalizadas e aplicadas a uma gama muito mais ampla de sociedades profundamente divididas em linhas diferentes.

Uma condição para alcançar esse resultado é que a visão da cultura democrática ou *éthos* que embasa *O liberalismo político* seja reexaminada para verificar se seus conceitos básicos – a concepção política de justiça, os dois poderes morais do cidadão, a concepção política da pessoa, os ônus do julgamento, o racional e o razoável, o consenso sobreposto, a razão pública e a razoabilidade, o princípio liberal de legitimidade – teriam ressonância e desempenhariam função semelhante no contexto de configurações diferentes de valores políticos, de virtudes políticas, do *éthos* democrático implícito e de concepções abrangentes concorrentes.

Essa reconsideração constituiu uma *quinta* preocupação dos capítulos deste livro. Inspirando-se nos estudos sobre a Idade Axial e sobre as "múltiplas modernidades", exploramos no capítulo 5 a possibilidade de conceber uma pluralidade de culturas democráticas, ou *ethoi*, ancoradas em diferentes contextos religiosos e civilizacionais, que compartilham semelhaças e podem ser entendidas como variantes de um *éthos democrático*, mas são suficientemente diferentes nas virtudes e nos valores políticos pressupostos para gerar *múltiplas versões* da "sociedade justa e estável de cidadãos livres e iguais" no centro do liberalismo político. O espírito pluralista de *O liberalismo político* se concretiza na implicação, subjacente a essa discussão das "democracias múltiplas", de que a importante distinção, traçada por Rawls em *O direito dos povos*, entre povos liberais e decentes deve ser completada com o esforço de distinguir caminhos de transição para a *democratização* das sociedades decentes. Uma versão reformulada e expandida do liberalismo político como a melhor concepção de democracia para o século XXI pode querer manter a "democratização" e a "ocidentalização" das sociedades decentes tão separadas quanto o programa de pesquisa de "múltiplas modernidades" ensinou a apartar a "modernização" e a "ocidentalização" das sociedades tradicionais. Assim, o programa rawlsiano de liberalismo político tem tudo a ganhar: por ser a narrativa da transição para a democracia liberal de algumas políticas predominantemente protestantes onde ainda é audível o eco remoto das guerras religiosas da Europa do século XVII, poderia tornar-se a estrutura em termos da qual narrativas parcialmente sobrepostas e parcialmente divergentes seriam construídas sobre a transição para a democracia de *qualquer* sociedade decente.

Sexto, há algumas décadas a democracia vem respondendo parcialmente aos desafios da globalização e às novas condições inóspitas, elevando seu funcionamento de Estado-nação local aos agregados maiores, regionais e globais – mesmo tipo de estratégia adaptativa que permitiu à democracia inventar instituições e sobreviver ao declínio das "pequenas repúblicas" e "cidades-estados" a que estava amplamente confinada antes (e por um tempo depois) da ascensão do moderno Estado-nação. Essa mudança de escala levanta a questão se também os padrões pelos quais avaliamos as credenciais democráticas de uma política devem mudar, de acordo com sua base nacional ou supranacional. A resposta oferecida aqui é, em geral, positiva – ou ao menos pode ser interpretada como argumento contra a ideia de que os padrões democráticos devem permanecer os mesmos, independentemente da escala do processo democrático, para que não ocorra um *déficit* democrático. Mais especificamente, procurou-se explicitar o que distinguiria as estruturas de *governança* democrática supranacional, entendida como a coordenação da ação política na ausência de capacidade de sancionar o descumprimento, em relação ao tipo de *governo* democrático a que estamos acostumados domesticamente.

Os apoiadores desse argumento têm sido um duplo conjunto. Por um lado, os teóricos da democracia deliberativa têm se engajado principalmente para mostrar que não precisa haver nenhuma tensão intrínseca entre democracia *deliberativa* e governança e que os democratas deliberativos estão, na verdade, em uma posição melhor que os teóricos mais *senso comum* da democracia agregativa e elitista para explicar como a governança é eficaz na ausência de sanções. Por outro lado, o liberalismo político tem sido usado para esclarecer as condições sob as quais a democracia deliberativa e a governança se conciliariam. Em processos de governança supranacionais ou mesmo globais, a admissão de uma autoria legislativa do eleitorado democrático torna-se ainda mais indireta e tortuosa que na representação eleitoral doméstica. Nesse caso, mais que a democracia deliberativa, é o liberalismo político que, valendo-se do trabalho de Bruce Ackerman, ofereceu uma forma de enfrentar esse desafio por meio de uma bipartição da função autoral dos cidadãos. Assim como no contexto doméstico a ideia clássica de que os cidadãos são, em última análise, os autores das leis por eles obedecidas foi substituída por Ackerman e por Rawls pela noção de que os cidadãos são, em última análise, subscritores livres e iguais de um pacto constitucional em relação ao qual a legitimidade da legislação e a ação governamental são avaliadas, portanto, em contextos supranacionais, as estruturas de governança que coordenam a ação política via *soft law*, melhores práticas, *benchmarking* e persuasão moral não geram necessariamente déficits democráticos *se e somente se*: a) respeitarem esses "fundamentos constitucionais" que cidadãos livres e iguais consentiram em referendos ou de formas mais indiretas, mas ainda reconhecíveis; b) alguma forma de responsabilização daqueles que coordenam a ação política via governança permanecer em vigor.

Esse argumento é apenas um primeiro passo analítico, mas sinaliza a urgência de dotar o liberalismo político de ferramentas para abordar adequadamente os problemas da governança supranacional *democrática*, em oposição à *elitista* ou *tecnocrática*, bem como, dentro da governança democrática, questões de representatividade e responsabilidade.

Sétimo, na agenda para repensar o liberalismo político, a questão da verdade também foi inserida e abordada. Por que se preocupar com a verdade? Aparentemente distante dos debates da filosofia política, após um exame mais minucioso, o conceito de verdade parece ter relevância para o liberalismo político. A interpretação enganosa do trabalho posterior de Rawls como uma redução adaptativa de seu objeto de investigação da justiça para a estabilidade atrai atenção também da impressão generalizada de que a dimensão da verdade – significando a "validade incondicional" de nossos relatos, independentemente de acordo ou consenso – é inteiramente periférica e qualquer ênfase pública nela é demonizada como a semente de uma divisão perniciosa. Em um mundo filosófico, onde agora a vanguarda da pesquisa parece estar localizada na investigação neurocientífica da mente e no grande público erudito, muito da "busca por certezas" que tradicionalmente era direcionada à religião é agora canalizado para a ciência natural. O "construtivismo político" pode parecer vinculado a uma agenda filosófica que não responde ao juízo do que é urgente.

Inspirando-me no projeto de Joshua Cohen de formular uma concepção "política" ou apartidária da verdade no modelo da mais famosa "concepção política da justiça", mas diferindo de sua execução do projeto, sugeri que uma visão apartidária da verdade deve permanecer neutra *também* em relação à divisão "verdade *versus* justificação" e, em vez disso, deve incorporar uma noção de verdade de duas camadas ou dualidade. A dualidade de tal concepção combina uma compreensão realista do senso comum da verdade de asserções "intraparadigmáticas" (ou seja, de asserções que pressupõem uma inquestionável segmentação conceitual do mundo) e uma compreensão "garantista-ideal" ou "justificacionista" da verdade de asserções "interparadigmáticas" (isto é, de asserções que supõem uma disputada segmentação do mundo). Com essa dupla noção de verdade, um liberalismo político renovado refutaria melhor a acusação de traduzir sorrateiramente a prioridade do direito sobre o bem em uma prioridade do razoável sobre o verdadeiro e, em última análise, de um acordo sobre a verdade – acusação que recebeu atenção no debate Habermas-Rawls de meados da década de 1990 e continua a influenciar a recepção do liberalismo político. A sugestão aqui apresentada foi responder a essa acusação questionando sua suposição subjacente de que todas as declarações – de "o Senado aprovou o projeto por maioria de 51 a 49" a "todos os seres humanos nascem livres e iguais em termos de dignidade e direitos" – são verdadeiras no mesmo sentido da palavra "verdadeira" e delineando dois significados distintos dela.

Ao fim, apenas os leitores têm o privilégio de dizer se a intenção de um autor ressoou com expectativas, curiosidade e senso de urgência que motivaram a abertura do livro em primeiro lugar ou se as sequências de frases se cruzaram como fios de eletricidade durante uma viagem de trem. O contexto ao qual este livro respondeu foi a difícil situação da democracia no início do século XXI e o legado do liberalismo político como relato normativo de como uma política liberal-democrática deveria ser – um relato normativo que se originou em um contexto (o de um professor de Harvard refletindo sobre a experiência política de sua parte do mundo), mas é obrigado, no mundo global, a receber contribuições transformadoras de outros lugares e em resposta a experiências bastante diversas.

O ponto que enfatizei neste livro foi que abertura e reflexividade – abertura à diversidade e ao pluralismo, abertura aos fardos do julgamento, abertura a políticas decentes não liberais, abertura a fontes estéticas da normatividade, bem como a reflexividade da filosofia em aplicar a tolerância e o pluralismo a si mesma – estão no cerne do liberalismo político e lhe permitem enfrentar desafios como o hiperpluralismo e, de forma mais geral, as novas condições inóspitas da democracia, que diferem daquelas que originalmente motivaram sua elaboração.

Ao mesmo tempo, a intuição que percorre os capítulos anteriores é que o liberalismo político abriu novos caminhos na justificação política. Ao afrouxar o cerne da normatividade da forma de primeiros princípios, "verdades autoevidentes", leis ancoradas transcendentalmente e atreladas à razão pública e ao razoável, ela nos libertou do feitiço da caverna de Platão sem nos deixar reféns do ceticismo ou do relativismo, como em tentativas anteriores de reabilitar o interior da caverna. Nesse novo território filosófico ainda a ser explorado, a normatividade que pode nos vincular em um horizonte democrático marcado pelo pluralismo é a normatividade do que é *razoável para nós*, onde o que é razoável para nós não pode ser determinado independentemente de quem queremos ser – por um observador, por assim dizer –, sem naquele exato momento desmoronar a especificidade da razão pública em alguma forma de razão teórica ou prática. Com esse movimento filosófico, implícito em *O liberalismo político* e totalmente ausente de *Uma teoria da justiça*, Rawls se aventurou em uma visão do normativo que deixa em aberto a opção de conectá-lo a suas fontes estéticas – exemplaridade, julgamento, identidade e imaginação. Essa é a direção mais promissora hoje para o legado do liberalismo político ser desenvolvido.

A democracia, no novo contexto histórico em que se encontra, só pode se beneficiar de uma filosofia política construída em torno de um núcleo verdadeiramente pluralista; ainda assim – diferentemente de outras concepções que também enfatizam o pluralismo, a qualidade inatingível e indesejável do fechamento hegemônico, contestação e agonismo permanentes –, nunca abre mão da distinção entre o exercício legítimo (isto é, consensual) e o exercício arbitrário do poder político. A democracia pode sobreviver e florescer ainda mais ao permanecer fiel a sua propensão à inovação, a sua capacidade distintiva de se transformar, de se abrir ao novo; ao se recusar a idolatrar um caminho canônico para seu estabelecimento e um *éthos* canônico para seus cidadãos, torna-se plural também em seu espírito, ou *éthos*.

Notas

[1] Sobre o uso dessa frase, ver Ferrara, 1999, pp. 197-201.
[2] Ver Kant, 2000 [1790], § 9.
[3] *Idem*, § 23.
[4] Para Kant, o gênio sem gosto pode produzir apenas obras de arte "pretensas", enquanto o gosto sozinho, sem gênio, pode, na melhor das hipóteses, produzir obras de arte "sem espírito" ou maneiristas. Ver *idem*, §§ 48 e 49.
[5] Rawls, 2005 [1993], p. 157.
[6] *Idem*, p. 194.
[7] *Idem*, p. 137. Sobre a interpretação de Quong da visão de Rawls sobre justificação política e razão pública, ver o capítulo 3 deste volume.
[8] *Idem*, p. 137.

Referências bibliográficas

Abou El Fadl, Khaled. "Islam and the Challenge of Democracy". *Boston Review*, 2006, n. 11. Disponível em: http://www.bostonreview.net/BR28.2/abou.html. Acesso em 27/12/2022.

Abou El Fadl, Khaled; Cohen, Joshua & Lague, Ian (ed.). *The Place of Tolerance in Islam*. Boston, Beacon, 2002.

Abû Zayd, Nasr. *Rethinking the Qur'ân: Towards a Humanistic Hermeneutics*. Utrecht, Humanistics University Press, 2004.

Ackerman, Bruce. *We the People*, vol. 1: *Foundations*. Cambridge, MA, Harvard University Press, 1991.

Ackerman, Bruce. *We the People*, vol. 2: *Transformations*. Cambridge, MA: Harvard University Press, 1998.

Ackerman, Bruce. *The Decline and Fall of the American Republic*. Cambridge, MA, Harvard University Press, 2010.

Agamben, Giorgio *et al*. *Democracy in What State?* New York, Columbia University Press, 2011.

Al-Qaradawi, Yusuf. *The Lawful and the Prohibited in Islam*. Cairo, Al Falah/New Vision, 1997.

Alighieri, Dante. *The Divine Comedy*, Project Gutenberg. Disponível em: http://www.gutenberg.org/dirs/1/0/0/1001/1001.txt. Acesso em: 27/12/2022.

Andersen, Svein S. & Burns, T. "The European Union and the Erosion of Parliamentary Democracy: A Study of Post-parliamentary Governance". *In*: Andersen, Svein S. & Eliassen, Kjell A. (ed.). *The European Union: How Democratic Is It?* London, Sage, 1996.

Anderson, Benedict. *Imagined Communities: Reflections on the Spread of Nationalism*. London, Verso, 1991.

An-Na'im, Abdullahi Ahmed. *Toward an Islamic Reformation: Civil Liberties, Human Rights, and International Law*. Syracuse, Syracuse University Press, 1990.

An-Na'im, Abdullahi Ahmed. *Islam and the Secular State: Negotiating the Future of Shari'a*. Cambridge, MA, Harvard University Press, 2008.

Apel, Karl-Otto. *Towards a Transformation of Philosophy*. London, Routledge, 1980.

Apel, Karl-Otto. *From a Transcendental Semiotic Point of View*. Manchester, Manchester University Press, 1998.

Appiah, Anthony Kwame. *The Ethics of Identity*. Princeton, Princeton University Press, 2005.

Arendt, Hannah. *The Human Condition: A Study of the Central Dilemmas Facing Modern Man*. Garden City, NY, Doubleday Anchor, 1959.

Arendt, Hannah. *Lying in Politics: Reflections on the Pentagon Papers*. New York, Harcourt Brace Jovanovich, 1972.

Aristotle. *Politics*. Princeton, Princeton University Press, 1984.

Arnason, Johan P. "The Axial Agenda Its Interpreters". *In*: Arnason, Johan P.; Eisenstadt, Shmuel N. & Wittrock, Björn (ed.). *Axial Civilizations and World History*. Leiden, Brill, 2005, pp. 19-48.

Azmanova, Albena. *The Scandal of Reason: A Critical Theory of Political Judgment*. New York: Columbia University Press, 2012.

Badiou, Alain. "The Democratic Emblem". *In*: Agamben, Giorgio *et al*. *Democracy in What State?* New York, Columbia University Press, pp. 6-15.

Barry, Brian. *Culture and Equality: An Egalitarian Critique of Multiculturalism*. Cambridge, MA, Harvard University Press, 2001.

Beiner, Ronald S. & Nedelsky, Jennifer (ed.). *Judgment, Imagination, and Politics: Themes from Kant and Arendt*. Lanham, MD, Rowman & Littlefield, 2001.

Bellah, Robert N. *Tokugawa Religion: The Values of Pre-Industrial Japan*. Glencoe, Free Press, 1957.

Bellah, Robert N. "At Home and Not at Home: Religious Pluralism and Religious Truth". *Christian Century*, 1995, April 19, pp. 423-428.

Bellah, Robert N. "What Is Axial about the Axial Age?". *Archives of European Sociology*, 2005, vol. 46, n. 1, pp. 69-87.

Bellah, Robert N. *Religion in Human Evolution: From the Paleolithic to the Axial Age*. Cambridge, MA, Harvard University Press, 2011.

Bellah, Robert N. & Joas, Hans (ed.). *The Axial Age and Its Consequences*. Cambridge, MA, Harvard University Press, 2012.

Bellamy, Richard. *Political Constitutionalism: A Republican Defence of the Constitutionality of Democracy*. Cambridge, Cambridge University Press, 2007.

Castiglione, Dario (ed.). *Constitutionalism in Transformation: European and Theoretical Perspectives*. Oxford, Blackwell, 1996.

Benhabib, Seyla. *Democracy and Difference: Contesting the Boundaries of the Political*. Princeton, Princeton University Press, 1996.

Benhabib, Seyla. *The Claims of Culture: Equality and Diversity in the Global Era*. Princeton, Princeton University Press, 2002.

Benhabib, Seyla. *Another Cosmopolitanism*. New York, Oxford University Press, 2006.

Bentham, Jeremy. "An Introduction to the Principles of Morals and Legislation (1789)". *In:* Bentham, Jeremy & Mill, John Stuart. *The Utilitarians*. Garden City, NY, Doubleday & Co., 1961, pp. 5-398.

Berger, Peter L. (ed.). *The Desecularization of the World: Resurgent Religion and World Politics*. Washington, DC, Ethics and Public Policy Center, 1999.

Bhabha, Homi. *The Location of Culture*. London, Routledge, 1994.

Bhargava, Rajeev. *The Promise of India's Secular Democracy*. Delhi, Oxford University Press, 2010.

Blumenberg, Hans. *The Legitimacy of the Modern Age*. Cambridge, MA, MIT Press, 1985.

Böckenförde, Ernst-Wolfgang. *Recht, Staat, Freiheit*. Frankfurt, Suhrkamp, 1991.

Boesche, Roger. *The First Great Political Realist: Kautilya and His Arthashastra*. Lanham, MD, Rowman & Littlefield, 2002.

Bohman, James. *Public Deliberation: Pluralism, Complexity, and Democracy*. Cambridge, MA, MIT Press, 1996.

Bohman, James. "Survey Article: The Coming of Age of Deliberative Democracy". *Journal of Political Philosophy*, 1998, vol. 6, n. 4, pp. 400-425.

Bohman, James & Rehg, William (ed.). *Deliberative Democracy: Essays on Reason and Politics*. Cambridge, MA, MIT Press, 1997.

Bottici, Chiara. *Imaginal Politics*. New York, Columbia University Press, forthcoming [2019].

Bottici, Chiara & Challand, Benoît (ed.). *The Politics of Imagination*. Abingdon, Birkbeck Press, 2011.

Bovens, Mark. *The Quest for Responsibility: Accountability and Citizenship in Complex Organisations*. Cambridge, Cambridge University Press, 1997.

Bovero, Michelangelo. "Ma la democrazia ha un futuro?". *Ragion Pratica*, 2005, vol. 25, pp. 419-436.

Brandt, Richard B. "Toward a Credible Form of Utilitarianism". *In:* Bayles, Michael B. (ed.). *Contemporary Utilitarianism*. Garden City, NY, Doubleday, 1968, pp. 143-186.

Brandt, Richard B. *A Theory of the Good and the Right*. Oxford, Clarendon Press, 1979.

Brown, Wendy. "We Are All Democrats Now...". *In:* Agamben, Giorgio *et al.* (ed.). *Democracy in What State?* New York, Columbia University Press, 2011, pp. 44-57.

Bruce, Steve (ed.). *Religion and Modernization: Sociologists and Historians Debate the Secularization Thesis*. Oxford, Clarendon Press, 1992.

Burton, David. *Buddhism, Knowledge and Liberation: A Philosophical Study*. Farnham, Ashgate, 2004.

Casanova, José. *Public Religions in the Modern World*. Chicago, University of Chicago Press, 1994.

Castiglione, Dario & Warren, Mark. "Rethinking Democratic Representation: Eight Theoretical Issues", *Working Paper*, Centre for the Study of Democratic Institutions, University of British Columbia, 2006.

Castoriadis, Cornelius. *The Imaginary Institution of Society*. Cambridge, Polity Press, 1987.

Chakrabarty, Dipesh. *Provincializing Europe: Postcolonial Thought and Historical Difference*. Princeton: Princeton University Press, 2007.

Chang, Ha-Jan. *Kicking Away the Ladder: Development Strategy in Historical Perspective*. London, Anthem Press, 2008.

Chang, Wonsuk & Kalmanson, Leah (ed.). *Confucianism in Context: Classic Philosophy, and Contemporary Issues, East Asia and Beyond*. Albany, State University of New York Press, 2010.

Cheng, Chung-ying. "A Theory of Confucian Selfhood: Self-Cultivation and Free Will in Confucian Philosophy". In: Shun, Kwong-Loi & Wong, David B. (ed.). *Confucian Ethics: A Comparative Study of Self, Autonomy and Community*. Cambridge, Cambridge University Press, 2004, pp. 124-147.

Cohen, Joshua. "Deliberation and Democratic Legitimacy". *In:* Hamlin, Alan & Pettit, Philip (ed.). *The Good Polity*. Oxford, Blackwell, 1991.

Cohen, Joshua. "Moral Pluralism and Political Consensus". *In:* Copp, David; Hampton, Jean & Roemer, John E. (ed.). *The Idea of Democracy*. Cambridge, Cambridge University Press, 1993.

Cohen, Joshua. "Truth and Public Reason". *Philosophy &Public Affairs*, 2009, vol. 37, n. 1, pp. 2-42.

Cohen, Joshua & Sabel, Charles. "Directly-Deliberative Democracy". *European Law Journal*, 1997, n. 3-4, pp. 313-340.

Colin, Lucette & Müller, Burkhard. *La Pédagogie des rencontres interculturelles*. Paris, Anthropos, 1996.

Commission on Global Governance. *Our Global Neighbourhood*. Oxford, Oxford University Press, 1995.

Confucius. *Confucius Analects, with Selections from Traditional Commentaries*. Indianapolis, Hackett, 2003.

Connolly, William. *The Ethos of Pluralization*. Minneapolis, University of Minnesota Press, 1995.

Connolly, William. "An Interview with William Connolly". *In:* Chambers, S. A. & Carver, T. (ed.). *William E. Connolly: Democracy, Pluralism, and Political Theory*. New York, Routledge, 2008.

Cotesta, Vittorio. *Global Society and Human Rights*. Leiden, Brill, 2012.

Crouch, Colin. *Post-Democracy*. Cambridge, Polity Press, 2004.

Dahl, Robert A. *Democracy and Its Critics*. New Haven, Yale University Press, 1991.

Dahl, Robert A. *On Democracy*. New Haven, Yale University Press, 1998.

Dahl, Robert A. "Can International Organizations be Democratic? A Sceptic's View". *In:* Shapiro, Ian & Hacker-Cordon C. (ed.). *Democracy's Edges*. Cambridge, Cambridge University Press, 1999, pp. 19-36.

Dalferth, Ingolf U. "The Idea of Transcendence". *In:* Bellah, Robert N. & Joas, Hans (ed.). *The Axial Age and Its Consequences*. Cambridge, MA, Harvard University Press, 2012, pp. 146-188.

De Bary, Theodore W. & Weiming, Tu (ed.). *Confucianism and Human Rights*. New York, Columbia University Press, 1998.

DeLillo, Don. *White Noise*. New York, Penguin Books, 1984.

Derrida, Jacques. *Specters of Marx: The State of the Debt, the Work of Mourning, and the New International*. London, Routledge, 1994.

Derrida, Jacques. *Of Hospitality: Anne Dufourmantelle Invites Jacques Derrida to Respond*. Stanford, Stanford University Press, 2000.

Dewey, John. *Reconstruction in Philosophy (1920)*. Boston, Beacon Press, 1957.

Dewey, John. "Logic: The Theory of Inquiry (1938)". *In:* Dewey, John. *The Later Works, 1925-1953*, vol. 12: *1938*. Carbondale, Southern Illinois University Press, 1986.

Diamond, Larry. "Elections without Democracy: Thinking about Hybrid Regimes". *Journal of Democracy*, 2002, vol. 13, n. 2, pp. 21-35.

Diderot, Denis. *Oeuvres philosophiques*. Paris, Garnier, 1964.

Diggs, B. J. "Rules and Utilitarianism". *In:* Bayles, Michael B. (ed.). *Contemporary Utilitarianism*. Garden City, NY, Doubleday, 1968, pp. 203-238.

Donald, Merlin. *Origins of the Modern Mind: Three Stages in the Evolution of Culture and Cognition*. Cambridge, MA, Harvard University Press, 1991.

Donald, Merlin. *A Mind So Rare: The Evolution of Human Consciousness*. New York, Norton, 2001.

Downs, Anthony. *An Economic Theory of Democracy*. New York, Harper, 1957.

Dryzek, John S. *Deliberative Democracy and Beyond: Liberals, Critics, Contestations*. Oxford, Oxford University Press, 2000.

Dryzek, John S. & Niemeyer, Simon. "Discursive Representation". *American Political Science Review*, 2008, vol. 102, n. 4, pp. 481-493.

Durkheim, Emile. *The Division of Labor in Society (1893)*. New York, Free Press, 1964.

Dworkin, Ronald. *A Matter of Principle*. Cambridge, MA, Harvard University Press, 1985.

Dworkin, Ronald. *Freedom's Law: The Moral Reading of the American Constitution*. Cambridge, MA, Harvard University Press, 1996.

Dworkin, Ronald. *Sovereign Virtue: The Theory and Practice of Equality*. Cambridge, MA, Harvard University Press, 2002.

Eisenstadt, Shmuel N. (ed.). *The Protestant Ethic and Modernization: A Comparative View*. New York, Basic Books, 1968.

Eisenstadt, Shmuel N. *The Origin and Diversity of Axial Age Civilizations*. Albany, State University of New York Press, 1986.

Eisenstadt, Shmuel N. *Japanese Civilization: A Comparative View*. Chicago, University of Chicago Press, 1996.

Eisenstadt, Shmuel N. "Axial Civilization and the Axial Age Reconsidered". In: Arnason, Johan P.; Eisenstadt, Shmuel N. & Wittrock, Björn (ed.). *Axial Civilizations and World History*. London, Brill, 2005, pp. 531-564.

Eisenstadt, Shmuel N. "Multiple Modernities". In: *Multiple Modernities*. New Brunswick, NJ, Transaction Publishers, 2005, pp. 1-30.

Elias, Norbert. *The Civilizing Process (1939)*, vol. 2: *State Formation and Civilization*. Oxford, Blackwell, 1982.

Elster, Jon (ed.). *Deliberative Democracy*. Cambridge, Cambridge University Press, 1998.

Emerson, Ralph Waldo. Complete Essays and Other Writings of R. W. Emerson. New York, Random House, 1950.

Estevadeordal, Antoni & Taylor, Alan M. "Is the Washington Consensus Dead? Growth, Openness, and the Great Liberalization 1970s-2000s". National Bureau of Economic Research Working Paper Series, *Working Paper* 14264. Cambridge, MA, NBER, 2008. Disponível em http://www.nber.org/papers/w14264. Acesso em 28/12/2022.

Ferrara, Alessandro. *Modernity and Authenticity: A Study of the Social and Ethical Thought of Jean Jacques Rousseau*. New York, Suny Press, 1993.

Ferrara, Alessandro. *Reflective Authenticity: Rethinking the Project of Modernity*. London, Routledge, 1998.

Ferrara, Alessandro. *Justice and Judgment: The Rise and the Prospect of the Judgment Model in Contemporary Political Philosophy*. London, Sage, 1999.

Ferrara, Alessandro. *The Force of the Example: Explorations in the Paradigm of Judgment*. New York, Columbia University Press, 2008.

Ferrara, Alessandro. "Authenticity without a True Self". In: Vannini, Philip & Williams, J. Patrick (ed.). *Authenticity in Culture, Self, and Society*. Farnham, Ashgate, 2009, pp. 21-36.

Ferrara, Alessandro. "Ferrajoli's Argument for Structural Entrenchment". *Res Publica*, 2011, n. 17, pp. 377-383.

Fingarette, Herbert. *The Self in Transformation: Psychoanalysis, Philosophy, & the Life of the Spirit*. New York, Basic Books, 1963.

Fishkin, James. *Democracy and Deliberation*. New Haven, Yale University Press, 1991.

Fishkin, James. *The Voice of the People: Public Opinion and Democracy*. New Haven, Yale University Press, 1995.

Forst, Rainer. *The Right to Justification: Elements of a Constructivist Theory of Justice*. New York, Columbia University Press, 2012.

Frankfurt, Harry. *The Importance of What We Care About: Philosophical Essays*. Cambridge, Cambridge University Press, 2007.

Fraser, Nancy & Honneth, Axel. *Redistribution or Recognition: A Political-Philosophical Exchange*. London, Verso, 2003.

Fukuyama, Francis. *The End of History and the Last Man*. New York, Avon, 1992.

Galeotti, Anna Elisabetta. *Multiculturalismo: Filosofia politica e conflitto identitario*. Naples, Liguori, 1999.

Gaus, Gerald. *Justificatory Liberalism: An Essay on Epistemology and Political Theory*. Oxford, Oxford University Press, 1996.

Gaus, Gerald. *The Order of Public Reason: A Theory of Freedom and Morality in a Diverse and Bounded World*. New York, Cambridge University Press, 2011.

Gavison, Ruth. "Feminism and the Private/Public Distinction". *Stanford Law Review*, 1992, vol. 45, n. 1, pp. 1-45.

Gay, John. "Concerning the Fundamental Principle of Virtue or Morality". *In*: Schneewind, Jerome B. (ed.). *Moral Philosophy from Montaigne to Kant*. Cambridge, Cambridge University Press, 2002, pp. 400-413.

Geuss, Raymond. *Politics and the Imagination*. Princeton, Princeton University Press, 2012.

Gilligan, Carol. *In a Different Voice: Psychological Theory and Women's Development*. Cambridge, MA, Harvard University Press, 1982.

Gräf, Bettina & Skovgaard, Jakob (ed.). *Global Mufti: The Phenomenon of Yusuf-al--Qaradawi*. New York, Columbia University Press, 2010.

Green, Philip & Cornell, Drucilla. "Rethinking Democratic Theory: The American Case". 2007. *In*: IED. Disponível em: http://www.iefd.org/articles/rethinking_democratic_theory.php. Acesso em: 28/12/2022.

Guttman, Amy & Thompson, Dennis. *Democracy and Disagreement*. Cambridge, MA, Harvard University Press, 1996.

Guttman, Amy & Thompson, Dennis. *Why Deliberative Democracy?* Princeton, Princeton University Press, 2004.

Habermas, Jürgen. "Warheitstheorien" (1972). *In: Vorstudien und Ergänzungen zur Theorie des kommunikativen Handelns*. Frankfurt, Suhrkamp, 1984.

Habermas, Jürgen. *The Philosophical Discourse of Modernity* (1985). Cambridge, MA, MIT Press, 1990.

Habermas, Jürgen. *Structural Transformation of the Public Sphere* (1962). Cambridge, MA, MIT Press, 1991.

Habermas, Jürgen. "Struggles for Recognition in Constitutional States". *European Journal of Philosophy*, 1993, vol. 1, n. 2, pp. 128-155.

Habermas, Jürgen. "Postscript to Faktizität und Geltung". *Philosophy and Social Criticism*, 1994, vol. 20, n. 4, pp. 135-150.

Habermas, Jürgen. "Reconciliation through the Public Use of Reason: Remarks on John Rawls's Political Liberalism". *Journal of Philosophy*, 1995, vol. 92, n. 3, pp. 109-131.

Habermas, Jürgen. Between Facts and Norms: Contributions to a Discourse Theory of Law and Democracy (1992). Cambridge, Polity Press, 1996.

Habermas, Jürgen. "Reply to Symposium Participants, Cardozo School of Law". *Cardozo Law Review*, 1996, n. 17, pp. 1.083-1.125.

Habermas, Jürgen. "Hermeneutic and Analytic Philosophy: Two Complementary Versions of the Linguistic Turn?". *In*: O'Hear, A. (ed.). *German Philosophy since Kant*. Cambridge, Cambridge University Press, 1999.

Habermas, Jürgen. "Constitutional Democracy – A Paradoxical Union of Contradictory Principles?". *Political Theory*, 2001, n. 29, pp. 766-781.

Habermas, Jürgen. "Faith and Knowledge", *Speech on the occasion of the Award of the Peace Prize*, 2001. Disponível em http://socialpolicy.ucc.ie/Habermas_Faith_and_knowledge_ev07-4_en.htm. Acesso em 28/12/2022.

Habermas, Jürgen. *The Postnational Constellation: Political Essays* (1998). Cambridge, MA, MIT Press, 2001.

Habermas, Jürgen. *Truth and Justification* (1999). Cambridge, MA: MIT Press, 2003.

Habermas, Jürgen. "On the Relation between the Secular Liberal State and Religion". *In*: De Vries, Hent & Sullivan, Lawrence E. (ed.). *Political Theologies: Public Religions in a Post-Secular World*. New York, Fordham University Press, 2006, pp. 251-260.

Habermas, Jürgen. "Religion in the Public Sphere" (2006). *In: Between Naturalism and Religion: Philosophical Essays*. Cambridge, Polity Press, 2008, pp. 114-147.

Habermas, Jürgen. *Europe: The Faltering Project* (2008). Cambridge, Polity Press, 2009.

Habermas, Jürgen. "'Reasonable' versus 'True', or the Morality of Worldviews" (1996). In: Finlayson, James G. & Freyenhagen, Fabian (ed.). *Habermas and Rawls: Disputing the Political*. London, Routledge, 2011, pp. 92-113.

Habermas, Jürgen. "The Political: The Rational Meaning of a Questionable Inheritance of Political Theology". *In*: Mendieta, Eduardo & Vanantwerpen, Jonathan (ed.). *The Power of Religion in the Public Sphere*. New York, Columbia University Press, 2011, pp. 15-33.

Habermas, Jürgen. *The Crisis of the European Union: A Response*. Cambridge, Polity Press, 2012.

Hallaq, Wael. "On the Authoritativeness of Sunni Consensus". *International Journal of Middle Eastern Studies*, 1986, n. 18, pp. 427-454.

Hare, Richard M. *Moral Thinking: Its Levels, Method, and Point*. Oxford, Oxford University Press, 1981.

Hayes, Richard. "Gotama Buddha and Religious Pluralism". *Journal of Religious Pluralism*, 1991, n. 1, pp. 65-96.

Herr, Ranjoo Seodu. "Confucian Philosophy and Equality". *Asian Philosophy*, 2010, vol. 20, n. 3, pp. 261-282.

Hirst, Paul Q. "Democracy and Governance". *In:* Pierre, Jon (ed.). *Debating Governance*. Oxford, Oxford University Press, 2000.

Honneth, Axel. *The Struggle for Recognition: The Moral Grammar of Social Conflicts* (1992). Cambridge, MA, MIT Press, 1996.

Hooghe, Liesbet & Marks, Gary. "Unraveling the Central State, but How? Types of Multi-level Governance". *American Political Science Review*, 2003, vol. 97, n. 2, pp. 233-243.

Huntington, Samuel. *The Clash of Civilization and the Remaking of World Order*. New York, Simon & Schuster, 1997.

Hutcheson, Francis. "The Original of Our Ideas of Beauty and Virtue" (1725). *In:* Schneewind, Jerome B. (ed.). *Moral Philosophy from Montaigne to Kant*. Cambridge, Cambridge University Press, 2002, pp. 505-523.

International Commission on Intervention and State Sovereignty. *The Responsibility to Protect: Report of the International Commission on Intervention and State Sovereignty*. Ottawa, International Development Research Center, 2001.

International Labor Office. *Global Wage Report*. Geneva, 2010.

International Monetary Fund. *Economic Outlook "Spillovers and Cycles in the Global Economy"*, 2007.

James, William. *Pragmatism and Other Essays*. New York, Washington Square Press, 1970.

Jaspers, Karl. *The Origin and Goal of History*. New Haven, Yale University Press, 1953.

Jessop, Robert. "Governance and Meta-Governance: On Reflexivity, Requisite Variety, and Requisite Irony". *In:* Bang, Henrik P. (ed.). *Governance as Social and Political Communication*. Manchester, Manchester University Press, 2003, pp. 101-116.

Kant, Immanuel. *Critique of the Power of Judgment* (1790). Cambridge, Cambridge University Press, 2000.

Kateb, George. *The Inner Ocean: Individualism and Democratic Culture*. Ithaca, Cornell University Press, 1992.

Kazin, Michael. *The Populist Persuasion: An American History*. Ithaca, Cornell University Press, 1995.

Kelsen, Hans. "On the Essence and Value of Democracy". *In:* Jacobson, Arthur J. & Schlink, Bernhard (ed.). *Weimar: A Jurisprudence of Crisis*. Berkeley, University of California, 2000, pp. 84-109.

Keohane, Robert O. & Nye, Joseph S., Jr. "Democracy, Accountability and Global Governance" (2001). *In:* Held, David & Koenig-Archibugi, Matthias (ed.). *Taming Globalization, Frontiers of Governance*. Cambridge, Cambridge University Press, 2005, pp. 1-41.

Kernberg, Otto. *Internal World and External Reality*. Northvale, Jason Aronson, 1985.

Khalil, Mohamed. *Islam and Democracy: Religion, Politics, and Power in the Middle East*. Washington, DC, USIP, 1992.

Kohut, Heinz. *The Search for the Self: Selected Writings of Heinz Kohut: 1950-1978*. New York, International Universities Press, 1978.

Korsgaard, Christine. *The Sources of Normativity*. Cambridge, Cambridge University Press, 1996.

Korsgaard, Christine. *Self-Constitution*. Oxford, Oxford University Press, 2009.

Koselleck, Reinhart. *Future Past: On the Semantics of Historical Time*. Cambridge, MA, MIT Press, 1985.

Kuhn, Thomas. "Reflections on My Critics". *In:* Lakatos, Imre & Musgrave, Alan (ed.). *Criticism and the Growth of Knowledge*. Cambridge, Cambridge University Press, 1970, pp. 231-278.

Kuhn, Thomas. *The Structure of Scientific Revolutions* (1962), 2nd ed., enlarged. Chicago, University of Chicago Press, 1974.

Kuhn, Thomas. *The Essential Tension: Selected Studies in Scientific Tradition and Change*. Chicago, University of Chicago Press, 1977.

Kukathas, Chandran. *The Liberal Archipelago*. Oxford, Oxford University Press, 2003.

Künne, Wolfgang. *Conceptions of Truth*. Oxford, Oxford University Press, 2003.

Kupperman, Joel. "Tradition and Community in the Formation of Character". *In:* Shun, Kwong-Loi & Wong, David B. (ed.). *Confucian Ethics: A Comparative Study of Self, Autonomy and Community*. Cambridge, Cambridge University Press, 2004, pp. 103-123.

Kymlicka, Will. *Multicultural Citizenship: A Liberal Theory of Minority Rights*. Oxford, Oxford University Press, 1995.

Kymlicka, Will. *Multicultural Odysseys: Navigating the New International Politics of Diversity*. Oxford, Oxford University Press, 2007.

Laclau, Ernesto. *On Populist Reason*. London, Verso, 2005.

Laden, Anthony. *Reasonably Radical: Deliberative Liberalism and the Politics of Identity*. Ithaca, Cornell University Press, 2001.

Lakatos, Imre. "Falsification and the Methodology of Scientific Research Programmes". In: Lakatos, Imre & Musgrave, Alan (ed.). *Criticism and the Growth of Knowledge*. Cambridge, Cambridge University Press, 1970, pp. 91-196.

Lara, Maria Pia. *Narrating Evil: A Postmetaphysical Theory of Reflective Judgment*. New York, Columbia University Press, 2007.

Larmore, Charles. "The Moral Basis of Liberalism". *Journal of Philosophy*, 1999, vol. 96, n. 12, pp. 599-625.

Larmore, Charles. *Les pratiques du moi*. Paris, PUF, 2004.

Larmore, Charles. *The Autonomy of Morality*. Cambridge, Cambridge University Press, 2008, pp. 270-271.

Lear, Jonathan. *Radical Hope: Ethics in the Face of Cultural Devastation*. Cambridge, MA, Harvard University Press, 2006.

Lear, Jonathan. "What Is It to Be Deprived of a World?". *La società degli individui*, 2008, vol. 31, n. 1, pp. 38-59 (in Italian).

Lefort, Claude. "The Permanence of the Theologico-Political". In: De Vries, Hent & Sullivan, Lawrence E. (ed.). *Political Theologies: Public Religions in a Post-Secular World*. New York, Fordham University Press, 2006, pp. 148-187.

Li, Chengyang. "The Confucian Concept of Ren and the Feminist Ethics of Care: A Comparative Study". In: Bell, Daniel (ed.). *Confucian Political Ethics*. Princeton, Princeton University Press, 2008, pp. 175-196.

Lijphart, Arend. *Democracy in Plural Societies: A Comparative Exploration*. New Haven, Yale University Press, 1977.

Lijphart, Arend. *Patterns of Democracy: Government Form and Performance in Thirty-six Countries*. New Haven, Yale University Press, 1999.

Locke, John. *Two Treatises of Government* (1690). New York, New American Library, 1965.

Locke, John. *A Letter Concerning Toleration* (1690). Indianapolis, Hackett, 1983.

Macedo, Stephen (ed.). *Deliberative Politics: Essays on Democracy and Disagreement*. Oxford, Oxford University Press, 1999.

Machiavelli, Niccolò. *Discourses on Livy* (1521). Oxford, Oxford University Press, 2008.

Mahmoud, Mohamed. "Mahmud Muhammad Taha's Second Message of Islam". In: Cooper, John; Nettler, Ronald L. & Mahmoud, Mohamed (ed.). *Islam and Modernity: Muslim Intellectuals Respond*. London, I. B. Tauris, 1998, pp. 105-128.

Majone, Giandomenico. "Europe's 'Democratic Deficit': The Question of Standards". *European Law Journal*, March 1998, vol. 4, n. 1, pp. 5-28.

Manin, Bernard. *The Principles of Representative Government*. Cambridge, Cambridge University Press, 2007.

Mansbridge, Jane. "Rethinking Representation". *American Political Science Review*, 2003, vol. 97, n. 4, pp. 515-528.

March, Andrew. *Islam and Liberal Citizenship: The Search for an Overlapping Consensus*. Oxford, Oxford University Press, 2009.

Margalit, Avishai. *The Decent Society*. Cambridge, MA, Harvard University Press, 1996.

McCloskey, H. J. "An Examination of Restricted Utilitarianism". In: Bayles, Michael B. (ed.). *Contemporary Utilitarianism*. Garden City, NY, Doubleday, 1968, pp. 117-141.

Mead, George Herbert. *Mind, Self, & Society* (1934). Chicago, University of Chicago Press, 1974.

Michelman, Frank I. "Traces of Self-Government". *Harvard Law Review*, 1986, n. 100, p. 4.

Michelman, Frank I. "Law's Republic". *Yale Law Journal*, 1988, n. 97, pp. 1.493-1.498.

Michelman, Frank I. "How Can the People Ever Make the Laws? A Critique of Deliberative Democracy". In: Bohman, James & Rehg, William (ed.). *Deliberative Democracy*. Cambridge, MA, MIT Press, 1997, pp. 145-171.

Mill, John Stuart. "On Liberty". In: Bentham, J. & Mill, J. S. *The Utilitarians*. Garden City, NY, Doubleday & Co., 1961, pp. 473-600.

Mill, John Stuart. "Utilitarianism". In: Bentham, J. & Mill, J. S. *The Utilitarians*. Garden City, NY, Doubleday & Co., 1961, pp. 399-472.

Moller-Okin, Susan. "Is Multiculturalism Bad for Women?". In: Cohen, Joshua; Howard, Matthew & Nussbaum, Martha (ed.). *Is Multiculturalism Bad for Women?* Princeton, Princeton University Press, 1999, pp. 7-24.

Montesquieu. *The Spirit of the Laws* (1748). Trans. A. M. Cohler, B. C. Miller and H. Stone. *Cambridge Texts in the History of Political Thought*. Cambridge, Cambridge University Press, 1989.

Moravcsik, Andrew. "In Defense of the 'Democratic Deficit': Reassessing Legitimacy in the Democratic Union". *Journal of Common Market Studies*, 2002, vol. 40, n. 4, pp. 603-624.

Moravcsik, Andrew. "The Myth of Europe's Democratic Deficit". *Intereconomics: Journal of European Public Policy*, 2008, November-December, pp. 331-340.

Mouffe, Chantal. *The Democratic Paradox*. London, Verso, 2000.

Murti, T. R. V. *The Central Philosophy of Buddhism: A Study of the Ma‾dhyamika System* (1955). London, Unwin, 1980.

Nancy, Jean-Luc. "Finite and Infinite Democracy". In: Agamben, Giorgio et al. (ed.). *Democracy in What State?* New York, Columbia University Press, 2009, pp. 58-75.

Nietzsche, Friedrich. "On Truth and Lie in an Extra-Moral Sense" ("Über Wahrheit und Lüge in aussermoralischen Sinn, 1873). In: Kaufman, W. (ed.). *The Portable Nietzsche*. New York, Viking Press, 1976.

Offe, Claus. "An 'Empty Signifier'?". *Constellations*, 2009, vol. 16, n. 4, pp. 550-562.

Overdevest, Christine. *The Open Method of Coordination, New Governance & Learning: Towards a Research Agenda*. University of Wisconsin, New Governance Project Working Paper, 2002.

Palumbo, Antonino & Vaccaro, Salvo (ed.). *Governance*. Milan, Mimesis, 2007.

Paquet, Gilles. "The New Governance, Subsidiarity, and the Strategic State". *In: Governance in the 21st Century*. Paris, OECD, 2001, pp. 183-214.

Parsons, Talcott. "Prolegomena to a Theory of Social Institutions" (1935). *American Sociological Review*, 1990, n. 55, pp. 319-333.

Pasquino, Pasquale. "Voter et délibérer". *Revue Européenne des Sciences Sociales*, 2006, vol. 45, n. 136, pp. 35-45.

Pateman, Carol. "Feminist Critiques of the Public/Private Distinction". *In*: Benn, Stanley I. & Gaus, Gerald F. (ed.). *Public and Private in Social Life*. New York, St. Martin's Press, 1983.

Peirce, Charles Sanders. *Collected Papers of Charles Sanders Peirce*, vol. 1-6 (1931-1935). Cambridge, MA, Harvard University Press, 1958.

Phillips, Anne. *Multiculturalism without Culture*. Princeton, Princeton University Press, 2007.

Plato. *The Republic* (360 BC). Penguin, 2007.

Pochet, Philippe. "The Open Method of Co-ordination and the Construction of Social Europe". *In*: Zeitlin, Jonathan & Pochet, Philippe (ed.). *The Open Method of Co-ordination in Action: The European Employment and Social Inclusion Strategies*. Brussels, Peter Lang, 2005.

Popper, Karl R. *The Open Society and Its Enemies*, 2 vol. Princeton, Princeton University Press, 1971.

Putnam, Hilary. *Reason, Truth, and History*. Cambridge, Cambridge University Press, 1981.

Putnam, Hilary. *The Collapse of the Fact/Value Dichotomy*. Cambridge, Harvard University Press, 2002.

Quong, Jonathan. *Liberalism without Perfection*. Oxford, Oxford University Press, 2011.

Ramadan, Tariq. *To Be a European Muslim*. Leicester, Islamic Foundation, 1999.

Rasmussen, David. "Islam and Democracy". *Revue International de Philosophie Moderne*. Special Issue for the XXIInd World Congress of Philosophy, 2008 (ed. Peter Kemp), pp. 65-82.

Rawls, John. *A Theory of Justice* (1971). Revised edition. Cambridge, MA, Harvard University Press, 1999.

Rawls, John. "The Idea of Public Reason Revisited". *In: The Law of Peoples*, with "The Idea of Public Reason Revisited". Cambridge, MA, Harvard University Press, 1999, pp. 129-180.

Rawls, John. "The Law of Peoples". *In: The Law of Peoples*, with "The Idea of Public Reason Revisited". Cambridge, MA, Harvard University Press, 1999, pp. 1-128.

Rawls, John. *Justice as Fairness: A Restatement*. Cambridge, MA, Harvard University Press, 2001.

Rawls, John. *Political Liberalism* (1993). Expanded edition. New York, Columbia University Press, 2005.

Rawls, John. *Lectures on the History of Political Philosophy*. Cambridge, MA, Harvard University Press, 2008.

Riedel, Jens & Sachsenmeier, Dominic. *Reflections on Multiple Modernities: European, Chinese and Other Interpretations*. Leiden, Brill, 2002, pp. 3-4.

Robinson, Gillian & Rundell, John (ed.). *Rethinking Imagination: Culture and Creativity*. London, Routledge, 1994.

Rodrik, Dani. "Goodbye Washington Consensus, Hello Washington Confusion? A Review of the World Bank's 'Economic Growth in the 1990s: Learning from a Decade of Reform". *Journal of Economic Literature*, December, 2006, n. 44, pp. 973-987.

Rorty, Richard. *Philosophy and the Mirror of Nature*. Princeton, Princeton University Press, 1980.

Rorty, Richard. *Consequences of Pragmatism*. Brighton, Harvester Press, 1982.

Rorty, Richard. *Contingency, Irony, and Solidarity*. Cambridge, Cambridge University Press, 1989.

Rorty, Richard. *Objectivity, Relativism and Truth: Philosophical Papers I*. Cambridge, Cambridge University Press, 1991.

Rorty, Richard. *Truth and Progress: Philosophical Papers III*. Cambridge, Cambridge University Press, 1998.

Rosa, Hartmut. *Beschleunigung: Die Veränderung der Zeitstruktur in der Moderne*. Frankfurt, Suhrkamp, 2005.

Rosa, Hartmut & Scheuerman, William E. *High-Speed Society: Social Acceleration, Power, and Modernity*. University Park, Penn State University Press, 2010.

Rosati, Massimo. *Ritual and the Sacred: A Neo-Durkheimian Analysis of Politics, Religion and the Self*. Farnham, Ashgate, 2009.

Rosen, Mark D. "The Educational Autonomy of Perfectionist Religious Groups in a Liberal State". *Journal of Law, Religion & State*, 2012, n. 1, pp. 1-29.

Rosenau, James N. "Toward an Ontology for Global Governance". *In:* Hewson, Martin & Sinclair, Timothy J. (ed.). *Approaches to Global Governance Theory*. Albany, State University of New York Press, 1999.

Rosenau, James N. & Czempiel, Ernst-Otto. *Governance without Government: Order and Change in World Politics*. Cambridge, Cambridge University Press, 1992.

Rousseau, Jean-Jacques. *Discourse on the Origin and Foundation of Inequality among Mankind* (1755). *In: The Social Contract and the Discourse on the Origin of Inequality*. New York, Simon and Schuster, 1967, pp. 149-258.

Sadiki, Larbi. *Rethinking Arab Democratization: Elections without Democracy*. Oxford, Oxford University Press, 2009.

Saward, Michael. "Authorisation and Authenticity: Representation and the Unelected". *Journal of Political Philosophy*, 2009, vol. 17, n. 1, pp. 1-22.

Scanlon, Thomas M. *What We Owe to Each Other*. Cambridge, MA, Harvard University Press, 1998.

Scanlon, Thomas M. "Rawls on Justification". In: Freeman, Samuel (ed.). *The Cambridge Companion to Rawls*. Cambridge, Cambridge University Press, 2003, pp. 139-167.

Schaap, Andrew et al. "Critical exchange on Michael Saward's The Representative Claim". *Contemporary Political Theory*, 2012, vol. 11, n. 1, pp. 109-127.

Scheuerman, William. *Liberal Democracy and the Social Acceleration of Time*. Baltimore, Johns Hopkins University Press, 2004.

Scheuerman, William. "Global Democracy and the Antistatist Fallacy", paper delivered at the Colloquium Philosophy and Society, Rome, October 11, 2012.

Schluchter, Wolfgang. *The Rise of Western Rationalism: Max Weber's Developmental History*. Berkeley, University of California Press, 1981.

Schumpeter, Joseph. *Capitalism, Socialism and Democracy* (1942). New York, Harper & Row, 1975.

Schwartzman, Micah. "The Ethics of Reasoning from Conjecture". *Journal of Moral Philosophy*, 2012, vol. 9, n. 4, pp. 521-544.

Searle, John R. *Speech Acts: An Essay in the Philosophy of Language*. Cambridge, Cambridge University Press, 1969.

Searle, John R. "A Taxonomy of Illocutionary Acts". In: Günderson, K. (ed.). *Language, Mind, and Knowledge. Minneapolis Studies in the Philosophy of Science*, vol. 7. University of Minneapolis Press, 1975, pp. 344-369.

Seligman, Adam. *Modernity's Wager: Authority, the Self and Transcendence*. Princeton, Princeton University Press, 2000.

Seligman, Adam B.; Weller, Robert P.; Puett, Michael J. & Bennett, Simon. *Ritual and Its Consequences: An Essay on the Limits of Sincerity*. Oxford, Oxford University Press, 2008.

Sennett, Richard. *The Fall of Public Man*. New York, Knopf, 1978.

Shachar, Ayelet. *Multicultural Jurisdictions: Cultural Differences and Human Rights*. Cambridge, Cambridge University Press, 2001.

Shapiro, Ian. *The State of Democratic Theory*. Princeton, Princeton University Press, 2003.

Simmel, Georg. "Conflict" (1908). In: *Conflict and the Web of Group Affiliations*. Glencoe, Free Press, 1964, pp. 13-123.

Singer, Peter. *Practical Ethics*, 2nd ed. Cambridge, Cambridge University Press, 1979.

Sivaraksa, Sulak. *Seeds of Peace: A Buddhist Vision for Renewing Society*, foreword by H. H. The Dalai Lama. Parallax Press/International Network of Engaged Buddhist/Sathirakoses-Nagapradipa Foundation, 1992.

Smart, J. J. C. "Extreme and Restricted Utilitarianism". *In:* Bayles, Michael B. (ed.). *Contemporary Utilitarianism.* Garden City, NY, Doubleday, 1968, pp. 99-115.

Sommerville, Peter. "Community Governance and Democracy". *Policy & Politics*, 2005, vol. 33, n. 1, pp. 117-144.

Sørensen, Eva & Torfing, Jakob. *Making Governance Networks Democratic,* Working Paper 2004/1. Roskilde, DK, Centre for Democratic Network Governance, 2004.

Sørensen, Georg. *The Transformation of the State.* New York, Palgrave Macmillan, 2004.

Soroush, Abdulkarim. *Reason, Freedom, and Democracy in Islam.* New York, Oxford University Press, 2002.

Stepan, Alfred C.; Linz, Juan J. & Yadav, Yogendra. *Crafting State-Nations: India and Other Multinational Democracies.* Baltimore, Johns Hopkins University Press, 2011.

Stöckl, Kristina. *Community after Totalitarianism: The Russian Orthodox Intellectual Tradition and the Philosophical Discourse of Political Modernity.* Frankfurt, Peter Lang, 2008.

Storr, Richard. *A History of Modern Japan* (1960). Harmondsworth, Penguin, 1984.

Swaine, Lucas. *The Liberal Conscience: Politics and Principle in a World of Religious Pluralism.* New York, Columbia University Press, 2006.

Taha, Mahmoud. *The Second Message of Islam.* Syracuse, Syracuse University Press, 1987.

Tan, Sor-hoon. *Confucian Democracy: A Deweyan Reconstruction.* Albany, State University of New York Press, 2004.

Taylor, Charles. The Teaching of Buddha. Tokyo, Bukkyo Dendo Kyokai, 1966.

Taylor, Charles. "Atomism". *In: Philosophy and the Human Sciences,* vol. 1 of *Philosophical Papers.* Cambridge, Cambridge University Press, 1975, pp. 187-210.

Taylor, Charles. *Sources of the Self: The Making of the Modern Identity.* Cambridge, MA, Harvard University Press, 1989.

Taylor, Charles. "Cross-Purposes: The Liberal-Communitarian Debate". *In:* Rosenblum, Nancy (ed.). *Liberalism and the Moral Life.* Cambridge, MA, Harvard University Press, 1991, pp. 159-182.

Taylor, Charles. "The Politics of Recognition". *In: Multiculturalism and "The Politics of Recognition".* Princeton, Princeton University Press, 1992.

Taylor, Charles. *A Secular Age.* Cambridge, MA, Harvard University Press, 2007.

Taylor, Charles. "Why We Need a Radical Redefinition of Secularism". *In:* Mendieta, Eduardo & Vanantwerpen, Jonathan (ed.). *The Power of Religion in the Public Sphere.* New York, Columbia University Press, 2011, pp. 34-59.

Taylor, Charles. "Interculturalism or Multiculturalism?". *Philosophy and Social Criticism,* special issue, Overcoming the Trap of Resentment. Istanbul Seminars 2011, 2012, n. 38, pp. 3-4.

Thomassen, Björn. "Anthropology, Multiple Modernities and the Axial Age Debate". *Anthropological Theory*, 2010, vol. 10, n. 4, pp. 321-342.

Thompson, Grahame F. *Between Hierarchies and Markets*. Oxford, Oxford University Press, 2003.

Thoreau, Henry D. *Walden* (1859). New York, Houghton Mifflin, 1995.

Thurman, Robert. "Seeking the Roots of Pluralism: Buddhism". *Journal of Ecumenical Studies*, special issue of the Rabbi M. H. Tanenbaum Foundation on Seeking the Roots of Pluralism, 1997, vol. 34, n. 3, pp. 394-398.

Tocqueville, Alexis de. *Democracy in America*. Garden City, NY, Doubleday & Co., 1969.

Todorov, Tzvetan. *On Human Diversity: Nationalism, Racism, and Exoticism in French Thought*. Cambridge, MA, Harvard University Press, 1998.

Treib, Oliver; Bähr, Holger & Falkner, Gerda. *Modes of Governance: A Note towards Conceptual Clarification*. European Governance Papers (Eurogov), n. N-05-02, 2005.

Tu, Wei-ming. "Pain and Suffering in Confucian Self-Cultivation". In: *Way, Learning, and Politics: Essays on the Confucian Intellectual*. Singapore, Institute of East Asian Philosophies, 1989.

Tu, Wei-ming. "Cultural Diversity, Intercivilizational Dialogue, and Harmony: A Confucian Perspective". *In:* Proceedings of the IVR 24th World Congress, "Global Harmony and the Rule of Law", September 15-20, 2009, Beijing.

Tully, James. *Strange Multiplicity: Constitutionalism in an Age of Diversity*. Cambridge, Cambridge University Press, 1995.

Tully, James. *Public Philosophy in a New Key*, vol. 1: *Democracy and Civic Freedom*. Cambridge, Cambridge University Press, 2008.

Tushnet, Mark. *Taking the Constitution Away from the Courts*. Princeton, Princeton University Press, 1999.

United Nations, *Human Development Report. The Real Wealth of Nations: Pathways to Human Development*. New York, United Nations, 2010.

Urfalino, Philippe. "Apparent Consensus and Voting: Two Modes of Collective Decision Making". Paper read at Fondazione Olivetti, Rome, April 29, 2006.

Virilio, Paul. *Speed and Politics*. New York, Semiotexte, 1986.

Voegelin, Eric. *The World of the Polis*, vol. 2 of *Order and History*. Baton Rouge, Louisiana State University, 1957.

Voegelin, Eric. *The Ecumenic Age*, vol. 4 of *Order and History*. Baton Rouge, Louisiana State University, 1974.

Voltaire. *The Philosophical Dictionary*. New York, Knopf, 1924.

Waldron, Jeremy. "Minority Cultures and the Cosmopolitan Alternative". *University of Michigan Journal of Law Reform*, 1992, vol. 25, n. 3, pp. 751-793.

Waldron, Jeremy. *Law and Disagreement*. Oxford, Oxford University Press, 1999.

Waldron, Jeremy. *The Dignity of Legislation*. Cambridge, Cambridge University Press, 1999.

Wallace, William & Smith, Julie. "Democracy or Technocracy? European Integration and the Problem of Popular Consent". *West European Politics*, 1995, vol. 18, n. 3, pp. 137-157.

Walzer, Michael. "Two Kinds of Universalism". In: *Nation and Universe, Tanner Lectures on Human Values*. Salt Lake City, University of Utah Press, 1990.

Walzer, Michael. *Arguing about War*. New Haven, Yale University Press, 2004.

Weber, Max. "Author's Introduction" to *The Protestant Ethic and the Spirit of Capitalism*. New York, Scribner, 1958.

Weber, Max. *The Religion of China*. New York, Free Press, 1964.

Weber, Max. "The Social Psychology of the World Religions" (Einleitung, 1915). In: Gerth, Hans H. & Wright-Mills, C. (ed.). *From Max Weber*. New York, Oxford University Press, 1975, pp. 267-301.

Weber, Max. "Religious Rejections of the World and Their Directions" (1915). In: Gerth, Hans H. & Wright-Mills, C. (ed.). *From Max Weber*. New York, Oxford University Press, 1975, pp. 323-359.

Weber, Max. *The Sociology of Religion*. Boston, Beacon Press, 1993.

Weiler, Joseph H. H.; Haltern, Ulrich R. & Mayer, Franz. "European Democracy and Its Critique". *West European Politics*, 1995, vol. 18, n. 3, pp. 4-39.

Weintraub, Jeffrey. "The Theory and Politics of the Public/Private Distinction". In: Weintraub, Jeffrey & Kumar, Krishan (ed.). *Private and Public in Thought and Practice*. Chicago, University of Chicago Press, 1997, pp. 1-42.

Weiss, Thomas G. & Thakur, Ramesh. *The UN and Global Governance: An Idea and Its Prospects*. Bloomington, Indiana University Press, 2006.

White, Stephen K. *The Ethos of a Late-Modern Citizen*. Cambridge, MA, Harvard University Press, 2009.

Whitman, Walt. *Leaves of Grass*. Radford, VA, Wilder Publications, 2007.

Williams, Rowan. "Civil and Religious Law in England: A Religious Perspective", 2008. Disponível em: http://www.archbishopofcanterbury.org/1575. Acesso em: 28/12/2022.

Wingenbach, Ed. *Institutionalizing Agonistic Democracy: Post-Foundationalism and Political Liberalism*. Farnham, Ashgate, 2011.

Wittrock, Björn. "Modernity: One, None, or Many? European Origins and Modernity as a Global Condition". *Daedalus*, winter, 2000, n. 129, vol. 31-60.

Wittrock, Björn. "The Meaning of the Axial Age". In: Arnason, Johan P.; Eisenstadt, Shmuel N. & Wittrock, Björn (ed.). *Axial Civilizations and World History*. Leiden, Brill, 2005, pp. 51-85.

Wittrock, Björn. "The Axial Age in Global History. Cultural Crystallizations and Societal Transformations". In: Bellah, Robert N. & Joas, Hans (ed.). *The Axial Age and Its Consequences*. Cambridge, MA, Harvard University Press, 2012, pp. 102-125.

Woodiwiss, Anthony. *Globalisation, Human Rights and Labour Law in Pacific Asia*. Cambridge, Cambridge University Press, 2008.

Yitik, Ali-Ihsan. "Does Qur'an Approve Religious Pluralism?". *Journal of Religious Culture/Journal für Religionskultur*, Johann Wolfgang Goethe-Universität Frankfurt am Main, 2004, n. 68, pp. 1-5.

Zaman, Muhammad Qasim. "The Ulama of Contemporary Islam and Their Conception of the Common Good". *In:* Salvatore, Armando & Eickelman, Dale F. (ed.). *Public Islam and the Common Good*. Leiden, Brill, 2006, pp. 129-155.

Zürn, Michael. "Democratic Governance beyond the Nation-State". *European Journal of International Relations*, 2000, vol. 6, n. 2, pp. 183-221.

Título	O Horizonte Democrático: O hiperpluralismo e a renovação do liberalismo político
Autor	Alessandro Ferrara
Tradução	Marcelo Bamonte Seoane
Coordenador editorial	Ricardo Lima
Secretário gráfico	Ednilson Tristão
Preparação dos originais	Thais Rimkus
Revisão	Margarida Pontes
Editoração eletrônica	Cristiane Espelho Figueiredo
Design de capa	Estúdio Bogari
Formato	16 x 23 cm
Papel	Pólen natural 80 g/m² – miolo Cartão supremo 250 g/m² – capa
Tipologia	Minion Pro
Número de páginas	304

ESTA OBRA FOI IMPRESSA NA MUNDIAL GRÁFICA
PARA A EDITORA DA UNICAMP EM DEZEMBRO DE 2022.